INGLÉS
EN 20 LECCIONES

You are pullin my legg -
expresion que se usa cuando
a alguien te desealgo x
no cecrees, sabes que
esta bromeando,

Libros de Idiomas Método Cortina

INGLÉS EN 20 LECCIONES
FRANCÉS EN 20 LECCIONES
INGLÊS EM 20 LIÇÕES

ESPAÑOL EN ESPAÑOL
FRANÇAIS EN FRANÇAIS
ENGLISH IN ENGLISH
DEUTSCH AUF DEUTSCH
ITALIANO IN ITALIANO

CONVERSATIONAL FRENCH IN 20 LESSONS
CONVERSATIONAL SPANISH IN 20 LESSONS
CONVERSATIONAL GERMAN IN 20 LESSONS
CONVERSATIONAL ITALIAN IN 20 LESSONS
CONVERSATIONAL MODERN GREEK IN 20 LESSON:
CONVERSATIONAL RUSSIAN IN 20 LESSONS
CONVERSATIONAL BRAZILIAN PORTUGUESE
CONVERSATIONAL JAPANESE
AMERICAN ENGLISH IN 20 LESSONS
PRACTICAL SPANISH—TRAVEL AND BUSINESS

METODO CORTINA

INGLÉS
EN 20 LECCIONES

ILUSTRADO

*Curso para aprender el inglés sin
maestro y para uso escolar*

Con un Sistema Simplificado de Pronunciación Fonética

Por
R. DIEZ DE LA CORTINA

DE LAS UNIVERSIDADES DE MADRID Y BORDEAUX
Y LA ACADEMIA MILITAR DE VALLADOLID
EX INSPECTOR DE INSTRUCCIÓN
PÚBLICA, ARGENTINA
EX ASESOR TÉCNICO DEL MINISTERIO
DE INSTRUCCIÓN, BOLIVIA
ORIGINADOR DEL SISTEMA FONOGRÁFICO PARA
APRENDER IDIOMAS

y Revisado por
MANUEL DURÁN

MAESTRO EN LETRAS (UNIVERSIDAD NACIONAL
AUTÓNOMA DE MÉXICO)
DOCTOR EN FILOSOFÍA (PRINCETON UNIVERSITY)
PROFESOR AUXILIAR (SMITH COLLEGE)

An Owl Book
HENRY HOLT AND COMPANY
New York

CORTINA LEARNING INTERNATIONAL, INC.
Publishers • WESTPORT, CT 06880

Cataloging Information

Método Cortina (i.e. Cortina Method) Inglés en 20 Lecciones; curso para
    aprender el Inglés sin maestro y para uso escolar, con un sistema simpli-
    ficado de pronunciación fonética, por R. Diez de la Cortina y revisado
    por Manuel Durán. New York, R. D. Cortina Co., 1977.
        374 p. illus. 21 cm.

    1. English language—Text-books for foreigners—Spanish. I. Title.
PE1129.S8C64 1977   428.246   57-6940
ISBN 0-8327-0100-9 (hardbound)
ISBN 0-8327-0101-7 (paperback)

Introducción

Por qué es indispensable aprender inglés

Los pueblos de habla española se entregan en la actualidad, con más entusiasmo y tenacidad que nunca, a aprender el idioma inglés. Pocas inversiones de tiempo y esfuerzo rinden más, a corto y a largo plazo, que la que se hace a fin de hablar una de las lenguas más útiles y más bellas del mundo. La multiplicidad de contactos entre los países de habla inglesa, y en especial los Estados Unidos de Norteamérica, con los países latinoamericanos, parece acrecentarse no de año en año, sino de día en día. A los contactos comerciales y turísticos se suman las relaciones políticas y culturales. Es actualmente inconcebible que en un país de habla española pueda el hombre culto, el técnico especialista, el profesional, el político, el inversionista, desinteresarse del conocimiento del inglés. Cualquiera que sea la posición social, económica y cultural de nuestro lector, puede tener completa confianza en que los nuevos horizontes que el conocimiento del inglés va a abrirle le serán no solamente utilísimos, sino en verdad indispensables.

El inglés es en la actualidad la lengua internacional que aspira —si tal cosa es posible— a la hegemonía absoluta en el mundo de los negocios y las relaciones intercontinentales. El enorme poderío económico, político y cultural de las naciones de habla inglesa se extiende a todos los continentes del mundo.

El inglés es el idioma empleado en las cartas comerciales procedentes de Tokio, o por los capitanes de barco que se encuentran en medio del Atlántico o del Pacífico y quieren comunicarse con otros buques. En inglés hablan buen número de delegados a las Naciones Unidas y a sus organismos especializados.

1

El inglés es la segunda lengua indiscutible de los países de habla española del continente americano. Los repetidos contactos entre estos países y los Estados Unidos—que se encuentran a pocas horas de avión de cualquiera de los países latinoamericanos—han colocado el inglés en su situación privilegiada desde hace ya muchos años.

Todo esto no quiere decir que debamos pasar por alto las cualidades del inglés como lengua cultural. El idioma de Shakespeare es también el de Shelley y Dickens, y ha producido en tierra norteamericana toda una serie de novelistas, ensayistas y poetas que han colocado muy alto el pabellón de las letras inglesas. ¿Quién no aspira a leer en su propio texto a Hemingway, a Faulkner, a Walt Whitman? Las mejores traducciones son siempre pálidas cuando las comparamos con el original; si queremos gozar de las producciones de una literatura rica y variada como pocas, no podemos dejar de aprender el inglés.

Finalmente, los viajes nos ofrecen una de las mejores maneras de entrar en contacto con la civilización norteamericana. Muchos de los habitantes de nuestras naciones aspiran a llegar algún día a realizar un viaje a los Estados Unidos. Trabajo o turismo, estudio, investigación, deportes, muchísimas son las razones para efectuar tal viaje. El método que el lector tiene entre las manos resolverá las principales dificultades que puedan presentarse en este caso también; el vocabulario, el material, el contenido, están encaminados a hacer fácil y placentero este primer contacto con los Estados Unidos.

Prefacio

En 1882 el Conde Rafael de la Cortina fundó en los Estado. Unidos la Academia Cortina para la enseñanza de las lenguas modernas. Además de organizar y dirigir cursos en los principales idiomas modernos (francés, español, alemán, italiano, inglés), el Conde Rafael de la Cortina impartió personalmente cursos de instrucción en idiomas durante muchos años. A base de su experiencia pedagógica directa, el Profesor Cortina desarrolló un método nuevo y simplificado que tuvo un éxito inmediato y no ha sido sobrepasado hasta la fecha. Durante más de setenta y cinco años este método ha sido sometido a constante reelaboración en sus detalles gracias a la larga experiencia de la Academia en la enseñanza de los idiomas, y teniendo en cuenta las necesidades de los estudiantes de nuestros tiempos. Este método es hoy universalmente famoso y se conoce por el nombre de Método Cortina.

Debido a este éxito, y a las peticiones de estudiantes que no podían asistir a las clases pero deseaban instruirse según nuestro método, la Academia se vió obligada a publicar las lecciones de Cortina en forma de libro. Más de dos millones quinientos mil libros de Cortina para la enseñanza de idiomas se han vendido ya, lo que es clara prueba de la facilidad con que los estudiantes han podido aprender nuevos idiomas gracias al Método Cortina.

Muchos miles de estudiantes han aprendido un nuevo idioma en su hogar, en sus horas libres, gracias a este metodo. Muchos otros han utilizado el Método Cortina en escuelas y universidades de los Estados Unidos y la América Latina.

Podría preguntársenos: "¿Cuál es el secreto del éxito del Método Cortina? ¿En qué difiere de otros sistemas para apren-

3

der idiomas?" Una de las razones principales de nuestro éxito es que las lecciones tratan de temas cotidianos, familiares, que son un aliciente para que el estudiante aprenda rápidamente. Las lecciones comienzan por tratar temas que todos hemos tratado de niños al empezar a aprender nuestra lengua materna. Desde el primer momento las primeras lecciones nos enseñan las mismas palabras que un niño emplea cuando aprende a hablar: *madre, padre, hermano, hermana,* así como otras palabras de uso cotidiano relativas a comidas, bebidas, ropa, etc. Son palabras que pueden usarse inmediatamente, con facilidad, y resultan más interesantes que el vocabulario abstracto y académico impuesto con frecuencia al estudiante por otros métodos. El saber que podemos hacer de nuestras palabras un empleo inmediato acrecienta el interés del estudiante por el nuevo idioma y mantiene viva su atención durante el período de aprendizaje.

Dos rasgos útiles

Los editores han incluído dos nuevas características en esta edición, las cuales resultarán muy útiles para nuestros lectores y estudiantes:

En primer lugar, el formato de las lecciones ha sido reorganizado para poder incluir ilustraciones cuidadosamente seleccionadas, que ilustran el tema y los materiales de cada lección y ayudarán a aprender de memoria las palabras inglesas mediante su representación gráfica.

En segundo lugar, hemos incluído al final del libro un completo ÍNDICE GRAMATICAL para que el estudiante pueda consultarlo y completar sus ideas sobre cualquier parte de la oración a medida que avance en sus estudios. Los elementos de gramática necesarios para cada lección han sido incluídos en las notas al pie de las páginas, lección por lección, para mayor comodidad del estudiante.

Ademas hemos incluído diccionarios prácticos bilingües que contienen no solamente todas las palabras de las veinte lecciones sino también muchas otras palabras útiles.

Cómo estudiar

EL USO DE UN IDIOMA está arraigado en la costumbre. Constantemente expresamos pensamientos e ideas en nuestra lengua sin darnos plena cuenta de las palabras, frases o expresiones idiomáticas que usamos. Cuando decimos *"¿Cómo está usted?"*, *"Lo he pasado muy bien"* o *"Bueno, vámonos"*, lo hacemos espontáneamente. No hacemos sino repetir ciertas formas habituales que hemos empleado anteriormente tantas veces que se han hecho automáticas y son ya parte de nuestro bagaje mental acostumbrado. La repetición es, por lo tanto, la base de todo aprendizaje de idiomas; es, pues, muy importante que el estudiante adquiera la pronunciación correcta del inglés desde el principio, para que su memoria conserve el *pliegue mental correcto*.

Por ello es característica esencial del MÉTODO CORTINA nuestra insistencia en que el idioma debe *hablarse*. Al principio proporcionamos una *Guía para la pronunciación del inglés*. Explica cómo pronunciar los sonidos, las palabras y las frases del inglés, mediante sencillos símbolos fonéticos basados en la ortografía española, y también cómo articular los sonidos que sólo se dan en el idioma inglés. En las lecciones 1 a 16 todo el vocabulario y las conversaciones inglesas van transcritos en dichos símbolos. Con esta guía el estudiante podrá leer en voz alta cada lección; deberá hacerlo tantas veces como sea necesario para poder leer el texto inglés en voz alta *con facilidad y corrección*. Mediante esta práctica, no sólo se adquirirá soltura, sino que también podrá el estudiante llegar a expresar sus ideas en inglés con la misma facilidad y falta de esfuerzo que lo hace en español. Si alguno de nuestros estudiantes desea acelerar su aprendizaje y dominar el inglés con la mayor facilidad, deberá tener en cuenta que la Academia Cortina ha grabado en discos el texto inglés de este libro. Los vocabularios y las conversaciones van enunciados por instructores y profesores nacidos y educados en los Estados Unidos, escogidos por su acento excelente, claridad de expresión y entonación adecuada y agradable. También en las aulas ha tenido gran éxito *el método fonográfico para aprender idiomas* (iniciado por Cortina), siendo ayuda valiosísima tanto para el estudiante como para el maestro en la práctica oral y el adiestramiento del oído.

Disposición de las lecciones

Las lecciones están organizadas en forma que el estudiante pueda progresar con facilidad. Para cada una de las dieciséis primeras lec-

ciones encontrará: *a*) un vocabulario de las palabras importantes de carácter general; *b*) un vocabulario específico relativo al tema de la lección; *c*) conversaciones que muestran cómo pueden usarse dichos vocabularios en el habla cotidiana. A la derecha de cada palabra o frase, para que el estudiante pueda pronunciarla correctamente, se incluye la pronunciación fonética; en la columna a la derecha figura la traducción española del texto inglés.

El estudiante deberá empezar su estudio de cada lección aprendiendo de memoria tantas palabras del vocabulario general (activo) como sea posible. Luego, pasando a la conversación que sigue, completará su dominio de estas palabras al emplearlas *para expresar ideas*. Las frases de la conversación deberán ser leídas en *alta voz*, empleando para este fin la guía de la pronunciación, y al mismo tiempo consultando la traducción de cada frase. Deberán *aprenderse los pensamientos* que la frase inglesa expresa, más bien que intentar una traducción literal. Podrá considerarse que una lección ha quedado bien aprendida cuando el estudiante pueda leerla en alta voz sin tener que consultar la pronunciación figurada ni la columna de la traducción.

Las últimas cuatro lecciones difieren en su forma de las demás. Se supone que el estudiante domina ya los elementos básicos del idioma inglés, y por tanto consisten en diálogos (con notas) relativos a temas de interés cultural, histórico y práctico. Todas las palabras utilizadas en dichas lecciones aparecen en el diccionario inglés-español al final del libro.

Las explicaciones gramaticales de las notas son de gran importancia para el estudiante, y es preciso estudiarlas con detenimiento. Aclaran también muchas de las dificultades idiomáticas y son de gran ayuda pues dan otros ejemplos del idioma en su uso ordinario. Para una explicación gramatical más detallada de cualquier lección puede el estudiante consultar el *Proyecto de estudio* que precede al Índice Gramatical completo.

En conclusión: no hay mejor modo de aprender un idioma que la manera en que lo aprenden los niños, es decir, *hablándolo*. El Método Cortina está basado en este principio, con las modificaciones necesarias para ajustar este método natural a la mentalidad de un adulto. Con un poco de aplicación, el aprendizaje del inglés según este método habrá de dar a nuestros lectores grandes satisfacciones y un completo éxito. ¡Qué satisfacción poder dominar el importante idioma inglés gracias a un método sencillo y completo!

INDICE

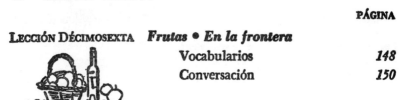

INDICE GRAMATICAL

Guía para la pronunciación del inglés

EL INGLÉS es un idioma rico en vocales, con algunas consonantes mudas, y con reglas de pronunciación cuyas excepciones son muy numerosas. Conviene, por lo tanto, poner gran cuidado en la pronunciación correcta del inglés, a cuyo efecto se ha empleado en este libro un sistema de pronunciación figurada que reproduce lo más exactamente posible los sonidos ingleses mediante sonidos y combinaciones de letras propias del español.

La división en sílabas queda señalada mediante guiones (-), y los acentos tónicos (el inglés carece de acentos ortográficos) han sido colocados sobre los sonidos correspondientes.

En los casos en que el sonido inglés no tiene correspondencia exacta en español, una breve nota relativa a la posición de los labios, la lengua, etc., hará posible que el estudiante, tras algunos ejercicios de repetición, llegue a pronunciar adecuadamente el sonido. En ocasiones en que se parece el fonema inglés al de otro idioma que el estudiante pudiera conocer hemos señalado tal coincidencia para facilitar la pronunciación.

VOCALES

Como queda señalado, las vocales tienen en inglés más sonidos o fonemas que en español. Ortográficamente son las mismas del español: *A, E, I, O, U,* y la *Y.* Sin embargo, en su pronunciación debemos distinguir cuatro casos; la vocal inglesa:
   a) se pronuncia igual que la española correspondiente;
   b) se pronuncia como otra vocal o grupo de vocales españolas;
   c) es muda;
   d) tiene un sonido peculiar que no existe en español.

*Símbolo
fonético*

A

a La vocal a tiene a veces en inglés un sonido idéntico al de la *a* española:

  father (fá-*dher*), padre

 En estos casos se representa en nuestro sistema de pronunciación figurada por una a sin cambio alguno. Este es el sonido correcto de la a en numerosas palabras, sobre todo ante la l muda, seguida de f, m o v:

  calm (cam), tranquilo
  calf (caf), ternera
  calves (cavs), terneras

oa Otras veces tiene un sonido intermedio entre la *a* y la *o* españolas, aunque más cerca de la *o*. Se consigue pronunciando *oa* muy rápidamente y haciendo fundir los dos sonidos:

  wall (*uoal*), pared

ae Cuando la a figura en una sílaba acentuada que termina en consonante, tiene a veces un sonido breve, intermedio entre la *a* y la *e* españolas, que se consigue también pronunciando estas dos letras rápidamente y fundiendo los sonidos:

  man (m*ae*n), hombre

ei En algunas sílabas la a se pronuncia como *ei*, sin fundir los dos sonidos. Se pronuncia así generalmente en palabras de una sílaba terminadas por una e muda:

  state (steit), estado

a Puede tener un sonido como a pero muy breve que no existe en español:

  what (*uat*), qué

i A veces tiene el sonido de la *i* breve (descrita en la sección sobre la I):

  village (ví-*lij*), pueblo, aldea

' A menudo, en las sílabas finales, es muda, es decir, tiene un sonido muy vago entre las consonantes, y tan breve como sea posible:

  brutal (brú-t'l), brutal

E

e La e inglesa puede tener un sonido idéntico a la española, especialmente cuando es inicial y va seguida de m o n:

  empire (ém-pair), imperio
  nest (nest), nido

i La e al final de sílaba precedida de consonante se pronuncia como i española. La e doble (ee) se pronuncia también así:

  we (*ui*), nosotros
  to see (tu si), ver

Símbolo
fonético

e La e inglesa puede tener a veces un sonido oscuro, como cuando va seguida de r:
    answer (*áen-ser*), respuesta, contestación

yu La e de ew o eu se pronuncia como i, con un sonido que es más consonante que vocal:
    few (fyu), pocos

ei La e puede tener un sonido parecido a la e española, pero más largo, y derivando hacia la i; en estos casos es idéntico al sonido de la a de *state*:
    veil (veil), velo

' En algunos casos, sobre todo en sílabas finales, la e es prácticamente muda, como la a de la palabra inglesa *brutal*:
    written (rí-t'n), escrito

.... La e final sencilla no se pronuncia. Alarga la vocal anterior, o suaviza la consonante, según el caso, pero no figura en la transcripción fonética por ser muda:

rat (*raet*), rata	rate (reit), tarifa
pin (p*i*n), alfiler	pine (pain), pino
hop (*h*op), saltar	hope (*h*op), esperanza
rag (*rae*g), trapo	rage (rei*j*), rabia
cut (*cat*), cortadura	cute (cyut), chistoso, gracioso

I

ai La i aislada, o en palabras monosilábicas terminadas en e, tiene generalmente un sonido de ai:
    wine (*u*ain), vino

i A menudo tiene un sonido oscuro y breve, intermedio entre la i y la e españolas, que se consigue por el procedimiento de fusión anteriormente explicado:
    sing (s*i*ng), cantar

e En algunas palabras tiene el sonido de la e de *answer*, anteriormente descrita:
    bird (b*e*rd), pájaro

i Puede ser como la i española, acentuada y larga:
    machine (m*a*-schin), máquina

Símbolo
fonético   **O**

o   Puede ser idéntica a la *o* española, pero generalmente un poco más ·
    larga:
    old (old), viejo
    roam (rom), vagabundear

u   La o doble (oo), y en algunos casos la o sola, se pronuncian como la
    u española:
    goose (gus), oca
    to do (tu du), hacer

e   En la terminación -or de *editor*, etc., tiene un sonido idéntico a la
    e de *answer*:
    editor (é-di-ter), redactor; compilador

oa Puede tener el sonido de a en *wall*, sonido intermedio entre la *a* y
    la *o* españolas, aunque más cerca de la *o*:
    lost (loast), perdido

o   En otros casos tiene un sonido largo intermedio entre *o* y *a* espa-
    ñolas, aunque más cerca de la *a*:
    odd (od), extraño

'   La o puede ser muda, como la a de *brutal* y la e de *written*:
    lesson (lé-s'n), lección

a   En algunos casos la o tiene un sonido idéntico a la a breve de *what*:
    some (sam), algunos

i   En algún caso excepcional, como en *women*, la o suena como i breve:
    women (uí-men), mujeres

au En el diptongo ou (como en la combinación ow) forma el sonido de
    au españolas:
    noun (naun), nombre
    town (taun), ciudad

                                 U

u   La u inglesa suena a veces como la española:
    rule (rul), regla

yu Otras veces suena como el diptongo eu o ew:
    pure (pyur), puro

e   Puede también a veces tener un sonido de e oscura, como la e de
    answer:
    fur (fer), piel de abrigo

a   A menudo tiene el sonido de *a* breve que encontramos anteriormente en la *a* de *what:*
   but (bat), pero

ŭ   La u puede tener un sonido parecido a la española (como la u de
rule), pero más corto:
   push (pŭsch), empujar
   sugar (schŭ-g[u]er), azúcar

Y vocálica

i   La y como vocal puede tener un sonido corto como el de la *i* española no acentuada, como en:
   story (stó-ri), cuento

ĭ   Otras veces su sonido es idéntico al de la *i* de *sing:*
   synonym (sí-no-nim), sinónimo

LAS CONSONANTES

B

b   La b tiene un sonido idéntico a la *b* española que está al principio
de la palabra:
   bell (bel), campana
   lobster (lob-sterˡ, langosta

C

c   Puede ser idéntica al español en *calle, corto, cuesta:*
   call (coal), llamar

s   Delante de e o i se pronuncia como la *s* española:
   receive (ri-sív), recibir
   race (reis), raza

ch   Delante de h generalmente adquiere el sonido español de la *ch:*
   church (cherch), iglesia

D

d   La d es como en español en *diente:*
   dead (ded), muerto

F

f   La **f** puede tener el mismo sonido que en español en *fuego, flor:*
     if (*if*), si
     En la palabra *of* (de), sin embargo, tiene el sonido de **v**.

G

g   La **g** puede sonar como en español en *grito, ganga:*
     green (grin), verde

     Cuando tiene este sonido ante e o i será representada por **g(u)**, así:
     give (g[u]*i*v), dar

j   Puede tener un sonido de **ch** suave que ocurre solamente ante e o i:
     age (ei*j*), edad

f   A veces, en la combinación **gh** al final de un palabra, la **g** se pronuncia como **f**:
     laugh (*lae*f), reir

     A veces, como en la palabra *through,* esta combinación de **gh** es muda:
     through (*t*hru), a través de

H

h   La **h** suena casi siempre, aspirándose, y el sonido se consigue abriendo bien la boca y exhalando el aire rápidamente, un poco como la **j** española, pero más suavemente. Para recordar que en estos casos la **h** se pronuncia, la escribimos en bastardilla.
     hall (*ho*al), zaguán

     A veces es muda; entonces la omitimos de la representación fonética:
     honor (ó-ner), honor

J

j   Tiene el sonido de la **g** de *age:*
     joke (*j*oc), broma

K

c   La **k** tiene el valor de la **c** española en *calle, cuarto:*
     kangaroo (*cae*ng-ga-rú), canguro

     Ante i o e, va representada por **qu**:
     key (qui), llave

     Ante la **n** es muda:
     to know (tu no), saber

Símbolo
fonético

La combinación ck se pronuncia como c:
black (blaec), negro

L

l   La l es idéntica al español:
lake (leic), lago

M

m   La m es idéntica al español:
moon (mun), luna

N

n   La n puede ser idéntica al español:
name (neim), nombre

ng   Puede a veces tener un sonido nasal, que en español existe casi en palabras como blanco, tengo:
singing (sing-ing), cantando

Nota. No se pronuncie "sing-ging." A veces tiene este sonido de "ng-g," como en finger (fíng-ger), dedo.

P

p   La p es idéntica al español:
pin (pin), alfiler

Q

c   La q tiene idéntico sonido al de la *q* española. Va siempre seguida de u, y se pronuncia como *cu* en *cuarto:*
quick (cuic), rápido

R

r   La r se pronuncia siempre suave, incluso a principio de sílaba. La lengua no vibra casi; permanece prácticamente inmóvil muy cerca del paladar:
red (red), rojo
brother (brá-dher), hermano

S

s La **s**, si ocurre al principio de palabra, es como en español:
some (sam), algunos

s A veces tiene un sonido suave que es casi el de la *s* española en las
palabras *desde, mismo:*
rose (ros), rosa

zh Puede tener un sonido mojado y suave, que se obtiene tratando de
pronunciar la *ch* española, pero manteniendo los dientes cerrados y
dejando vibrar la lengua:
pleasure (plé-zher), placer

SH

sch La combinación **sh** tiene un sonido de *ch* española suave y sibilante,
como el que se produce al indicar silencio por un *"Ch..."* Para hacer
este sonido, la lengua no vibra:
to shine (tu schain), brillar

T

t La **t** es como en español:
to teach (tu tich), enseñar

TH

th La **th** puede sonar como la z del español de Castilla, que todo latinoamericano ha escuchado en alguna ocasión:
breath (breth), respiración, aliento

dh La **th** puede tener un sonido más suave, como el de una *d* que se
prolonga en una vibración de la lengua contra los dientes superiores:
to breathe (tu bridh), respirar

V

v La **v** es como en español:
love (lav), amor

W

u La **w** se pronuncia como la *u* española de *cual:*
wish (uisch), deseo

Símbolo
fonético

X

cs La x se pronuncia como en español:
exit (éc-sit), salida

gs En algunos casos se pronuncia como la combinación gs:
exact (eg-sáect), exacto

Y

y La y se pronuncia como en español:
yes (yes), sí

Z

z La z se pronuncia a veces como la s vibrante de *rose:*
lazy (lei-si), perezoso

zh Otras veces se pronuncia como la s de *pleasure* (véase p. 20).

EL ACENTO

En inglés no se emplean acentos gráficos, sino únicamente tónicos, es decir que ciertas sílabas se pronuncian con entonación más intensa, lo cual las distingue de las demás. Hay dos clases de acentos: primario y secundario.

El *acento primario* ocurre en todas las palabras. En general, sólo tienen este acento las palabras de dos sílabas, en que la fuerza de la voz descansa en una sola sílaba:
hardly (hárd-li), apenas
beside (bi-sáid), al lado de

En otras palabras hay también un *acento secundario,* como sobre la sílaba "pei" en:
newspaper (nyús-pei-per), periódico

En estas palabras una sílaba, en este caso la primera, se distingue por un acento más fuerte, pero va seguida de otra sílaba de acento menos fuerte, pero todavía más fuerte que la última sílaba.

En las palabras de dos sílabas, lo corriente es acentuar la penúltima, o sea la primera:
coffee (cóa-fi), café

En algunas palabras de dos sílabas, cada sílaba tiene un acento de fuerza igual:

> **sixteen** (sícs-tín), dieciseis

Hay casos en que una misma palabra de dos sílabas se usa como verbo y como sustantivo o adjetivo. La acentuación cambia a menudo en estos casos según la acepción—los nombres o adjetivos se acentúan en la primera sílaba, y los verbos en la segunda:

> **contrast** (cón-traest), contraste
> **to contrast** (can-tráest), contrastar

En las palabras de tres o más sílabas el acento recae en la penúltima o en la antepenúltima, o sea en la segunda o la tercera empezando a contar por la final.

> **Saturday** (sáe-ter-di), sábado
> **illusion** (i-lú-zhan), ilusión

En el caso de adverbios, en general guardan el acento del adjetivo básico:

> **obvious** (ób-vi-as), evidente
> **obviously** (ób-vi-as-li), evidentemente
> **intense** (in-téns), intenso
> **intensely** (in-téns-li), intensamente

En las palabras que terminan en **-ic** o en **ics,** de origen latino o griego, el acento recae en la penúltima sílaba:

> **economics** (e-co-nó-mics), economía

ALGUNAS NOTAS ORTOGRÁFICAS

DIVISIÓN DE LAS PALABRAS EN SÍLABAS

La división se efectúa casi como en español, pero debemos tener en cuenta las siguientes importantes diferencias:

Las consonantes han de ir unidas a las vocales que las precedan o las sigan, es decir, la inmensa mayoría de las sílabas contienen una vocal; en algunos casos hay dos vocales en una sílaba formando un solo sonido (diptongo):

loud (laud), fuerte

Las vocales tienden, pues, a formar núcleo con las consonantes; cuando hay varias vocales y dos ellas tienen acento, principal o secundario, la que no lo tiene forma sílaba aparte:

available (disponible): a-vail-a-ble
various (varios): var-i-ous

Dos vocales que no forman diptongo han de separarse al dividir las sílabas:

poetry (poesía): po-et-ry

Los prefijos y sufijos añadidos a una palabra forman sílaba aparte:
harmless (inofensivo): harm-less

Las palabras compuestas deben dividirse en las simples de que se componen:

something (algo): some-thing
nowhere (en ninguna parte): no-where

Nota. La división de palabras al final de la línea debe hacerse teniendo cuidado de no cortar ninguna sílaba. Hay muchas y a menudo contradictorias reglas en relación con la división de las palabras inglesas, y sería recomendable que no se intentara dividirlas en caso de no estar absolutamente seguro de cómo hacerlo.

LAS MAYUSCULAS

Las letras mayúsculas se emplean en inglés en los mismos casos que en español (en los nombres propios, a principio de cada frase, etc.). Pero el inglés difiere del español en que se emplean mayúsculas para los adjetivos y sustantivos que indican nacionalidad:

He is a Mexican.	El es mexicano.
The steamer is French.	El vapor es francés.

Se escribe siempre con mayúscula el pronombre personal *I* (yo):

You and I	Vd. y yo

Los nombres de los días y de los meses se escriben siempre con mayúsculas:

Thursday	jueves
March	marzo

Otro caso en que el inglés difiere del español es el uso de las mayúsculas en la primera palabra y cada palabra importante del título de un libro; los artículos, las preposiciones y las conjunciones no van con mayúsculas:

A Connecticut Yankee in King Arthur's Court	*Un yanqui de Connecticut en la corte del rey Arturo*

PUNTUACION

Los signos de puntuación son los mismos que en español, y se usan del mismo modo, salvo los de interrogación y admiración, que nunca preceden a las frases interrogativas o admirativas:

Is she young?	¿Es ella joven?
What a shame!	¡Qué lástima!

Dichos signos y sus nombres en inglés son los siguientes:

comma (có-ma)	,
semicolon (sé-mi-co-lan)	;
colon (có-lan)	:
period (pí-ri-ad)	.
suspension points (sas-pén-schan points)	...
question mark (cués-chan mark)	?
exclamation mark (ecs-cla-méi-schan ...)	!
parenthesis (pa-rén-the-sis)	( )
brackets (bráe-quits)	[ ]
hyphen (hái-fen)	-
quotation marks (cuo-téi-schan ...)	" " o ' '
apostrophe (a-pós-tro-fi)	'
dash (daesch)	—

EL ALFABETO INGLÉS

the English alphabet (*dhi íng-glisch del-fa-bet*)

Letra	Pronunciación	Letra	Pronunciación
A a	ei	N n	en
B b	bi	O o	o
C c	si	P p	pi
D d	di	Q q	quiú
E e	i	R r	ar
F f	ef	S s	es
G g	ji	T t	ti
H h	eich	U u	yu
I i	ai	V v	vi
J j	je	W w	dá-b'l-yu
K k	que	X x	ecs
L l	el	Y y	uai
M m	em	Z z	si

ABREVIATURAS EMPLEADAS EN ESTE LIBRO

adj.	adjetivo	pl.	plural
adv.	adverbio	pres.	presente
art.	artículo	pret.	pretérito
ej.	ejemplo	s.	sustantivo
fut.	futuro	sing.	singular
imp.	imperfecto	subj.	subjuntivo
ind.	indicativo	v. gr. (del	por ejemplo
lit.	literalmente	latín *verbi*	
part.	participio	*gratia*)	
pas.	pasado		

Inglés en 20 Lecciones

Vocabularios y

Conversaciones

First Lesson

LECCIÓN PRIMERA   (ferst lé-s'n)

Vocabulary for this Lesson

VOCABULARIO PARA ESTA LECCIÓN   (vo-cáe-byu-le-ri foar dhis lé-s'n)

good morning (gŭd móar-ning)   buenos días
Mr. (Mister), sir (mís-ter, ser)   señor[2]

I am going (ai aem   voy a (lit.,
  gó-ing)   estoy yendo)
to practice (tu práec-tis)   practicar
tomorrow (tu-mó-ro)   mañana
to feel (tu fil)   sentir, sentirse
wonderful (uán-der-fŭl)   maravilloso
to be afraid (bi a-fréid)   tener miedo
mistake (mis-téic)   error
thank you, thanks   gracias
  (thaenc yu, thaencs)

to speak[3] (tu spic)	hablar	to help (help)	ayudar
something (sám-thing)	algo	much (mach)	mucho
anyhow (é-ni-hau)	de todas maneras	but (bat)	pero
happy (háe-pi)	contento, feliz	to tell (tu tel)	decir
the friend (dha frend)	el amigo, la amiga	today (tu-déi)	hoy

well (uel)	bien	my (mai)	mi
both (both)	ambos	your (yŭr)	tu, su, vuestro, vuestra; tus, sus,
the day (dha dei)	el día		vuestros, vuestras
every[4] (év-ri)	cada	you[5] (yu)	tú, usted, vosotros, ustedes

I have (ai haev)	yo tengo	afternoon (aef-ter-nún)	la tarde
to learn (tu lern)	aprender	time (taim)	tiempo, hora
good (gŭd)	bueno, bien	to make[6] (tu meic)	hacer
because (bi-cóas)	porque	quickly (cuíc-li), ⎫	rápidamente,
good-by (gŭd-bái)	adiós	fast (faest) ⎭	aprisa

like (laic)	como	too (tu)	demasiado	what (uat)	qué
easy (í-si)	fácil	to live (tu liv)	vivir	to go (tu go)	ir
kind (caind)	amable	they (dhei)	ellos, ellas	also (óal-so)	también
very (vé-ri)	muy	other (á-dher)	otro, otros	still (stil)	todavía

28

LA FAMILIA   **THE FAMILY**   (*dha* fáe-mi-li)

the husband (*dha hás*-band) el marido
the wife (*dha* uaif)   la esposa
the father (*dha* fá-*dher*) el padre
the mother (*dha* má-*dher*) la madre
the son (*dha* san)   el hijo
the daughter (*dha* dóa-ter) la hija
the brother (*dha* brá-*dher*) el hermano
the sister (*dha* sís-ter)   la hermana
the relatives (*dha* ré-la-tivs) los parientes

a man (*a* maen)	un hómbre	child (chaild)	niño
a woman (*a* uú-man)	una mujer	children (chíl-dren)	niños
the boy (*dha* boi)	el muchacho	the uncle (*dhi*⁷ án-c'l)	el tío
the girl (*dha* g[u]erl)	la muchacha	the aunt (*dhi*⁷ ant)	la tía

the grandfather (*dha* gráend-fa-*dher*)   el abuelo
the grandmother (*dha* gráend-ma-*dher*)   la abuela

NATIONALITIES AND LANGUAGES

NACIONALIDADES E IDIOMAS   (nae-scha-náe-li-tis aend láeng-gui-jis)

an American⁸ (aen a-máe-ri-can)   un norteamericano
an Englishman (aen íng-glisch-man) un inglés
a Mexican (a méc-si-can)   un mexicano
a Colombian (a co-lám-bi-an)   un colombiano
a Peruvian (a pe-rú-vi-an)   un peruano
a Venezuelan (a ve-ne-su-í-lan)   un venezolano

a Frenchman (a frénch-man) un francés a Russian (a rá-schan) un ruso
an Italian (aen i-táe-li-an) un italiano a German (a jér-man) un alemán

the English⁸ language (íng-glisch láeng-guij)   la lengua inglesa
the Spanish language (spáe-nisch láeng-guij)   la lengua española
the French language (french láeng-guij)   la lengua francesa
the Italian language (i-táe-li-an láeng-guij)   la lengua italiana
the German language (jér-man láeng-guij)   la lengua alemana
the Russian language (rá-schan láeng-guij)   la lengua rusa

CONVERSACIÓN

1 Good morning, Mr. Foster.

2 Good morning, Mr. Ramírez.

3 I[9] have something to tell you.

4 What is it?

5 I am going[10] to learn . . .

6 What are you going to learn, my friend?

7 I am going to learn to speak English.

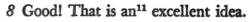

8 Good! That is an[11] excellent idea.

9 I don't[12] speak English now.

10 Don't you?[13] Well, you are going to speak it perfectly.

11 You are very kind. I know English is not very difficult.

12 That is true if you practice every day.

13 But I[14] feel very foolish every time I make a mistake.

14 Don't[15] be afraid[16] of making mistakes.

15 My sister and my father are also learning English.

16 Do they speak English as well as you do?

17 My father speaks[17] it well. My sister does not speak it so well.

18 Both my brother and my mother are now learning Spanish.

NOTAS: *1.* En inglés los adjetivos y los artículos son invariables, aparte la excepción citada en la nota 11.   *2. Mr.* y *sir* se traducen ambos por *señor*, pero *Mr.* se emplea delante de un apellido, y *sir* para dirigirse a un adulto: *Mr. Jones is a good friend* (mis-ter jons is a gŭd frend), el Sr. Jones es un buen amigo; *sir, do you wish to speak to me?* (ser, du yu uisch tu spic tu mi), señor, ¿desea Vd. hablar conmigo?   *3.* El infinitivo se compone de la partícula *to* y la forma simple del verbo.   *4. every* significa *cada* y *todo. Every time*: cada vez. *He knows every language* (hi nos év-ri láen-guij): sabe (o conoce) todos los idiomas. *Each*

Pronunciación

1 gŭd móar-ning, mís-ter fóas-ter.

2 gŭd móar-ning, mís-ter ra-mí-res.
3 ai *haev* sám-thing tu tel yu.
4 *uat is it?*
5 ai *aem* gó-ing tu lern.

6 *uat* ar yu gó-ing tu lern, mai frend?
7 ai *aem* gó-ing tu lern tu spic íng-glisch.
8 gŭd. *dhaet is aen* éc-se-lent ai-dí-a.
9 ai dont spic íng-glisch nau.
10 dont yu? *uel*, yu ar gó-ing tu spic it pér-fect-li.

11 yu ar vé-ri caind. ai no íng-glisch *is not* vé-ri dí-fi-calt.
12 *dhaet is* tru *if* yu práec-tis év-ri dei.
13 bat ai fil vé-ri fú-lisch év-ri taim ai meic *a* mis-téic.
14 dont bi *a*-fréid *av* méi-quing mis-téics.
15 mai sís-ter *aend* mai fá-dher ar óal-so lér-ning íng-glisch.

16 du *dhei* spic íng-glisch *aes uel aes* yu du?
17 mai fá-*dher* spics it *uel*. mai sís-ter *das* not spic it so *uel*.
18 both mai brá-dher *aend* mai má-dher ar nau lér-ning spáe-nisch.

Traducción

Buenos días (*lit.,* buena mañana), Sr. Foster.
Buenos días, Sr. Ramírez.
Tengo algo que decirle.
¿Qué es?
Voy a aprender . . . (*lit.,* estoy yendo a . . .)

¿Qué va usted a aprender, amigo? (*lit.,* mi amigo)
Voy a aprender a hablar inglés.

¡Bien! Esa es una excelente idea.

No hablo inglés ahora.
¿No? Bueno, va a hablarlo perfectamente.

Usted es muy amable. Yo sé (que el) inglés no es muy difícil.
Eso es cierto si usted practica a diario (*lit.,* cada día).
Pero me siento muy estúpido cada vez que cometo un error.
No tenga miedo (*lit.,* sea asustado) de cometer errores.
Mi hermana y mi padre están también aprendiendo inglés.

¿Hablan inglés tan bien como usted?
Mi padre lo habla bien. Mi hermana no lo habla tan bien.
Mi hermano y mi madre (*lit.,* ambos mi hermano y mi madre) están ahora aprendiendo español.

(ich) es *cada* sin referencia a una totalidad. *5. you* se emplea sin distinción para decir *tú, usted, vosotros* y *ustedes.* thou (dhau), que corresponde a *tú,* es una forma arcaica, usada hoy solamente en las oraciones. *6. to make* es *hacer* generalmente con sentido concreto: fabricar, construir, etc. *to do* (tu du) es *hacer* en sentido abstracto: *I am going to do you a favor* (ai *aem* gó-ing tu du yu *a* féi-ver), voy a hacerle un favor. Se emplea también como auxiliar. Ver más adelante, nota 12. *7. the* se pronuncia generalmente con la vocal (a); pero antes de una palabra que empieza con una vocal, tiene el sonido de (i). *8.* Las

19 And your grandparents?

20 My grandfather speaks French.

21 He comes from France, doesn't he?[18]

22 Yes, but he is now an American.

23 Do you still have relatives abroad?

24 Yes, I have two uncles and an aunt in Mexico.

25 Do they have any[19] children?

26 They have a son and two daughters.

27 They live in Mexico City, don't they?[18]

28 Yes, and they are very happy.

29 It is wonderful to be a child.

30 Why do you say that?

31 Because children learn languages so easily.[20]

32 Don't be discouraged! You are going to speak English like an American.

33 It is very easy for you to speak English because it is the language of your country.

34 Yes, but many Latin-Americans learn to speak English very well.

nacionalidades y las lenguas, como sustantivos o como adjetivos, se escriben siempre con mayúscula.   *9.* Nunca se omite el pronombre antes del verbo, excepto en el infinitivo y el imperativo.   *10.* Con el verbo *to be* (tu bi), ser o estar (que no se diferencian en inglés), y el gerundio de otro verbo, se constituye la forma progresiva: *I am speaking English* (ai aem spí-quing ing-glisch), yo estoy hablando inglés. El verbo *to go* (tu go) es excepción; su forma progresiva se traduce por *ir* con sentido de futuro: *I am going to speak,* voy a hablar.   *11.* El artículo indeterminado es *a* (a) delante de palabra que empiece por consonante, y *an* (aen) si la palabra siguiente empieza por vocal.   *12. I don't* es contracción

19 aend yŭr grάend-pae-ᴚants?	¿Y sus abuelos?
20 mai grάend-fa-*dh*er spics french.	Mi abuelo habla francés.
21 *h*i cams fram fraens, dά-s'nt *h*i?	Es originario (*lit.*, viene de) de Francia, ¿verdad?
22 yes, bat *h*i *is* nau *a*en *a*-mάe-ri-can.	Sí, pero ahora es norteamericano.
23 du yu stil *h*aev ré-la-tivs *a*-broad?	¿Tiene usted todavía parientes en el extranjero?
24 yes, ai *h*aev tu άn-c'ls aend aen ant *i*n méc-si-co.	Sí, tengo dos tíos y una tía en México.
25 du *dh*ei *h*aev é-ni ch*i*l-dren?	¿Tienen hijos? (lit., algunos niños).
26 *dh*ei *h*aev a san aend tu dόa-ters.	Tienen un hijo y dos hijas.
27 *dh*ei liv *i*n méc-si-co s*i*-ti dont *dh*ei?	Viven en la ciudad de México, ¿verdad?
28 yes, aend *dh*ei ar vé-ri *h*de-pi	Sí, y están muy contentos.
29 it *is* uάn-der-fŭl tu bi a chaild.	Es maravilloso ser (un) niño.
30 uai du yu sei *dh*aet?	¿Por qué lo dice? (*lit.*, dice esto).
31 bi-cόas ch*i*l-dren lern lάeng-gui-jes so *i*-si-li.	Porque los niños aprenden idiomas tan fácilmente.
32 dont bi d*i*s-qué-rijd. yu ar gό-ing tu spic *i*ng-glisch laic aen *a*-mάe-ri-can.	¡No se desanime! Usted va a hablar el inglés como un norteamericano.
33 it *is* vé-ri *i*-si foar yu tu spic *i*ng-glisch bi-cόas it *is* *dh*a lάeng-guij av yŭr cάn-tri.	Es muy fácil para usted hablar inglés, porque es la lengua de su país.
34 yes, bat mé-ni lάe-t'n *a*-mάe-ri-cans lern tu spic *i*ng-glisch vé-ri *u*el.	Sí, pero muchos latinoamericanos aprenden a hablar inglés muy bien.

---

de *I do not*. El verbo *to do,* hacer, se emplea como auxiliar para indicar que una frase es negativa o interrogativa; en estos casos no se traduce al español y debe ser interpretado como mero signo indicador de interrogación o negación. *I speak,* yo hablo; *I do not (don't) speak,* yo no hablo. *Do I speak?* ¿hablo yo? En frases afirmativas, como *I do speak,* se emplea para dar énfasis particular.   13. *don't you?* es frase interrogativa negativa en que *to do* tiene valor puramente interrogativo y alude al verbo *to speak* de la frase anterior. Puede traducirse por: ¿no lo habla usted? o simplemente, ¿no?   14. El pronombre personal *I* (ai), yo, se escribe siempre con mayúscula.   15. *don't* se antepone al imperativo para dar un sentido negativo

35 Anyhow, I am going to help you.

36 When do we start? Today?

37 No, tomorrow.

38 At this time or later[21]?

39 I can't[22] help you in the afternoon.

40 Then in the morning.

41 Good-by, Mr. Ramírez. You are going to learn very quickly.

42 Good-by, Mr. Foster. Thank you very much for your help.

a la orden. Véase §35, 2, d.; §41. (Estos números se refieren a los párrafos del Indice Gramatical que sigue a estas conversaciones. En el Indice se encontrarán explicaciones detalladas de todos los puntos gramaticales de la lengua inglesa.) *16.* to be afraid es, literalmente, estar asustado; to be significa a la vez ser y estar. *I am a Mexican:* soy mexicano. *I am well:* estoy bien.　*17.* Para formar la tercera persona singular del presente de indicativo hay que añadir siempre una *s. I love* (ai lʌv), yo amo; *he loves* (hi lʌvs), él ama. El verbo *to do* es irregular y se añade, además, una *e: I do,* yo hago; *he does* (hi dʌs), él hace.　*18.* Véase la nota 13 más arriba.　*19. any* es un adjetivo, y significa alguno, alguna, o cualquiera, y se usa en las frases interrogativas, negativas y de duda. *He doesn't have any money:* no

35 é-ni-*h*au, ai *a*em gó-ing tu *h*elp yu.

De todas maneras, yo voy a ayudarle a usted.

36 *u*en du *ui* start? tu-déi?

¿Cuándo vamos a empezar *(lit.,* empezamos)? ¿Hoy?

37 no, tu-mó-ro.

No, mañana.

38 aet *dh*is taim *oa*r léi-ter?

¿A esta hora o más tarde?

39 ai c*ae*nt *h*elp yu in *dh*i⁷ *d*ef-ter-nun.

No puedo ayudarle por la tarde.

40 *dh*en in *dh*a móar-ning.

Entonces por la mañana.

41 gŭd-bái, mís-ter ra-mí-res. yu ar gó-ing tu lern vé-ri cuíc-li.

Adiós, Sr. Ramírez. Va a aprender muy aprisa.

42 gŭd-bái, mís-ter fóas-ter. *th*aenc yu vé-ri m*a*ch foar yŭr *h*elp.

Adiós, Sr. Foster. Muchas gracias por su ayuda.

tiene (ningún) dinero. *Any* se emplea cuando se habla de modo ambiguo sin especificar el número de objetos a que nos referimos: *Have you any gloves?*, ¿tiene usted (algunos) guantes? **20.** *easily* viene de *easy,* fácil, más la terminación *ly* (li), que equivale a la terminación española —*mente,* para formar los adverbios de modo. Véase §16. **21.** *later* es el comparativo del adjetivo *late,* tarde. Para la formación de los comparativos, véase §13. **22.** *can't* es la contracción de *cannot* y se emplea más frecuentemente que esta forma. En cambio, *cannot* se emplea para dar énfasis particular. *I cannot go* equivale a *yo no puedo ir en absoluto.* (Nótese que la forma negativa de *can* se escribe en una sola palabra: *cannot; can* es el único verbo que forma el negativo así.)

Second Lesson

LECCIÓN SEGUNDA   (sé-cand lé-s'n)

New Vocabulary for this Lesson

NUEVO VOCABULARIO PARA ESTA LECCIÓN   (nyu vo-cáe-byu-le-ri . . .)

appetite (áe-pi-tait)	apetito	**simple** (sím-p'l)	sencillo
please (plis)	por favor	**taste** (teist)	gusto

to eat (it)	comer
to drink (drinc)	beber
to like (laic)	gustar
to think (thinc)	pensar
of course (av coars)	naturalmente
early (ér-li)	temprano
iced (aist)	helado, muy frío
glass (glaes)	vaso
cup (cap)	taza

to be hungry (bi háng-gri)	tener hambre
spoonful (spún-fŭl)	cucharada
I may, I can (ai mei, ai caen)	yo puedo
to be thirsty (bi thér-sti)	tener sed
the morning (dha móar-ning)	la mañana
occasionally (o-quéi-zha-na-li)	a veces

usually (yú-zhu-a-li)	generalmente, de costumbre
some (sam)	algún, alguno, alguna, algunos, **algunas**
there, over there (dher, óver . . .)	allí

certainly (sér-t'n-li)	ciertamente	**to sit down** (sit daun)	sentarse
to have (haev)	haber, tener	**to plan** (plaen)	proyectar
to be (bi)	ser, estar	**to see** (si)	ver
to describe (dis-cráib)	describir	**all right** (oal rait)	bueno, bien
to begin (bi-g[u]ín)	empezar	**to prepare** (pri-pér)	preparar
to finish (fí-nisch)	terminar	**to avoid** (a-vóid)	evitar

36

FOOD, EATING AND DRINKS

Alimentos, comidas y bebidas   (fud, í-ting aend drincs)

the meal (mil)	comida
the cook (dha cŭc)	el cocinero, la cocinera
to cook (cŭc)	cocinar
meat (mit)	carne
lamb (laem)	cordero
steak (steic)	bisté
beef (bif)	carne de res o buey
pork (poarc)	carne de puerco
chicken (chí-quen)	pollo
butter (bá-ter)	mantequilla
chop (chop)	chuleta

ham and eggs (haem'n egs)	jamón con huevos
bacon (béi-qu'n)	tocino, tocineta
fried (fraid)	frito
fruit (frut)	fruta
sugar (schú-g[u]er)	azúcar
dessert (di-sért)	postres
salad (sáe-lad)	ensalada
frankfurters (fráenc-far-ters)	salchichas
hot dogs (hot dogs)	
the kitchen (dha quí-chen)	la cocina

bread (bred)	pan	coffee (cóa-fi)	café
rolls (rols)	panecillos	chocolate (chóac-lat)	chocolate
cheese (chis)	queso	tea (ti)	té
soup (sup)	sopa	lemon (lé-man)	limón
peas (pis)	guisantes	beer (bir)	cerveza
potatoes (po-téi-tos)	papas	wine (uain)	vino
water (uóa-ter)	agua	milk (mílc)	leche

Conversación

1 May[1] I come in?[2]

2 Certainly,[3] Mr. Foster!

3 What are you doing now?

    4 I am having[4] breakfast.

    5 When do you usually[5] have breakfast?

    6 I eat my breakfast early in the morning.

    7 Now tell me — in English, of course—what[6] you are eating.

    8 As you can[7] see, I am eating two eggs and bacon, and drinking a cup of coffee.

9 Well, I think[8] you have a good appetite.

10 Please sit down, Mr. Foster, and have a cup of coffee.

11 No, thank you, I'll[9] have some[12] tea instead.[10]

12 Do you take sugar and cream?

13 I'll have a spoonful of sugar.

14 Here you are![11] There is some lemon over there.

NOTAS: *1. may* es verbo irregular y defectivo; carece de infinitivo y de futuro. Equivale a *poder* en sentido de posibilidad moral o permiso, mientras *can* (que tampoco requiere *to* para el infinitivo, por carecer igualmente de él) significa poder físico de ejecutar un acto. Véase §44.   *2. come in:* las preposiciones y los adverbios se combinan a menudo con los verbos para formar nuevos verbos. *to come* (véase §48, 3) significa *venir; to come in* significa *entrar.* Por ello las frases inglesas parecen a veces terminar en una preposición; deberá recordarse que ésta forma parte integrante del verbo en numerosos casos.   *3. certainly:* los adverbios

Pronunciación

1 mei ai *cam in?*

2 sér-t'n-li, mís-ter fóas-ter.

3 uat ar yu dú-ing nau?

4 ai aem hde-ving bréc-fast.

5 uen du yu yú-zhu-a-li haev bréc-fast?

Traducción

¿Puedo pasar (*lit.*, entrar)?

Ciertamente, Sr. Foster.

¿Qué está usted haciendo ahora?

Estoy tomando el desayuno.

¿A qué hora (*lit.*, cuándo) se desayuna usted generalmente?

6 ai it mai bréc-fast ér-li in dha móar-ning.

7 nau tel me—in íng-glisch, av coars—uat yu ar í-ting.

8 aes yu caen si, ai aem í-ting tu egs aend béi-c'n, aend drínc-quing a cap av cóa-fi.

9 uel, ai thinc yu haev a gŭd áe-pi-tait.

10 plis sit daun, mís-ter fóas-ter, aend haev a cap av cóa-fi.

Tomo el desayuno por la mañana, temprano.

Ahora, dígame—en inglés, naturalmente—qué está usted comiendo.

Como puede usted ver, estoy comiendo dos huevos con tocineta, y bebiendo una taza de café.

Bien, creo que tiene usted buen apetito.

Por favor, siéntese usted, Sr. Foster, y tome una taza de café.

11 no, thaenc yu, ail haev sam ti in-stéd.

12 du yu teic schŭ-ger aend crim?

13 ail haev a spún-fŭl av schŭ-ger.

14 hir yu ar! dher is sam lé-man ó-ver dher.

No, gracias. Tomaré, en cambio, un poco de té.

¿Toma usted azúcar y crema?

Tomaré una cucharada de azúcar.

¡Aquí tiene usted! Allí hay limón.

---

de modo se forman agregando la terminación -*ly* a un adjetivo: *certain*, (cierto, seguro) da *certainly* (seguramente, sin duda). *4.* Se usa *to have* (haber o tener) en lugar de *to take* (tomar) cuando el predicado designa el acto de comer. *5.* Con frecuencia se coloca el adverbio de modo entre el sujeto y el verbo. *6.* *what* equivale a *qué* o *lo que.* *7.* Véase nota 1. *8.* Después de verbos como *I think* (pienso), *I believe* (creo), *I see* (veo), se omite frecuentemente la conjunción *that* (que). *9.* *I'll* es contracción de *I will;* es verbo defectivo que se emplea como auxiliar para formar el futuro: *I go* (voy), forma el futuro *I will go* (iré); *I'll have*

15 I see you are eating in the kitchen but you also have a dining-room.

16 Yes, we eat dinner[13] in the dining-room.

17 What do you usually have for dinner?

18 Sometimes I have a good steak.

19 Do you like[14] lamb?

20 I like any kind of meat:[15] beef, pork or lamb.

21 What about fried chicken with peas and mashed potatoes?

22 My wife prepares this dish well. She is a good cook.

23 Does she make good salads too?

24 Yes, her[16] salads are very good.

25 I like simple meals—a sandwich, a little[17] cheese, and a glass of milk.

26 What about drinking? Do you like beer or wine?

27 I occasionally drink a little whisky or a cocktail.

28 For my taste, there's[18] nothing like a glass of water when I'm thirsty.

---

significa: habré, tendré, y en este caso (véase nota 4) tomaré. Cuando el futuro indica simplemente una acción por venir, se forma por medio del auxiliar *shall* antes del infinitivo, sin la partícula *to*, en la primera persona del singular y del plural, y *will* en las demás. Pero cuando indica promesa, deseo vehemente, mando o amenaza, se expresa por medio de *will* en las primeras personas, y de *shall* en las demás. En la conversación ordinaria estas distinciones han ido perdiendo vigor, sobre todo debido a la costumbre de emplear la contracción *I'll, you'll*, etc., que corresponde tanto a *shall* como a *will*.   *10. instead:* en cambio o en cambio de. *11.* Esta frase tiene dos sentidos: el literal—*aquí está usted*, y otro figurado—

15 ai si yu ar í-ting in *dha* quí-chen
bat yu óal-so *haev* a dái-ning-
rum.

Veo que está comiendo en la cocina, pero tiene usted también
un comedor.

16 yes, *ui* it dí-ner *in dha* dái-ning-
rum.

Sí, cenamos (*lit.*, comemos cena)
en el comedor.

17 *uat* du yu yú-zhu-*a*-li *haev* foar
dí-ner?

¿Qué suele usted comer en la
cena?

18 sám-taims ai *haev* a gŭd steic.

A veces como un buen bisté.

19 du yu laic *laem*?

¿Le gusta a usted el cordero?

20 ai laic é-ni caind *av* mit: bif,
poarc oar laem.

Me gusta cualquier clase de
carne: buey, puerco, o cordero.

21 *uat a*-báut fraid chí-quen *uidh* pis
aend maeschd po-téi-tos?

¿Le gusta (*lit.*, qué acerca de) el
pollo frito con guisantes y puré
de papas?

22 maí *uaif* pri-pérs *dhi*s disch *uel.*
schi *is a* gŭd cŭc.

Mi esposa prepara bien este platillo. Es buena cocinera.

23 *das* schi meic gŭd sáe-lads tu?

¿Hace también buenas ensaladas?

24 yes, *her* sáe-lads ar vé-ri gŭd.

Sí, sus ensaladas son muy buenas.

25 ai laic sím-p'l mils, a sáend-*uich,*
a lí-t'l chis, *aend a glaes av* milc.

Me gustan las comidas sencillas:
un sandwich, un poco de
queso, y un vaso de leche.

26 *uat a*-baut <u>drínc-quing</u>? du yu
laic bir *oar uain*?

¿Y para beber? ¿Le gusta la cerveza o el vino?

27 ai o-quéi-zha-na-li drinc *a* lí-t'l
uís-qui *oar a* cóc-teil.

A veces tomo un poco de whisky
o un coctel.

28 foar mai teist, *dhers* ná-*thing* laic
a glaes av uóa-ter *uen* aim *thér*-
sti.

Para mi gusto, no hay nada mejor
que (*lit.*, nada como) un vaso
de agua cuando tengo sed.

---

aquí tiene usted, que es el que conviene aquí.   *12. some* (algún, alguno, alguna,
algunas, y algo de) se emplea ante un sustantivo que designamos en forma general
pero de cuya materia vamos a separar una parte para nuestro uso o alimento, si
la frase es afirmativa: *I'll have some tea,* tomaré (algo de) té. Si la frase es interrogativa o negativa hay que usar *any,* con los mismos sentidos: *I don't want any coffee,*
no quiero (nada de) café.   *13.* Las comidas son: *breakfast* (sin el art.), desayuno,
a las 8 de la mañana, aproximadamente; *lunch,* a las 12 o la 1; *dinner,* a las 6 o las
7; *supper* designa a veces una comida a última hora, antes de acostarse, y otras se
confunde con *dinner,* a la misma hora.   *14.* Literalmente, "gusta usted del cor-

29 Of course, but in summer
an iced lemonade or a soft
drink is[19] always welcome.

30 When you finish eating, we
are going to go outside.[20]

31 Where do you wish to go?

32 Nowhere in particular.
We'll take[21] a walk.

33 We'll walk where there
are[22] wide streets and good shops.

34 All right, but we want to avoid traffic.

35 Please describe everything you see to me in English.

36 I am beginning to enjoy my lessons, Mr. Foster. Let's go.[23]

---

dero?" El sujeto de las frases de este tipo es el pronombre yo, usted, etc.; el predicado es el objeto o persona que se prefiere: *I like wine* (yo gusto del vino): me gusta el vino. *15. meat* es carne comestible; la carne viva es *the flesh.* *16. her* es a la vez pronombre personal y adjetivo posesivo. *Give it to her:* déselo (a ella). *Her house:* su casa (de ella). Los pronombres personales tienen en inglés dos terminaciones o casos: nominativo o objetivo. El pronombre en nominativo es el sujeto; en el objetivo es, o término de la acción o régimen indirecto. Cuando el pronombre es régimen del verbo se coloca después de éste. El *her* del 24 es adjetivo posesivo. Véase §7, §8. *17. little,* adj., significa pequeño; como adverbio, precedido a veces de *a,* significa: poco, un poco de. *18.* Contracción de *there is*

29 av coars, bat *in* sá-mer *a*en aist
le-má-néid *oa*r *a* soaft drinc *is*
*óa*l-*ue*is *ué*l-cam.

Naturalmente, pero en verano
una limonada helada o un re-
fresco embotellado son siempre
agradables (*lit.*, bienvenidos).

30 *u*en yu fí-nisch i-ting *u*i ar go-ing
tu go aut-said.

Cuando termine de comer, saldre-
mos.

31 *u*er du yu *u*isch tu go?

¿Adónde quiere usted ir?

32 no-*u*er *in* per-tic-yu-ler *u*il teic
a *u*oac.

A ningún sitio en especial. Dare-
mos (*lit.*, tomaremos) un paseo.

33 *u*il *u*oac *u*er *dh*er ar *u*aid strits
*a*end gŭd sch*o*ps.

Pasaremos por donde haya
calles anchas y buenas tiendas.

34 *oa*l rait, bat *u*i *u*ont tu *a*-voyd
tr*áe*-fic.

Bueno, pero queremos evitar el
tránsito.

35 plis dis-cráib év-ri-*th*ing yu si tu
mi *in* íng-glisch.

Por favor, descríbame todo lo que
ve en inglés.

36 ai *a*em bi-g(u)*l*-ning tu en-jóy
mai lé-s'ns, mís-ter fóas-ter.
lets go.

Me están empezando a gustar las
lecciones, Sr. Foster. Vámonos.

(*lit.*, allí es): hay. El plural es *there are. There is a cloud in the sky:* hay una nube
en el cielo. *There are many trees in this forest:* hay muchos árboles en este bosque.
19. Una serie de sustantivos en singular unidos por la conjunción *or* (o) rige un
verbo en singular, a menos que los sustantivos estén en plural. *20. outside:*
fuera, afuera, hacia fuera. *21.* Contracción de *we will*, para formar el futuro.
Se emplea *to take* (tomar) y no *to give* (dar) para traducir la expresión *dar un
paseo.* *22.* Véase la nota 18. *23. let's go* es el imperativo de *to go*, ir. El imperativo se forma con el signo *let* seguido del pronombre que le corresponda en el
caso objetivo. Véase §30, 7.

Third Lesson

LECCIÓN TERCERA   (*th*erd lé-s'n)

New Vocabulary for this Lesson

gentleman (jén-t'l-man) — señor, caballero
lady (léi-di) — señora, dama
everything (év-ri-*th*ing) — todo
to cost (c*oa*st) — costar
expensive (ecs-pén-siv) — caro
cheap (chip) — barato

sale (seil) — venta, barata
bargain (bár-g'n) — ganga
selection (si-léc-schan) — selección
to seem (sim) — parecer
how much? (*h*au m*a*ch) — ¿cuánto?
sport (sp*oa*rt) — deporte

department (di-párt-ment) — sección, departamento
besides (bi-sáids) — además
probably (pró-b*a*b-li) — probablemente
most of (most *a*v) — la mayor parte
diplomat (díp-lo-m*a*et) — diplomático
to find out (faind aut) — descubrir
nice (nais) — precioso, bonito

to come (c*a*m) — venir
only (ón-li) — solamente
about (*a*-báut) — acerca de
all (*oa*l) — todo, todos
price (prais) — precio

to be right (bi rait) — tener razón
for (f*oa*r) — para
to approve (*a*-prúv) — aprobar
gift (g[u]ift) — regalo
pair (per) — par

to hope (*h*op) — esperar
to dress (dres) — vestir
before (bi-fór) — antes
to spend (spend) — gastar
money (m*á*-ni) — dinero

judge (j*a*j) — juez
to buy (bai) — comprar
quality (cu*óa*-li-ti) — calidad
to want (*u*ont) — desear
nothing (n*á*-*th*ing) — nada

44

CLOTHING

La ropa   (cló-*dh*ing)

suit (sut)	traje	
overcoat (ó-*v*er-cot)	abrigo	
necktie (néc-tai)	corbata	
gloves (gla*v*s)	guantes	
shirt (sch*e*rt)	camisa	
socks (so*c*s)	calcetines	
shoes (schu*s*)	zapatos	
hat (*h*aet)	sombrero	
jewelry (júl-ri)	joyería, joyas	
blouse (blau*s*)	blusa	
scarf (scarf)	bufanda	

clothes (clo*s*)	ropa	dress (dres)	vestido
jacket (*já*e-quet)	chaqueta	skirt (squ*e*rt)	falda
trousers (tráu-*se*rs)	pantalones	silk (s*i*lc)	seda
costume (cós-tyum)	traje	sweater (su*é*-ter)	suéter

woolen (u*ŭ*-l'n)	de lana, ropa de lana
handkerchief (h*á*enc-quer-chif)	pañuelo
material (m*a*-tí-ri-*a*l)	tela
stockings (st*ó*-quings)	medias
formal wear (f*ó*ar-m*a*l *u*er)	ropa de etiqueta
evening dress (í*v*-n*i*ng dres)	vestido de noche
dinner jacket (d*í*-ner *já*e-quet)	smoking

design (di-*s*áin)	dibujo
size (sai*s*)	tamaño
small (smo*a*l)	pequeño
medium (mí-di-*a*m)	mediano
large (lar*j*)	grande
narrow (n*á*e-ro)	estrecho
short (scho*a*rt)	corto
color (c*á*-ler)	color
shade (scheid)	matiz

dark (darc)	oscuro	green (grin)	verde	white (*u*ait)	blanco
light (lait)	claro	yellow (yé-lo)	amarillo	blue (blu)	azul
flashy (fl*á*e-schi)	chillón	black (bl*a*ec)	negro	red (red)	rojo
gray (grei)	gris	brown (braun)	café, marrón	pink (p*i*nc)	rosado

CONVERSACIÓN

1 What can I do for you, gentlemen?

2 We would[1] like to see some suits.

3 We have a large[2] selection of suits of good material.

4 Do you also have shoes?

5 Yes, we have shoes, overcoats, gloves, hats, neckties, shirts, handkerchiefs and socks.

6 You seem to have everything.

7 We also have a ladies' department.[3]

8 What about formal wear?

9 We have very nice evening dresses and dinner jackets.

10 This felt hat does[4] not seem to be too expensive. How much[5] is that one?

11 That hat is a little more expensive, but it is very well-made.

12 I would[1] like to see something cheaper.

13 Certainly, sir.

Notas: *1.* El futuro y el condicional de los verbos ingleses se forman muy fácilmente. Recuérdese que para el futuro se antepone *shall* para la primera persona del singular y del plural, *will* para las otras, y se emplea la misma forma fundamental del verbo dada en el infinitivo: *to like* da *you will like,* con frecuencia abreviado a *you'll like.* También puede emplearse el gerundio de *to go,* ir; *I am going to like.* Para el condicional se emplea la raíz acostumbrada precedida de

PRONUNCIACIÓN

1 uat caen ai du foar yu, jén-t'l-men?

2 ui uŭd laic tu si sam suts.

3 ui haev a larj si-léc-schan av suts av gŭd ma-tí-ri-al.

4 du yu óal-so haev schus?

5 yes, ui haev schus, ó-ver-cots, glavs, haets, néc-tais, scherts, háenc-quer-chifs aend socs.

6 yu sim tu haev év-ri-thing.

7 ui óal-so haev a léi-dis di-párt-ment.

8 uat a-báut fóar-mal uer?

9 ui haev vé-ri nais ív-ning dré-ses aend dí-ner jáe-quets.

10 dhis felt haet das not sim tu bi tu ecs-pén-siv. hau mach is dhaet uan?

11 dhaet haet is a li-t'l mor ecs-pén-siv, bat it is vé-ri uel meid.

12 ai uŭd laic tu si sám-thing chí-per.

13 sér-t'n-li, ser.

TRADUCCIÓN

Señores, ¿en qué puedo servir-les? (*lit.*, ¿qué puedo hacer por Vds.?)

Querríamos ver algunos trajes.

Tenemos gran selección de trajes en buenas telas.

¿Tienen Vds. también zapatos?

Tenemos zapatos, abrigos, guan-tes, sombreros, corbatas, cami-sas, pañuelos y calcetines.

Parece que tienen Vds. de todo.

Tenemos también un departa-mento para señoras.

¿Y ropa de etiqueta?

Tenemos preciosos vestidos de noche y smokings.

Este sombrero de fieltro no parece (ser) demasiado caro. ¿Cuánto cuesta aquél?

Aquel sombrero es un poco más caro, pero es de muy buena calidad (*lit.*, está muy bien hecho).

Quisiera ver algo más barato.

Desde luego, señor.

---

should, que denota obligación, y **would**, de uso más general: *I would like*, yo querría, o me gustaría. 2. Hay que evitar traducir *large*, grande, por *largo*, que es, en inglés, *long* (loang). Sinónimo de *large*: *big* (big). 3. *ladies' department*: cuando el poseedor es un ser animado, el posesivo se forma añadiéndole una 's y haciéndolo seguir del objeto, persona o calidad poseída. *The child's toys*: los juguetes del niño. Cuando el poseedor termina en *s*, se omite la *s* del signo em-

14 I see some beautiful sport shirts over there.

15 These come in three sizes: small, medium and large.

16 We have an assortment of plaids and solid colors.

17 I will have to tell my wife about these bargains.

18 Does she buy your clothes?

19 She buys some of them. She has good taste. Besides, she is a good judge of quality.

20 Then she probably does not approve of flashy shirts.

21 No, she doesn't, and that's[6] why I want to buy them now.

22 What will she say when she finds out?

23 Nothing, if I give her a little gift.

24 Are you planning to buy her a coat?

25 That would be too much. A sweater will do.

26 I want to buy a pair of shoes.

---

pleado ordinariamente, y sólo queda el apóstrofe: *ladies' department,* departamento de (o para) señoras. La tendencia actual es la de formar genitivos a base de colocar la palabra poseedora tras la atribuída, según el modelo anterior, para sujetos animados, aplicándolo a los inanimados, pero sin el signo *'s: a book review,* una crítica de un libro; *a night train,* un tren de noche (o nocturno).   *4. does* es la tercera persona singular presente indicativo de *to do,* el auxiliar empleado

14 ai si sam byú-ti-fŭl spoart scherts
ó-ver dher.

Allí veo hermosas camisas de sport.

15 dhis cam in thri sái-ses: smoal,
mí-di-am aend larj.

Estas vienen en tres tallas: pequeña, media, y grande.

16 ui haev aen a-sóart-ment av
plaeds aend só-lid cá-lers.

Tenemos un surtido de dibujos escoceses y colores lisos.

17 ai uil haev tu tel mai uaif a-báut
dhis bár-g'ns.

Tendré que hablarle a mi esposa acerca de estas gangas.

18 das schi bai yŭr clos?

¿Compra ella su ropa?

19 schi bais sam av dhem. schi haes
gŭd teist. bi-sáids schi is a gŭd
jaj av cuóa-li-ti.

Compra una parte. Tiene buen gusto y además entiende (*lit.,* es buen juez) de calidades.

20 dhen schi pró-bab-li das not a-
prúv av fláe-schi scherts.

Entonces, probablemente le desagradan (*lit.,* no aprueba de) las camisas de colores chillones.

21 no, schi dá-sn't aend dhaets uai
ai uont tu bai dhem nau.

No, no le gustan, y por eso quiero comprarlas ahora.

22 uat uil schi sei uen schi fainds
aut?

¿Qué dirá cuando lo descubra?

23 ná-thing, if ai giv her a lí-t'l
g(u)ift.

Nada, si le hago (*lit.,* doy) un regalito.

24 ar yu pláe-ning tu bai her a cot?

¿Proyecta comprarle un abrigo?

25 dhaet uŭd bi tu mach. a sué-ter
uil du.

Sería demasiado. Un suéter será suficiente (*lit.,* hará).

26 ai uont tu bai a per av schus.

Quiero comprar un par de zapatos.

---

para la forma negativa y la interrogativa.   *5.* No confundir how much (*lit.,*
cómo mucho), cuánto, y how many (*lit.,* cómo muchos), cuántos.   *6.* that's es
contracción de that is, eso es. That tiene varios sentidos. Cuando es conjunción
equivale a que: he thinks that he can speak English, cree que puede (o sabe)
hablar inglés. Como pronombre demostrativo, alude a la persona, cosa o idea
mencionada o sobrentendida: the voice was that of his friend, la voz era la de su

27 Which color do you like, black, brown, or white?

28 I would[7] like to see some brown shoes.

29 I am afraid these would not fit you, sir. They are too narrow and also too short.

30 You are right.[8] I need a larger[9] size.

31 These shoes cost $15 (fifteen dollars).

32 I will take the shoes, the gloves and the gray hat.

33 And I will keep these black trousers and take the pink sweater for my wife. And, of course, that red shirt.

34 What a diplomat![10]

35 You are now very well-dressed.

36 Let's go now before you spend all your money.

37 You are right. That's enough for today.

---

amigo (el plural de *that* en esta función es *those: the voices were those of his friends*). Como pronombre relativo, equivale a *who* o *which: books that are widely read,* libros que (los cuales) son muy leídos. En el caso aquí señalado, *that is why,* debe traducirse por el neutro *esto (o eso)* porque se refiere no a una persona sino al motivo o razón de la acción. Recuérdese, pues, que en general *this* equivale a *este* o *esto* (pl. *these,* esos); *that,* a *ése* o *aquél,* o *éso; those,* a *aquéllos.* 7. Véase nota 1, más arriba. 8. *you are right* es un modismo a base del verbo

27 uich cá-ler du yu laic, blaec, braun oar uait?

¿Qué color le gusta, negro, café o blanco?

28 ai uŭd laic tu si sam braun schus.

Querría ver algunos zapatos café.

29 ai aem a-fréid dhis uŭd not fit yu, ser. dhei ar tu náe-ro aend óal-so tu schoart.

Me temo que éstos no le vendrían bien, señor. Son demasiado estrechos y también demasiado cortos.

30 yu ar rait. ai nid a lár-jer sais.

Tiene Vd. razón. Necesito una talla más grande.

31 dhis schus coast fíf-tín dó-lers.

Estos zapatos cuestan quince dólares.

32 ai uil teic dha schus, dha glavs aend dha grei haet.

Tomaré los zapatos, los guantes y el sombrero gris.

33 aend ai uil quip dhis blaec tráu-sers, aend teic dha pinc sué-ter foar mai uaif. aend av coars dhaet red schert.

Y yo me quedaré con estos pantalones negros, y tomaré el suéter rosa para mi esposa, y naturalmente aquella camisa roja.

34 uat a díp-lo-maet.

¡Qué diplomático!

35 yu ar nau vé-ri uel drest.

Ahora va usted muy bien vestido.

36 lets go nau bi-fór yu spend oal yŭr má-ni.

Vámonos ahora antes de que se gaste usted todo su dinero.

37 yu ar rait. dhaets i-náf foar tu-déi.

Tiene usted razón. Ya basta para hoy.

---

to be y un adjetivo, combinación que da, entre otros, to be hungry (tener hambre), to be tired (estar cansado), etc. Se traduce por tener o estar más el adjetivo. 9. larger es el comparativo de large. El superlativo sería the largest (el más o la más grande).   10. En las frases exclamativas que principian con what es frecuente emplear el artículo a entre what y el resto de la frase: what a pity! (uat a pí-ti), ¡qué lástima!

Fourth Lesson

New Vocabulary for this Lesson

perhaps (per-*háe*ps)	quizá, tal vez	**to advise** (ad-váis)	aconsejar
so many (so mé-ni)	tantos,—as	**to find** (faind)	encontrar
to know (no)	saber	**to need** (nid)	necesitar
at least (*ae*t list)	por lo menos	**to celebrate** (sé-le-breit)	celebrar
surely (schúr-li)	seguramente	**to misplace** (mis-pléis)	extraviar
to happen (*háe*-p'n)	ocurrir	**to be lucky** (bi lá-qui)	tener suerte

to remember (ri-mém-ber)	recordar
reservations (re-ser-véi-sch*an*s)	reservaciones
by the way (bai *dha* uei)	de paso
spare (sper)	suplementario, extra
really (rí-*a*-li)	verdaderamente, de veras

even (í-ven)	incluso	**after** (*áe*f-ter)	después
piece (pis)	trozo, fragmento	**down** (daun)	abajo
to fill (fil)	llenar	**student** (stú-dent)	estudiante
to list (list)	enumerar	**to look** (luc)	mirar
errand (é-r*a*nd)	encargo, tarea	**holiday** (*hó*-li-dei)	fiesta
to listen (lí-s'n)	escuchar	**close to** (clos tu)	cerca de
to let (let)	permitir	**building** (bíl-ding)	edificio
haircut (*hér*-c*a*t)	corte de pelo	**around** (*a*-ráund)	cerca
bank (b*ae*nc)	banco	**elevator** (é-le-vei-ter)	elevador
busy (bí-si)	ocupado	**better** (bé-ter)	mejor
month (m*an*th)	mes	**to guess** (g[u]es)	adivinar

STATIONERY
ARTÍCULOS DE ESCRITORIO (stéi-scha-ne-ri)

fountain pen (fáun-t'n pen)	estilógrafo	**pencil** (pén-cil)	lápiz
ball pen (bóal-pen)	pluma "atómica"	**paper** (péi-per)	papel
pen (pen)	pluma	**ink** (inc)	tinta

to write (rait)	escribir	**ruler** (rú-ler)	regla
envelope (én-ve-lop)	sobre	**eraser** (i-réi-ser)	borrador
letter (lé-ter)	carta	**blotter** (bló-ter)	secante

CARDINAL NUMBERS

NÚMEROS CARDINALES   (cár-d'n-al nám-bers)

0 zero (zí-ro)
1 one (uan)
2 two (tu)
3 three (thri)
4 four (for)
5 five (faiv)

6 six (sics)
7 seven (sé-ven)
8 eight (eit)
9 nine (nain)
10 ten (ten)

$9 + 2 = 11$ nine plus two is (equals) eleven   (plas . . . í-cuals)
$11 - 5 = 6$ eleven minus five is six   (mái-nas)
$6 \times 7 = 42$ six times seven is forty-two   (taims)
$42 \div 3 = 14$ forty-two divided by three is fourteen (di-vái-did bai)

11 eleven (i-lé-ven)
12 twelve (tuelv)
13 thirteen (thér-tín)
14 fourteen (fór-tín)
15 fifteen (fíf-tín)

16 sixteen (sícs-tín)
17 seventeen (sé-ven-tín)
18 eighteen (éi-tín)
19 nineteen (náin-tín)
20 twenty (tuén-ti)

21 twenty-one
30 thirty (thér-ti)
40 forty (fóar-ti)
50 fifty (fíf-ti)

60 sixty (sícs-ti)
70 seventy (sé-ven-ti)
80 eighty (éi-ti)
90 ninety (náin-ti)
100 one hundred (uan hán-dred)

1492 one thousand four hundred and ninety-two
1958 nineteen hundred fifty-eight

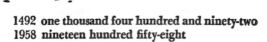

101 one hundred and one
200 two hundred
1000 one thousand (tháu-sand)

100,000 one hundred thousand
1,000,000 one million (mí-lyan)
1,000,000,000 one billion (bí-lyan)

Conversación

1 Mr. Foster, how happy I am to see you! Perhaps you can advise[1] me.

2 Gladly!

3 Well, you see, I have so many things to do I don't know where to begin.

4 Surely it can't[2] be that bad. Tell me, what's[3] your problem?

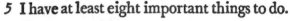

5 I have at least eight important things to do.

6 Well, let's[4] begin with item[5] number one. What is it?

7 One, I have to write a letter making reservations. Two, I have to see a friend. Three, I have to buy some paper.

8 You'd better[6] buy your paper before you write that letter.

9 By the way, do you have a pen? I misplaced mine and I can't even find my pencil.

10 You're[7] very lucky. Not only do I have a fountain pen for you, but I even have a spare envelope.

11 Now all I need is a piece of paper. I don't have to buy anything else.

Notas: *1. perhaps you can advise me.* La distinción entre el indicativo y el subjuntivo se ha borrado casi del todo en inglés, puesto que las formas verbales son las mismas. Tradúzcase el pres. de subj. de un verbo español por el pres. de ind. del correspondiente verbo inglés; el imperf. subj. por el condicional inglés: quizá pudiera Vd. ayudarme, *perhaps you could advise me.   2. it can't: it cannot.* Can, como *to be,* forma las frases negativas sin necesidad de recurrir a *to do.* *3. what?* es aquí pronombre interrogativo, y como tal sujeto de la oración; equivale a ¿qué...? o ¿cuál...? *What is the matter?,* lit., ¿cuál es la materia, o la compo-

PRONUNCIACIÓN	TRADUCCIÓN

1 mís-ter fóas-ter, hau hde-pi ai aem tu si yu‚ per-háeps yu caen ad-váis mi.

Sr. Foster, ¡qué feliz me hace el verle! Quizá pueda Vd. aconsejarme.

2 gláed-li.

Con mucho gusto (*lit.*, alegremente).

3 uel, yu si, ai haev so mé-ni things tu du ai dont no uer tu bi-g(u)ín.

Bueno, verá Vd., tengo que hacer tantas cosas que no sé por dónde empezar.

4 schúr-li it caent bi dhaet baed. tel mi uats yŭr prób-lem?

De seguro no será tan difícil (*lit.*, no puede ser tan malo). ¿Dígame, qué le sucede? (*lit.*, ¿cuál es su problema?)

5 ai haev aet list eit im-póar-tant things tu du.

Tengo que hacer por lo menos ocho cosas de importancia.

6 uel, lets bi-g(u)ín uidh ái-tem nám-ber uan. uat is it?

Bien, empecemos por el punto número uno. ¿Cuál es?

7 uan, ai haev tu rait a lé-ter méi-quing re-ser-véi-schans. tu, ai haev tu si a frend. thri, ai haev tu bai sam péi-per.

Uno: tengo que escribir una carta reservando alojamiento. Dos: tengo que visitar (*lit.*, ver) a un amigo. Tres: tengo que comprar papel.

8 yud bé-ter bai yŭr péi-per bi-fór yu rait dhaet lé-ter.

Más vale que compre su papel antes de escribir la carta.

9 bai dha uei, du yu haev a pen? ai mispléist main aend ai caent í-ven faind mai pén-sil.

De paso, ¿trae (una) pluma? He perdido la mía y ni siquiera puedo encontrar mi lápiz.

10 yŭr vé-ri lá-qui. not ón-li du ai haev a fáun-t'n pen foar yu, bat ai í-ven haev a sper én-ve-lop.

Está Vd. de suerte. No sólo tengo una pluma fuente para Vd., sino que tengo hasta un sobre suplementario.

11 nau oal ai nid is a pis av péi-per. ai dont haev tu bai é-ni thing els.

Ahora todo lo que necesito es una hoja de papel, y no tengo que comprar nada más.

---

sición? (se sobrentiende de un problema), ¿qué hay? ¿qué sucede? Como relativo, *what* equivale a *lo que: you may have what's left*, puede quedarse con *lo que* sobra.   *4. let's* es contracción de *let us*, signo del imperativo (primera pers. plural). Véase la nota 23 de la lección 2.   *5. item* es punto o párrafo como enumeración en una larga lista. Punto geométrico es *dot* (dot); punto de puntuación, *period* (pí-ri-ad).   *6. you'd* es contracción de *you had. You had better* es frase idiomática, en que *had* tiene sentido no de pretérito, como generalmente, sino de condicional: le iría a Vd. mejor si . . . mejor fuera que . . . etc.   *7. you're* es

12 I hope I remembered to fill my[8] pen with ink.

13 Yes, it writes perfectly. Now let me list the other errands I have to do.

14 Let me see: you have five things left to do. You should list them one by one.

15 All right. Number four, I have to get a haircut; five, I have to see a doctor; six, I have to go to the bank.

16 Impossible! You can't do all that this morning!

17 That is not all. Seven, I have to go to the post-office; and eight, I have to telephone my wife.

18 These are really busy days for you.

19 The first fifteen days of the month always are. After that, I begin to catch my breath.

20 Do you see those men and women marching down the street?

21 Yes, there[9] must[10] be at least a hundred of them.

22 Look at that one. His shirt has some special design.

23 And that woman is waving her scarf.

---

contracción de *you are*, usted es o está.   8. *my pen:* hay. que distinguir los adjetivos posesivos—*my* (mai), mi; *his (his)*, su (de él); *her (her)*, su (de ella); *its (its)*, su (sujeto neutro); *our* (aur), nuestro; *your* (yŭr), vuestro, su (de usted); *their (dher)*, su (de ellos)—de los pronombres posesivos, como *mine* (main), mío. *Whose*

12 ai *h*op ai ri–mém-berd tu f*i*l mai pen u*i*dh inc.

Espero que me acordé de llenar la pluma de tinta.

13 yes, *i*t raits p*é*r-fect-li. nau let mi l*i*st *dh*i á-d*h*er é-rands ai *h*aev tu du.

Sí, escribe perfectamente. Ahora déjeme enumerar los otros encargos que tengo que hacer.

14 let mi si; yu *h*aev faiv *th*ings left tu du. yu sc*h*ŭd l*i*st *dh*em u*a*n bai u*a*n.

Déjeme ver; le quedan cinco cosas por hacer. Debería enumerarlas una a una.

15 o*a*l rait. n*á*m-ber for, ai *h*aev tu g(u)et *a h*ér-cat: faiv, ai *h*aev tu si *a* d*ó*c-ter; s*i*cs, ai *h*aev tu go to *dh*a baenc.

Bueno. Cuatro, tengo que hacerme cortar el pelo; cinco, tengo que ver a un médico; seis, tengo que ir al banco.

16 im-p*ó*-s*i*-b'l! yu c*a*ent du o*a*l *dh*aet *dh*is m*ó*ar-ning.

¡Imposible! No puede hacerlo todo esta mañana.

17 *dh*aet is not o*a*l. sé-ven, ai *h*aev tu go tu *dh*a p*ó*st o*a*-fis; *a*end eit, ai *h*aev tu té-le-fon mai uaif.

No es eso todo. Siete, tengo que ir a la oficina de correos; y ocho, tengo que telefonear a mi esposa.

18 *dh*is ar r*í*-*a*-li b*í*-si deis f*o*ar yu.

Estos son días verdaderamente ocupados para Vd.

19 *dh*a ferst f*í*f-tín deis av *dh*a man*th* ó*a*l-ueis ar. *á*ef-ter *dh*aet, ai bi-g(u)*í*n tu c*a*ech mai bre*th*.

Los primeros quince días del mes siempre lo son. Después empiezo a recobrar el aliento.

20 du yu si *dh*os men *a*end u*í*-men m*á*r-ch*i*ng daun *dh*a strit?

¿Ve Vd. estos hombres y mujeres que desfilan calle abajo?

21 yes. *dh*er mast bi *a*et list *a* h*á*n-dred av *dh*em.

Deben ser cien por lo menos.

22 lŭc *a*et *dh*aet u*a*n. his schert h*a*es sam spé-sch*a*l di-s*á*in.

Mire a aquél. Su camisa lleva un dibujo especial.

23 *a*end *dh*aet u*ú*-man is u*é*i-ving her scarf.

Y aquella mujer está agitando su bufanda.

book is that? (hus bŭc is *dh*aet?), ¿de quién es ese libro? It is mine (it is main), es mío (y no: it is my, es mi). *9.* there antepuesto a cualquier forma de to be da la forma impersonal (hay, había, debe haber, etc.) *10.* must es verbo auxiliar, irregular y defectivo. No tiene participio, pretérito, futuro ni condicional. La

24 Their costumes all seem more or less the same.

25 They are celebrating a holiday.

26 I think there are almost a thousand of them.

27 We would see everything better from the top of that building.

28 That is a tall[11] building.

29 It must have around eighteen or nineteen stories.

30 Oh no, many more. I would guess twenty-five or thirty.

31 You are right. It has thirty-one.

32 Let's hope its elevator is in good working order!

---

tercera persona del presente es *he must,* sin la *s* característica. *must* indica *deber* por necesidad: *we must go to the office every day,* debemos ir a la oficina todos los días. Rige al verbo siguiente en infinitivo sin el signo *to.* Para expresar la idea de *deber* en los otros tiempos se recurre a *to have to,* tener que: *I had to go*

24 dher cós-tyums oal sim mor oar les dha seim.

Sus trajes parecen todos más o menos iguales.

25 dhei ar sé-le-brei-ting a hó-li-dei.

Están celebrando un día de fiesta.

26 ai thinc dher ar óal-most a tháu-sand av dhem.

Creo que son casi mil.

27 ui uŭd si év-rithing bé-ter fram dha top av dhaet bíl-ding.

Lo veríamos todo mejor desde lo alto de aquel edificio.

28 dhaet is a toal bíl-ding.

Es un edificio bien alto.

29 it mast haev a-ráund éi-tín oar náin-tín stóa-ris.

Debe tener alrededor de dieciocho o diecinueve pisos.

30 o no, mé-ni mor. ai uŭd g(u)es tuen-ti-fáiv oar thér-ti.

Oh, no, muchos más. Yo diría (*lit.*, adivinaría) veinticinco o treinta.

31 yu ar rait. it haes ther-ti-uán.

Tiene Vd. razón. Tiene treinta y uno.

32 lets hop its é-le-vei-ter is in gŭd uér-quing óar-der.

Esperemos que el elevador funcione (*lit.*, esté en buen orden de trabajo).

---

away, tenía (o tuve) que marcharme. *11. tall* se dice de las personas, a veces de los edificios. Pero: *This mountain is very high* (dhis máun-t'n is vé-ri hai), esta montaña es muy alta. *12. just,* adjetivo, es: justo; pero, adverbio, es: precisamente, ahora mismo. *I just arrived* (ai jast a-ráivd): acabo de llegar.

Fifth Lesson

New Vocabulary for this Lesson

to step into (step ín-tu)	entrar
for whom (foar hum)	para quién
obviously (ób-vi-as-li)	evidentemente
reasonable (rí-s'-na-b'l)	razonable, moderado
to care (quer)	preocuparse por
as long as (aes loang aes)	con tal que, mientras que

appointment (a-póynt-ment)	cita
between (bi-tuín)	entre
as far as (aes far aes)	hasta
toward, towards (toard, toards)	hacia
rather (ráe-dher)	más bien, mejor dicho, un tanto

left (left)	izquierda	to stop (stop)	parar
right (rait)	derecha	town (taun)	ciudad

to build (bíld)	construir
to mean (min)	querer decir
discount (dís-caunt)	descuento
to promise (pró-mis)	prometer

shelf (schelf)	estantería
rear (rir)	fondo, atrás
yourself (yŭr-sélf)	usted mismo
story (stóa-ri)	historia, cuento

to agree (a-grí)	estar de acuerdo
reliable (ri-lái-a-b'l)	de confianza
center (sén-ter)	centro
to fly (flai)	volar

year (yir)	año	lawyer (lóa-yer)	abogado
so (so)	tan	to expect (ecs-péct)	esperar
shop (schop)	taller, tienda	to charge (charj)	cobrar
to sell (sel)	vender	counter (cáun-ter)	mostrador
price (prais)	precio	last (laest)	último, pasado

CLOCKS AND TIME

Los relojes y las horas (clocs *aend* taim)

watch (*uoch*)	reloj (de pulsera o bolsillo)
to wind (*uaind*)	dar cuerda a un reloj
clock (cloc)	reloj de pared o torre
alarm clock (*a*-lárm ...)	reloj despertador
watchmaker (*uóch*-mei-qu*er*)	relojero
schedule (squé-*jül*)	horario; itinerario

hours ago (aur*s* *a*-gó)	hace horas
minute (mí-n*it*)	minuto
second (sé-c*a*nd)	segundo
noon (nun)	mediodía
afternoon *(aef*-ter-nún)	tarde
midnight (mí*d*-nait)	medianoche

to repair (ri-pér)	reparar
to clean (clin)	limpiar
spring (spr*i*ng)	muelle
to spend (spend) time	pasar tiempo
late (leit)	tarde
a quarter (cu*ó*ar-ter)	cuarto
a half (ha*e*f)	medio, mitad

ORDINAL NUMBERS

Números ordinales (*ó*ar-di-nal n*á*m-ber*s*)

first (ferst)	primero	sixth (sics*th*)	sexto
second (sé-c*a*nd)	segundo	seventh (sé-ven*th*)	séptimo
third (*th*er*d*)	tercero	eighth (ei*th*)	octavo
fourth (for*th*)	cuarto	ninth (nain*th*)	noveno
fifth (fif*th*)	quinto	tenth (ten*th*)	décimo

eleventh (i-lé-ven*th*)	undécimo
twelfth (tuelf*th*)	duodécimo
twentieth (tuén-ti-e*th*)	vigésimo
twenty-first (tuen-ti-férst)	vigésimoprimero
thirtieth (*th*ér-ti-e*th*)	trigésimo

hundredth (h*á*n-dred*th*)	centésimo
hundred first (h*á*n-dred ferst)	centésimo primero
thousandth (*th*áu-sand*th*)	milésimo

Conversación

1 Look, Mr. Foster! It is ten-thirty![1]

2 Time certainly flies! What time is your appointment with the lawyer?

3 He said to come[2] between two-thirty and three o'clock this afternoon.

4 Would you like to walk with me as far as[3] the post office?

5 Which way is that? I'm going towards the center of town.

6 It's right[4] on your way, only two blocks left from here and one right.

7 Which post office is that? The new one?

8 Yes, it was built in nineteen fifty-five.[5]

9 You mean it was completed then. I was here in nineteen fifty-four and it was half finished at that time.

10 It took[6] twice[7] as long as expected.

11 Do we have time to step into this bookstore?

12 All right, if you promise not to spend more than a quarter of an hour.

Notas: *1.* Obsérvese que, en *it is ten-thirty,* el verbo va en singular y no hay conjunción *and* (y) entre *ten* y *thirty.* Expresión equivalente: *half past ten (haef paest* ten), *lit.,* media pasado diez, o sea las diez y media. Identificación de las horas en inglés: *six o'clock sharp,* las seis en punto; *eight minutes past six,* las seis y ocho minutos; *six fifteen* o *a quarter past six,* las seis y cuarto; *six thirty* o *half past six,* las seis y media; *six forty* o *twenty minutes to seven,* las siete menos veinte; *six forty-five* o *a quarter to seven,* las siete menos cuarto. *noon* (nun) o *midday* (míd-dei): mediodía. *midnight* (míd-nait): medianoche. *2. he said to*

Pronunciación

1 lŭc, mís-ter fóas-ter! it is ten thér-ti.

2 taim sér-t'n-li flais. uat taim is yŭr a-póynt-ment uidh dha lóa-yer?

3 hi sed tu cam bi-tuín tu thér-ti aend thri o-clóc dhis aef-ter-nún.

4 uŭd yu laic tu uoac uidh mi aes far aes dha póst oa-fis?

5 uich uei is dhaet? aim gó-ing toards dha sén-ter av taun.

6 its rait on yŭr uei, ón-li tu blocs left fram hir aend uan rait.

7 uich póst oa-fis is dhaet? dha nu uan?

8 yes, it uas bilt in náin-tín fíf-ti-fáiv.

9 yu min it uas cam-plí-ted dhen. ai uas hir in náin-tín fif-ti-fór aend it uas háef-ti-nischt aet dhaet taim.

10 it tŭc tuais aes loang aes ecs-péc-ted.

11 du ui haev taim tu step ín-tu dhis bŭc-stoar?

12 oal rait, if yu pró-mis not tu spend mor dhaen a cuóar-ter av aen aur.

Traducción

¡Mire, Sr. Foster! Son las diez y media.

Ciertamente el tiempo vuela. ¿A qué hora es su cita con el abogado?

Dijo que viniera entre las dos y media y las tres de esta tarde.

¿Querría Vd. pasear conmigo hasta la oficina de correos?

¿En qué dirección se encuentra? Yo voy hacia el centro de la ciudad.

Está precisamente al paso, sólo dos cuadras a la izquierda y una a la derecha.

¿Cuál es ese edificio de correos? ¿El nuevo?

Sí, fué construído en mil novecientos cincuenta y cinco.

Quiere Vd. decir que fué terminado en ese año. Yo estaba aquí en 1954 y en aquella época estaba a medio construir.

Tomó el doble de tiempo de lo que se esperaba (en terminarse).

¿Tenemos tiempo de entrar en esta librería?

Bien, si me promete no estarse más que un cuarto de hora.

---

come: el infinitivo tiene aquí valor de imperf. subj. *3. as . . . as,* colocado alrededor de un adjetivo, sirve para formar el comparativo de igualdad: *she is as beautiful as her sister* (aes byú-ti-fŭl aes her sis-ter), ella es tan hermosa como su hermana. *4. right:* como sustantivo, significa derecho o derecha. *Go to the left, then to the right:* vaya a la izquierda, y luego a la derecha. Como adjetivo, significa *justo, apropiado. What you are doing is not right,* lo que está usted haciendo no está bien, no es justo. Como adverbio significa derechamente, en línea recta, y— seguido de *there—*allí mismo. *Right now:* ahora mismo. *Right on your way:*

13 We won't be there more than ten minutes.

14 Madam, could you tell us what books are on sale?

15 All those on the sixth and seventh shelves in the rear are being sold for two-thirds of the original price.

16 For whom[8] do you want to buy this book? Is it for yourself?

17 No, it's for a friend and he doesn't care[9] who wrote it as long as it's a detective story.

18 I think your ten minutes are up.

19 I have only ten thirty-eight.

20 I'm afraid you are mistaken. We came in here around twenty minutes to eleven. Your watch[10] must have stopped.

21 No, it's still going. I wound it only a few hours ago.

22 Then it must be slow. What time does the electric clock on the counter say?

23 That one says a quarter to six. It isn't going.

24 But the grandfather clock in the corner seems to be going.

---

justamente, precisamente, en su camino, o por su ruta .*To be right:* tener razón.
5. Más exactamente: *nineteen hundred fifty-five (lit.,* diecinueve cientos cincuenta y cinco). En conversación se suprime el *hundred.*   **6.** *took* es el pretérito irregular de *to take* (part. *taken*), tomar. *It takes a long time:* lleva mucho tiempo, o se necesita mucho tiempo para hacer esto.   **7.** Números ordinales: *first* (ferst), primero; *second* (sé-cand), segundo; *third* (therd), tercero; *fourth* (forth), cuarto; a partir de este punto se forman agregando *th* al cardinal correspondiente. **Las**

13 *ui uont* bi *dher* mor *dhaen* ten mí-níts.

No nos quedaremos ahí más de diez minutos.

14 *máe-dam,* cŭd yu tel *as uat* bŭcs ar *on* seil?

Señora, ¿puede Vd. decirnos qué libros están en realización?

15 *oal dhos on dha* sics*th aend* sé-ven*th* schelvs *in dha* rir ar bí-ing sold *foar* tu *therds av dhi* o-rí-*ji-nal* prais.

Todos los de la sexta y séptima estanterías al fondo están siendo vendidos a dos tercios del precio original.

16 *foar hum* du yu *uont* tu bai *dhis* bŭc? *is it foar* yŭr-sélf?

¿Para quién quiere Vd. comprar este libro? ¿Es para Vd. mismo?

17 no *its foar a* frend *aend hi* dá-s'nt quer *hu* rot *it aes* loang *aes its a* di-téc-*tiv* stó-ri.

No, es para un amigo, y no le importa quién sea el autor (*lit.,* quién lo escribió) con tal que sea una novela policíaca.

18 ai *thinc* yŭr ten mí-nits ar *ap.*

Creo que han pasado ya sus diez minutos (*lit.,* sus 10 minutos están arriba).

19 ai *haev* ón-li tén-*ther*-ti-eit.

Yo tengo sólo las 10:38.

20 aim a-fréid yu ar *mis-*téi-quen. *ui* queim *in hir a-*ráund tuén-ti mí-nits tu i-lé-ven. yŭr *uoch* mast *haev* stopt.

Me temo que se equivoca. Llegamos aquí a las 11 menos veinte minutos, más o menos. Su reloj debe haberse parado.

21 no *its* stil gó-ing. ai *uaund it* ón-li *a* fyu aurs *a-*gó.

No, todavía camina. Le dí cuerda hace sólo unas pocas horas.

22 *dhen it* mast be slo. *uat* taim d*as dhi* i-léc-tric cloc *on dha* cáun-ter sei?

Entonces debe atrasar. ¿Qué hora señala el reloj eléctrico en el mostrador?

23 *dhaet uan* ses *a* cuóar-ter tu sics. *it í-*s'nt gó-ing.

Ese señala un cuarto para las seis. No marcha.

24 bat *dha* gráend-fa-*dher* cloc *in dha* cóar-ner sims tu bi gó-ing.

Pero el reloj de péndulo del rincón parece que marcha bien.

fracciones se forman combinando ordinales y cardinales: *four sevenths,* cuatro séptimos. *twice* equivale a *dos veces.* 8. Obsérvese: *who,* quién; *for whom,* para quién. 9. *to care* es verbo intransitivo que, a diferencia de *importar,* no se conjuga reflexivamente. No me importa: *I don't care.* (*lit.,* yo no me cuido o me preocupo). Ocurre con este verbo lo mismo que con *to like* y *gustar.* 10. El reloj de uso personal, portátil, es *watch;* los demás son *clock. Alarm clock* (a-lárm cloc): despertador. 11. *spring* puede ser, según el contexto, primavera, muelle,

25 And that agrees with mine to the second. We are late.

26 All right, let's go. But do you know a reliable watch-maker?

27 Yes, there is one not far from here. He cleaned my watch last year and repaired the spring.[11]

28 How much did he charge?

29 I don't remember exactly, but he was[12] reasonable. Around three or four dollars.

30 Then he is the first one I've heard of who is so reasonable. The watch repair shop at home charged[13] me twice as much, and then the watch stopped.

31 It was worth your while taking this trip! Now you can get your watch repaired properly.

---

o manantial.   12. *he was:* los verbos cuyo pretérito y participio son **irregulares,** poco numerosos, son por desgracia de los más usados. El pretérito regular se forma agregando —*ed* a la forma básica: *to talk,* (tu toac), da *I talked, you talked,* etc. Pero *to be* da I was (ai *uas*), yo era o estaba; *you were* (yu *uer*), tú eras, o Vd. era, o Vds. eran; *they were,* ellos eran, etc. El participio pasado es también irregular: *been* (bin), sido. Otros verbos irregulares: *to go* (tu go), ir; *I went* (ai

25 *aend* dhaet *a*-grís uidh main tu
dha sé-cand. *ui* ar leit.

Y concuerda al segundo con el mío. Estamos (llegando) tarde.

26 *oal* rait, lets go. *bat* du yu no
a ri-lái-*a*-b'l úoch-mei-quer?

Bueno, vamos. Pero ¿conoce Vd. algún relojero de confianza?

27 yes, *dher* is *ua*n not far fram
hir. *hi* clind mai uoch laest yir
aend ri-pérd dha spring.

Sí, hay uno no lejos de aquí. Limpió mi reloj el año pasado y reparó el muelle.

28 *hau* mach did *hi* charj?

¿Cuánto le cobró?

29 ai dont ri-mém-ber eg-*sdect*-li,
bat *hi* uas rí-*s'*-na-b'l. *a*-raund
thri oar for dó-lers.

No recuerdo exactamente, pero fué moderado. Alrededor de tres o cuatro dólares.

30 *dhen hi* is dha ferst uan aiv *herd*
av *hu* is so rí-*s'*-na-b'l. *dha* uoch
ri-pér schop *aet hom* charjd mi
tuais *aes* mach *aend dhen dha*
uoch stopt.

Pues es el primero de que tengo noticia que sea tan razonable. La relojería de mi ciudad me cobró el doble y luego el reloj se paró.

31 it *uas* uerth yŭr uail téi-quing
*dhi*s trip. nau yu *ca*en g(u)et yŭr
uoch ri-pérd pró-per-li.

¡Valía la pena hacer este viaje! Ahora podrá hacer componer su reloj adecuadamente.

---

uent), fuí; *gone* (goan), ido; *to get* (obtener), *I got* (got), obtuve; *got* (obtenido).
13. La partícula -*ed* que se agrega a los verbos regulares para formar el pretérito
no se pronuncia como sílaba separada: *I walked* (yo andaba o anduve) es: ai
uoact; excepto en los casos en que la sílaba precedente termina en *d* o en *t*:
I wanted (yo deseaba o deseé) es: ai uón-ted.

Sixth Lesson

New Vocabulary for this Lesson

to get dressed (drest)	vestirse
delighted (di-lái-ted)	encantado
charming (chár-ming)	encantador
hot (hot)	caliente
cold (cold)	frío
to invite (in-váit)	invitar
house (haus)	casa
to house (haus)	alojar
to change (cheinj)	cambiar
to suppose (sa-pós)	suponer

to hide (haid)	esconder, ocultar
to get rid of (rid av)	desembarazarse de
to refinish (ri-fí-nisch)	dar nuevo acabado
inspection (in-spéc-schan)	inspección
quite (cuait)	muy, completamente

to move in (muv in)	mudarse
servant (sér-vant)	sirvienta
attraction (at-ráec-schan)	atracción
contrast (cón-traest)	contraste

oak (oc)	roble
trouble (trá-b'l)	molestia
to carry out (cáe-ri aut)	ejecutar
to keep (quip)	conservar
to sit down (sit daun)	sentarse

tour (tur)	jira	to get lost (loast)	perderse
extensive (ecs-tén-siv)	extenso	equipment (i-cuíp-ment)	equipo
to pass (paes)	pasar	pity (pí-ti)	lástima
to lead (lid)	conducir	to punish (pá-nisch)	castigar

68

THE HOUSE AND THE FURNITURE

LA CASA Y LOS MUEBLES   (haus ... fér-ni-char)

room (rum)	cuarto
living room (lí-ving rum)	sala, estancia
wall (uoal)	muro, pared
hall (hoal)	hall, vestíbulo
chair (cher)	silla
armchair (árm-cher)	sillón
lamp (laemp)	lámpara, candil
garden (gár-d'n)	jardín

refrigerator (re-frí-je-rei-ter)	refrigerador
vacuum cleaner (váec-yŭm clí-ner)	aspiradora
washing machine (uoá-sching ma-schín)	lavadora
wall paper (uóal-pei-per)	papel de empapelar
light switch (láit-suich)	conmutador

bathroom (báeth-rum)	cuarto de baño
bathtub (báeth-tab)	bañera
toilet (tóy-let)	retrete
plumbing (plá-ming)	instalaciones de plomería
curtain (quér-t'n)	cortina
rug (rag)	alfombra, tapete
closet (cló-sit)	armario, ropero

ceiling (sí-ling)	techo	stove (stov)	estufa
roof (ruf)	tejado	toaster (tós-ter)	tostador
attic (áe-tic)	desván	cellar (sé-ler)	sótano

stairs (sters)	escaleras	shelves (schelvs)	estantes
upstairs (ap-stéirs)	el piso de arriba	pantry (páen-tri)	despensa
steps (steps)	escalones	fireplace (fáir-pleis)	chimenea
door (doar)	puerta	window (uín-do)	ventana

key (ki)	llave	mattress (máe-tris)	colchón
corridor (có-ri-doar)	corredor, pasillo	bed (bed)	cama
floor (flor)	suelo, piso	brick (bric)	ladrillo
study (stá-di)	gabinete de estudio	garage (ga-ráj)	garage

Conversación

1 How do you do, Mr. Foster? I am Mrs. Ramírez.[1] Won't you come in?

2 Thank you. I am delighted to meet you, Mrs. Ramírez. It was very kind of you to invite me to dinner. I hope I'm not too early.

3 Not at all. José will be down in a minute. He is upstairs getting dressed.[2] In the meantime, let us go[3] into the living room.

4 You live in a charming house.

5 Thank you. Let[4] me take you on a tour of inspection. As you can see, the house is quite old; the foundation[5] and some of the walls date back two hundred years.

6 Yes, I can tell[6] from the fireplace.[7] The bricks are black with age. But everything else looks new and well-preserved.

7 That is because extensive repairs have been made.[8] We have completely modernized the kitchen. Would you like to see it?

Notas: *1.* Obsérvese la ausencia del artículo: literalmente, *soy señora Ramírez.* *2. to get dressed, to get lost:* en los numerosos casos en que *to get* va seguido de un participio, puede traducirse la expresión por el infinitivo correspondiente al participio. El infinitivo de *vestido* es *vestir, vestirse: to get dressed,* es, pues, *vestirse.*   *3.* El imperativo se forma anteponiendo al infinitivo (sin el *to*) el

PRONUNCIACIÓN	TRADUCCIÓN

1 hau du yu du, mís-ter fóas-terl ai aem mí-sis ra-mí-res. uont yu cam in?

¿Cómo está Vd., Sr. Foster? Soy la Sra. de Ramírez. ¿Quiere Vd. pasar?

2 thaenc yu. ai aem di-lái-ted tu mit yu, mí-sis ra-mí-res. it uas vé-ri caind av yu tu in-váit mi tu dí-ner. ai hop aim not tu ér-li.

Gracias. Encantado de conocerla, Sra. de Ramírez; fué muy amable al invitarme a cenar. Espero no haber llegado demasiado temprano.

3 not aet oal. ho-sé uil bi daun in a mí-nit. hi is áp-stéirs g(u)é-ting drest. in dha mín-taim, let as go ín-tu dha lí-ving rum.

No, en absoluto (lit., en todo). José bajará en un segundo. Está arriba, vistiéndose. Mientras tanto, pasemos a la sala.

4 yu liv in a chár-ming haus.

Viven ustedes en una casa encantadora.

5 thaenc yu. let mi teic yu on a tur av in-spéc-schan. aes yu caen si, dha haus is cuait old; dha faun-déi-schan aend sam av dha uoals deit baec tu hán-dred yirs.

Gracias; déjeme acompañarle en una jira de inspección. Como puede ver, la casa es muy antigua; los cimientos y algunos muros se remontan (lit., fechan atrás) a doscientos años atrás.

6 yes, ai caen tel fram dha fáir-pleis. dha brics ar blaec uidh eij. bat év-ri-thing els lŭcs nu aend uel pri-sérved.

Sí, puedo verlo (lit., decir) por la chimenea. Los ladrillos están ennegrecidos por el tiempo. Pero todo lo demás parece nuevo y bien conservado.

7 dhaet is bi-cóas ecs-tén-sív ri-pérs haev bin meid. ui haev camplít-li mó-der-naisd dha quí-chen. uŭd yu laic tu si it?

Es porque se han hecho extensas reparaciones. Hemos modernizado completamente la cocina. ¿Le gustaría verla?

---

presente de *to let*, dejar, y añadiendo el pronombre objetivo (esto es, el pronombre relativo al objeto) correspondiente. Pronombres objetivos son, por ejemplo, *me,* me, a mí; *him,* le, a él; *us,* nos, a nosotros. (Véase Lección IV, nota 8.) La regla de formación del imperativo no se aplica a la segunda persona del singular y del plural, en que se utiliza la forma general del infinitivo. *Sing:* canta. *Let us sing (lit.,*

8 Certainly, if it is not too much trouble.

9 Of course not. Come right[9] through this hall.

10 May I ask where that little corridor leads to?

11 Which one? The one on the right goes into the dining room, while the other leads only to the pantry and cellar.

12 I shall certainly[10] get lost here if you leave me. But this, I see, is the kitchen.

13 And you can imagine how many[11] changes had to be made here when I tell you that it did not have hot and cold running water when we first moved in.

14 I see you have an electric stove and refrigerator as well as a toaster, electric clock and all the other standard kitchen equipment.

15 Yes, I don't know what I would do without them. No[12] servant can replace a washing machine or vacuum cleaner. Let us go into the study.

16 What a spacious room! I suppose all the book shelves were built into the walls.

17 That was one of its attractions.

---

dejadnos cantar): cantemos. *4*. Cuando *let* precede al pronombre objetivo en primera persona singular, no se aplica la regla de formación del imperativo: en inglés, como en español, el imperativo no tiene primera persona singular. *Let me take you on a tour:* déjeme conducirlo o acompañarlo a una jira. *5. foundation* **va** generalmente en singular. *6. tell* (pret. *I told*, part. *told*) **es** generalmente

8 sér-t'n-li, *if it is* not tu *mach* trá-b'l.

Sin duda, si no es demasiada molestia.

9 av *coars* not. cam rait *thru dhis hoal.*

Claro que no. Pase por este zaguán.

10 mei ai *aesc uer dhaet* lí-t'l có-ri-*doar* lids tu?

¿Puedo preguntarle a dónde conduce ese pequeño corredor?

11 uich uan? *dha uan* on *dha* rait gos ín-tu *dha* dái-ning rum, *uail dhi á-dher* lids ón-li tu *dha* páen-tri *aend* sé-ler.

¿Cuál? El de la derecha va al comedor, mientras que el otro conduce solamente a la despensa y al sótano.

12 ai *schael* sér-t'n-li g(u)et *loast hir if* yu liv mi. b*at dhis* ai si *is dha* quí-*chen.*

Sin duda me perderé aquí si usted me deja. Pero veo que esto es la cocina.

13 aend yu caen i-máe-jin hau mé-ni chéin-jes *haed* tu bi meid *hir uen* ai tel yu *dhaet it* did not *haev* hot *aend* cold rá-ning *uóa-ter uen ui* ferst muvd *in.*

Y podrá (*lit.,* puede) imaginar cuántos cambios hubo que hacer si le digo que cuando nos mudamos no había agua corriente caliente ni fría.

14 ai si yu *haev aen* i-léc-tric stov *aend* ri-frí-jer-ei-ter *aes uel aes a* tós-ter, iléc-tric cloc *aend oal dhi o-dher* stáen-derd quí-chen i-cuíp-ment.

Veo que tienen ustedes una estufa eléctrica y un refrigerador, así como un tostador, reloj eléctrico y todos los demás utensilios normales de cocina.

15 yes, ai dont no *uat* ai *uúd* du *uidh-áut dhem.* no sér-vant caen ri-pléis *a uóa-*sching ma-schín *oar* váec-yu-*am* clí-ner. let *as* go ín-tu *dha* stá-di.

Sí, no sé qué haría sin ellos. Ninguna sirvienta puede reemplazar una lavadora mecánica o aspiradora. Vamos al gabinete.

16 uat *a* spéi-schas rum. ai *sa-pós oal dha* buc-schelvs *uer* bilt ín-tu *dha* uoals.

¡Qué habitación más espaciosa! Supongo que todos los estantes fueron construídos como parte misma de los muros.

17 dhaet uas uan av its a-tráec-schans.

Esta fué una de sus atracciones.

---

decir en sentido de contar o referir; su sinónimo *to say* (pret. *I said,* part. *said*) no tiene ordinariamente estas acepciones, y va seguido de la partícula *that: I say that you must go away,* digo que debe usted marcharse. *to tell a lie:* decir una mentira. *to tell* es también averiguar, reconocer, darse cuenta de algo, como en *I can tell from the fireplace.* 7. *fireplace* es la parte de la chimenea que se ve en

18 I see you painted the ceilings blue. And the color scheme is also carried out in the wallpaper.

19 Yes, but the drapes and curtains are a shade darker, for contrast.

20 It seems a pity to have the old oak floors hidden by rugs.

21 We plan to get rid of the rugs after the floors are refinished.

22 I can see your house keeps you very busy.

23 You have no idea how busy!

24 Well, perhaps I am lucky to live in an apartment after all!

25 At times I would agree with you.

26 Do those stairs by the mirror lead to the attic?

27 Yes, but the light switch isn't working, so I won't[18] ask you to go up. Besides, José will be coming any minute. Why don't we sit down at the dining room table?

28 Fine. In which chair shall I sit?

29 In the armchair at the head of the table. We shall punish José for always being late for meals.

---

el interior de una habitación, *el hogar;* la chimenea exterior, en el tejado, es *the chimney (dha* chim-ni). *8.* Para formar la voz pasiva se antepone, como en español, la forma correspondiente de *to be* (ser) al participio pasado del verbo. Sólo los verbos activos, que pueden gobernar un objeto directo, pueden conjugarse en voz pasiva: *the good students are rewarded,* los buenos estudiantes son premiados. *9.* En frases como ésta, *right* puede traducirse por *directamente* u

18 ai si yu péin-ted *dha* sí-língs blu aend *dha* cá-ler squim *is* óal-so *cáe*-rid aut *in dha* uóal-pei-per.

Veo que ha pintado los techos azul. Y la relación de colores también se encuentra *(lit.,* es ejecutada) en el empapelado.

19 yes, bat *dha* dreips aend quér-t'ns ar *a* scheid dár-quer foar. cón-traest

Si, pero las colgaduras y cortinas son de un matiz más oscuro, para que haya contraste.

20 it sims *a pí-*ti tu *haev dhi* old oc flors hí-d'n bai rags.

Es una lástima que los viejos pisos de roble sean ocultados por los tapetes.

21 ui plaen tu g(u)et rid av *dha* rags áef-ter *dha* flors ar ri-fí-nischt.

Proyectamos desembarazarnos de los tapetes después que los pisos reciban un nuevo acabado.

22 ai caen si yŭr haus quips yu vé-ri bí-si.

Veo *(lit.,* puedo ver) que la casa le da mucho trabajo.

23 yu haev no ai-dí-*a* hau bí-si.

No tiene Vd. idea de cuánto.

24 uel, per-háeps ai aem lá-qui tu liv *in* aen a-párt-ment áef-ter oall

Vaya, ¡quizá estoy de suerte, después de todo, por vivir en un departamento!

25 aet taims ai uŭd a-grí uidh yu.

A veces estoy *(lit.,* estaría) de acuerdo con Vd.

26 du *dhos* sters bai *dha* mí-rer lid tu *dhi* áe-tíc?

Conduce al desván la escalera al lado del espejo?

27 yes, bat *dha* lait suich í-s'nt uér-quing, so ai uont aesc yu tu go ap. bi-sáids, ho-sé uil bi cá-ming daun é-ni mí-nit. uai dont ui sit daun aet *dha* dái-ning rum téi-b'l?

Si, pero el conmutador eléctrico no funciona, así es que no le pediré que suba. Además, José bajará de un momento a otro. ¿Por qué no nos sentamos a la mesa del comedor?

28 fain. *in* uich cher schael ai sit?

Muy bien. ¿En qué silla me siento?

29 *in dhi* árm-cher aet *dha* hed av *dha* téi-b'l. ui schael pá-nisch ho-sé foar óal-ueis bí-ing leit foar mils.

En el sillón a la cabecera de la mesa. Vamos a castigar a José por llegar siempre tarde a las comidas.

omitirse, pues no agrega nada a la idea principal. **10.** Obsérvese la colocación del adverbio *certainly* entre el signo formador del futuro, *I shall,* y la segunda parte del verbo, *get lost.* **11.** Recuérdese: *how much,* cuánto; *how many,* cuántos. **12.** *no* frente a un substantivo se traduce por *ningún, ninguna,* etc. **13.** *won't es* contracción de *will not,* y se usa para indicar el futuro en frases negativas.

Seventh Lesson

New Vocabulary for this Lesson

vacation (vei-quéi-sch*a*n)	vacaciones
to enjoy (en-*j*óy)	gozar
to enjoy oneself (. . . *u*an-sélf)	divertirse
warm (*uo*arm)	caliente
weather (*ué-dhe*r)	tiempo (atmosférico)
beach (bich)	playa
temperature (tém-p*e-ra*-chur)	temperatura
sun (s*a*n)	sol
cloudy (cláu-di)	nublado

continually (c*a*n-tín-yu-*a*-li)	continuamente, sin parar
yet (yet)	todavía; aun; sin embargo
beginning (bi-g[u]*í*-n*i*ng)	principio
quietly (cuái-et-li)	tranquilamente, suavemente
impressive (im-pré-s*i*v)	impresionante
to catch cold (c*ae*ch cold)	resfriarse

to skate (squeit)	patinar
ice (ais)	hielo
to snow[2] (sno)	nevar
the snow	la nieve
rubbers (r*á*-bers)	chanclos
thunder (*thá*n-der)	trueno
lightning (láit-n*i*ng)	relámpago
storm (sto*a*rm)	tormenta
cold (cold)	frío
a cold	un resfriado

to rise (rais)	subir, elevarse		**the rain**	la lluvia
to drop (drop)	bajar,caer		**umbrella** (*a*m-bré-la)	paraguas
next (necst)	siguiente, próximo		**to stay** (stei)	quedarse
degree (di-grí)	grado		**bad** (b*ae*d)	malo
foggy (f*ó*-g[u]i)	brumoso		**humor** (*h*yú-m*e*r)	humor
to rain[2] (rein)	llover		**raincoat** (réin-cot)	impermeable

76

SEASONS AND HOLIDAYS

ESTACIONES DEL AÑO Y FIESTAS   (sí-s'ns aend hó-li-deis)

spring (sprin̄g)	primavera	New Year (nu yir)	Año Nuevo
summer (sá-mer)	verano	Easter (ís-ter)	Pascua florida
autumn, fall[5] (óa-tam,foal)	otoño	Christmas (crís-mas)	Navidad
winter (uín-ter)	invierno	Christmas Eve (iv)	Noche Buena

Good Friday (gŭd frái-dei)   Viernes Santo
Labor Day (léi-bar . . .)   día del Trabajo
Independence Day   (in-di-pén-dans dei)   día de la Independencia
Thanksgiving Day (tháencs-g[u]i-vin̄g . . .)   día de Gracias

THE DAYS AND THE WEEK

LOS DÍAS Y LA SEMANA   (dha deis aend dha uic)

Monday[3] (mán-di)	lunes	Friday (frái-di)	viernes
Tuesday (tyús-di)	martes	Saturday (sáe-ter-di)	sábado
Wednesday (uéns-di)	miércoles	Sunday (sán-di)	domingo
Thursday (thérs-di)	jueves	Sabbath (sae-bath)	sábado

morning (móar-nin̄g)	mañana	midday (mí-dei) }	mediodía
afternoon (aef-ter-nún)	tarde	noon (nun) }	
evening (ív-nin̄g)	tarde, noche	midnight (míd-nait)	medianoche
night (nait)	noche	dawn (doan)	aurora
today (tu-déi)	hoy	sunset (san-set)	puesta del sol
yesterday (yés-ter-dei)	ayer	sunrise (sán-rais)	madrugada
tomorrow (tu-mó-ro)	mañana	date (deit)	fecha

THE MONTHS OF THE YEAR

LOS MESES DEL AÑO   (dha manths av dha yir)

January[3] (jáe-nyu-e-ri)	enero	July (ju-lái)	julio
February (féb-ru-e-ri)	febrero	August (óa-gast)	agosto
March (march)	marzo	September (sep-tém-ber)	septiembre
April (éip-ril)	abril	October (oc-tóber)	octubre
May (mei)	mayo	November (no-vém-ber)	noviembre
June (jun)	junio	December (di-cém-ber)	diciembre

Conversación

1 Please look out the window and tell me what the weather is like.[1]

2 It seems very foggy. Do you think it's going to rain?[2]

3 Doesn't it rain every Saturday?[3]

4 But this isn't Saturday. Today is Friday, the twenty-first of September.[4]

5 Then it's the first day of fall.[5]

6 And the first day of your vacation too. Did you forget?

7 Certainly not. I knew[6] I didn't[6] have to go to work—

8 And that's why it seemed[7] like Saturday.

9 I wanted[8] to go for a walk today. If it rains, I'm not sure what I'll do.

10 What are you going to do when it begins to snow? Just think, in three months, winter will be here.

11 Not so fast! Let's enjoy what's left of the warm weather.

Notas: *1. like* es *como,* y en ciertos casos *igual que: he is just like his brother,* es igual que su hermano. *What is it like?* (*lit.,* ¿qué es ésto como?): ¿cómo es? 2. Verbo impersonal, que puede ser conjugado en cualquier tiempo, pero solamente en la tercera persona del singular, anteponiéndole el pronombre neutro *it.*

PRONUNCIACIÓN	TRADUCCIÓN

1 plis lŭc aut *dha* u*í*n-do, *æ*end tel mi *u*at *dha* u*é-dher* is laic.

Por favor, mire por la **ventana** y dígame qué tiempo hace (*lit.*, qué el tiempo es como).

2 it sims vé-ri fó-g(u)i. du yu *thinc* its gó-ing tu rein?

Parece que hay mucha **niebla.** ¿Cree Vd. que va a **llover?**

3 dá-s'nt *it* rein év-ri *sá*e-ter-di?

¿No llueve cada sábado?

4 bat *dhis* i-s'nt *sá*e-ter-di. tu-déi is frái-di *dha* tuén-ti-ferst *a*v sep-tém-ber.

Pero no estamos en sábado. Hoy es viernes, 21 de septiembre.

5 *dh*en *it*s *dha* ferst dei *a*v foal.

Entonces es el primer **día del** otoño.

6 *æ*end *dha* ferst dei *a*v yŭr vei-quéi-schan tu. did you foar-g(u)ét?

Y el primer día de sus vacaciones también. ¿Se había olvidado?

7 sér-t'n-li not. ai nu ai dí-d'nt *hæ*v tu go tu *u*erc.

Claro que no. Sabía que no tenía que ir a trabajar . . .

8 *æ*end *dhæ*ts *u*ai *it* simd laic sá*e-*ter-di.

Y por eso le parecía que **era** sábado.

9 ai *u*ón-ted to go foar *a u*oac tu-déi. if *it* reins aim not schur *u*at ail du.

Hoy quería dar un paseo. Si llueve no sé (*lit.*, no estoy se-guro) qué voy a hacer.

10 *u*at ar yu gó-ing tu du *u*en *it* bi-g(u)ins tu sno? jast *thinc, in thri* man*th*s *u*ín-ter *u*il bi *h*ir.

¿Qué hará cuando empiece a nevar? Piense: en tres **meses** habrá llegado el invierno.

11 not so faest! lets en-jóy *u*ats left *a*v *dha u*oarm *u*é-dher.

¡No tan aprisa! ¡Gocemos del poco tiempo caluroso que nos queda!

It rains es, literalmente, *ello llueve.* Véase §58.   *3*. Días y meses del año se **escriben** siempre con mayúscula en inglés.   *4.* Obsérvese la forma para expresar una **fecha** en inglés, con el artículo *the* y el uso de ordinales.   *5. autumn* (ó*a*-t*a*m) es sinó-nimo de *fall*, otoño. Ambas palabras son de uso frecuente, y ambas son correctas;

12 But I like the winter. December is the time of holidays—Christmas, New Year's . . .

13 It's the time I always catch cold.

14 You are really in[9] bad humor this morning even though it's the beginning of your vacation. All the seasons have their good and bad weather. Storms in the summer, ice and snow in the winter . . .

15 And mud in the spring!

16 But I enjoy myself during every season, even when the temperature rises and drops so quickly you can never be sure of what the weather will be in the next five minutes.

17 Yesterday the temperature was fifty-six degrees Fahrenheit[10] in the morning and during the night it dropped to forty-three.

18 That's why you can catch cold so easily[11] during any season or month.

---

fall es de uso más popular y familiar.   *6. I knew, I did,* son los pretéritos irregulares de *to know,* y *to do. I didn't* es contracción de *did* y *not,* usada generalmente, excepto cuando quiere darse a la expresión mayor énfasis. *To do* se usa en pretérito porque la forma negativa de *I had* (yo había o tenía, hube o tuve) es *I didn't have.*

12 bat ai laic *dha uín-ter*..di-sém-ber
is *dha* taim *av hó-li-deis—crís-
mas,* nu yirs...

Pero me gusta el invierno. Diciembre es la época de las fiestas: Navidades, Año Nuevo...

13 its *dha* taim ai *óal-ueis* caech cold.

Es la época en que siempre cojo
un resfriado.

14 yŭr *rí-a*-li in baed hyú-mer *dhis
móar*-ning í-ven *dho* its *dha* bi-
g(u)*í*-ning *av* yŭr vei-quéi-schan.
oal *dha* sí-s'ns haev *dher* gŭd aend
baed ué-*dher*: stoarms in sá-mer,
ais aend sno in *dha uín*-ter...

Está Vd. verdaderamente de mal
humor esta mañana, aunque
empiezan sus vacaciones.
Todas las estaciones tienen
tiempo bueno y malo. Tormentas en verano, hielo y nieve en
invierno...

15 aend mad in *dha* spring!

¡Y fango en primavera!

16 bat ai en-jóy mai-sélf dŭ-ring
év-ri sí-s'n, í-ven *uen dha* tém-
pe-ra-chur rái-ses aend drops so
cuíc-li yu caen né-ver bi schur
av uat dha ué-dher uil bi in *dha*
necst faiv mí-nits.

Pero yo me divierto en cada estación, incluso cuando la temperatura sube y baja tan rápidamente que uno nunca puede
estar seguro de qué tiempo
hará en los próximos cinco
minutos.

17 yés-ter-di *dha* tém-pe-ra-chur *uas*
fíf-ti-sics di-grís fáe-ren-hait in
dha móar-ning aend dŭ-ring *dha*
nait it dropt tu fóar-ti-*thri.*

Ayer tuvimos una temperatura
de 56 grados Fahrenheit por
la mañana y por la noche bajó
hasta 43.

18 dhaets *uai* yu caen caech cold so
í-si-li dŭ-ring é-ni sí-s'n *oar*
man*th.*

Por eso se atrapan resfriados tan
fácilmente en cualquier estación o mes.

7. Pretérito regular de *to seem.* La terminación *-ed* no se pronuncia como sílaba
separada en este caso. (Véase nota siguiente)   8. Se pronuncia la terminación *-ed*
que indica el pretérito cuando la sílaba precedente termina en *d* o en *t.*   9. Obsérvese el uso de la preposición *in* en esta frase, en lugar de *of.* Otros ejemplos en

19 Last year my vacation was in July. I went[12] to the beach and had a cold the whole time.

20 You have bad luck with your vacations.

21 There were thunderstorms and rain.

22 The lightning must have been impressive!

23 Do you enjoy storms too? How unusual!

24 I enjoy everything. Do you know yet what you're going to do today?

25 It's starting to rain. So perhaps I'll stay at home.

26 Well, I'm going to take a walk in the park.

27 I'll go with you.

28 Fine!

29 But not to walk in the park. I'm going out to buy a raincoat, an umbrella, and rubbers. I know it's going to rain continually during my whole vacation!

---

que difieren las preposiciones: *she is dressed in silk,* va vestida de seda; *a statue in marble,* una estatua de mármol; *he is in business,* se dedica a los negocios. *10.* El termómetro Fahrenheit, usado en países de lengua inglesa, difiere del centígrado en que marca 212 grados en el punto de ebullición del agua, y 32 grados en

19 laest yir mai vei-quéi-schan *uas* in ju-lái. ai *uent* tu *dha* bich aend *haed a* cold *dha* *h*ol taim.

20 yu *haev* *h*aed baed lac *uidh* yŭr vei-quéi-schan*s*.

El año pasado mis vacaciones cayeron en julio. Me fuí a la playa y estuve resfriado todo ese tiempo.

Tiene Vd. mala suerte en sus vacaciones.

21 *dh*er *uer* *thán*-der stoarms aend rein.

22 *dha* láit-ning mast *haev* bin im-pré-siv.

23 du yu en-*j*óy stoarms tu? *h*au an-yú-zhu-al!

24 ai en-*j*óy év-ri-*th*ing. d*u* yu no yet *uat* yŭr gó-ing tu du tu-déi?

25 *its* stár-ting tu rein so per-*h*deps ail stei *aet* *h*om.

Tuvimos (*lit.*, hubieron) tormentas de truenos y lluvia.

¡Los relámpagos deben haber sido impresionantes!

¿También disfruta de las tormentas? ¡Qué original!

Disfruto de todo. ¿Sabe usted ya qué va a hacer hoy?

Está empezando a llover, así es que quizá me quedaré en casa.

26 *uel* aim gó-ing tu teic *a uoac* in *dha* parc.

27 ail go *uidh* yu.

28 fain!

29 bat not tu *uoac* in *dha* parc. aim gó-ing aut tu bai *a* réin-cot, *a*en am-bré-la aend *rá*-bers. ai no *its* gó-ing tu rein can-*tín*-yu-a-li dŭ-ring mai *h*ol vei-quéi-schan.

Bueno, yo voy a dar un paseo por el parque.

Voy (*lit.*, iré) con usted.

¡Excelente!

Pero no para dar un paseo por el parque. Voy a salir para comprarme un impermeable, un paraguas y unos chanclos de hule. Sé que va a llover sin cesar durante todas mis vacaciones!

---

el de congelación (100 y 0 grados en el centígrado).   *11*. Los adjetivos terminados en y cambian esta y en i al agregar la terminación ly que los convierte en adverbios. *12*. Pretérito irregular de *to go*.

Eighth Lesson

New Vocabulary for this Lesson

glad (glaed)	alegre, contento
fine (fain)	excelente, perfecto
beyond (bi-yónd)	mas allá
to admit (ad-mít)	admitir, confesar

frequently (frí-cuent-li)	frecuentemente
inconvenience (in-can-ví-nyens)	molestia
to pay attention (pei a-tén-schan)	fijarse, poner atención
don't mention it (...mén-schan...)	de nada
it doesn't matter (...dasn't máe-ter)	no importa

briefcase (bríf-queis)	portafolio
to fit into (fit ín-tu)	caber
place (pleis)	lugar
to arrive (a-ráiv)	llegar
kind (caind)	clase

back (baec)	atrás	**heavy** (hé-vi)	pesado
worse (uers)	peor	**clever** (clé-ver)	ingenioso
fear (fir)	miedo	**to connect** (ca-néct)	relacionar
height (hait)	altura	**to bother** (bó-dher)	molestar
air (er)	aire	**to wait** (ueit)	esperar
seat (sit)	asiento	**past** (paest)	pasado
until (an-tíl)	hasta	**alone** (a-lón)	solo

to ask (aesc)	pedir, preguntar
I beg your pardon	le ruego me perdone
excuse me (ecs-cyús ...)	dispénseme, excúseme
please (plís)	sírvase, por favor
you are welcome (... uél-cam)	no hay de qué
directions (di-réc-schans)	señas; instrucciones
I am very sorry (so-ri)	lo siento mucho
pardon me (pár-d'n mi)	excúseme, perdóneme

TRAVELING BY PLANE, TRAIN AND BOAT

Los viajes en avión, tren y buque (tráev-ling bai plein, trein, bot)

trip (trip)	excursión, viaje
station (stéi-schan)	estación
stop (stop)	parada
ticket (tí-quet)	billete, boleto
fare (fer)	precio del billete
platform (pláet-foarm)	andén
track (traec)	vía (de ferrocarril)
coach (coch)	coche
seat (sit)	asiento
to check (chec)	dejar en la consigna
timetable (táim-tei-b'l)	horario
agency (éi-jen-si)	agencia

bus (bas)	autobús	liner (lái-ner)	vapor, buque
subway (sáb-uei)	metropolitano	crossing (cró-sing)	travesía
taxi (táec-si)	taxi	gangway (gáeng-uei)	pasarela
streetcar (strít-car)	tranvía	cabin (cáe-bin)	camarote
crew (cru)	tripulación	porter (póar-ter)	mozo de equipajes
berth (berth)	litera	purser (púr-ser)	sobrecargo, contador
deck (dec)	cubierta	seasickness (sí-sic-nes)	mareo

airport (ér-poart)	aeropuerto
pilot (pái-lat)	piloto
take-off (téic-oaf)	despegue
landing (láen-ding)	aterrizaje
flight (flait)	vuelo
luggage (lá-g[u]ij)	equipaje
overweight (ó-ver-ueit)	exceso de peso
trunk (tranc)	baúl
suitcase (sút-queis)	maleta

to travel (tráe-vel)	viajar	shore (schoar)	costa
landscape (láend-squeip)	paisaje	lake (leic)	lago
countryside (cán-tri-said)	campo, campiña	river (rí-ver)	río
scenic (sí-nic)	pintoresco	woods (uŭds)	bosque
lovely (láv-li)	hermoso, ameno	hill (hil)	colina
ocean (ó-schan)	océano	valley (váe-li)	valle

CONVERSACIÓN

1 I'm glad you decided to accompany me on this little trip, Mr. Ramírez.

2 So am I. This way I shall have a holiday away from the city.

3 It is much less enjoyable to travel alone.[1]

4 That's true. And besides, some people, like my wife, are shy about asking[2] directions.

5 That's strange! And with all the signs and maps posted what kind of directions would anyone have to ask?[3]

6 A great many. For example, when I took a trip to France last year I had to ask questions all the time. I used[4] to lose my way frequently because I misunderstood the answers. Every time I went up to the ticket window, I got[5] confused. I never knew on what track to find the train or where to check my baggage.

7 That can happen to anyone!

NOTAS: *1. alone,* adverbio, es *solamente;* como adjetivo equivale a *solo.* El adjetivo *lonely* es *solitario, solo.* 2. *asking* es un substantivo verbal, formado mediante el empleo del gerundio (la terminación *-ing* corresponde a las españolas *-ando* y *-iendo*). *drinking and singing:* el beber y el cantar. 3. *to ask* es *preguntar.* Si a este verbo se agrega la preposición *for* el sentido cambia y pasa a *pedir: he asked me for some money,* me pidió dinero. Hay numerosos ejemplos de este cambio:

PRONUNCIACIÓN

1 aim glæd yu di-sái-ded tu *a-cám-*
pa-ni mi on *dhis* lí-t'l trip, mís-
ter ra-mí-res.

2 so aem ai. *dhis uei* ai schæl hæv
a *hó-li-*dei *a-uéi* fram dha sí-ti.

3 it is mach les en-jóy-a-b'l tu trdé-
v'l á-lón.

4 dhæts tru. æend bi-sáids, sam
pí-p'l, laic mai uaif, ar schai
a-báut des-quing di-réc-schans.

5 dhæts streinj. aend uidh oal dha
sains aend maeps pós-tcd uat
caind av di-réc-schans uŭd é-ni-
uan hæv tu aesc?

6 a greit mé-ni. foar eg-sdem-p'l,
uen ai tŭc a trip tu fraens laest
yir ai hæd tu aesc cués-chans oal
dha taim. ai yusd tu lus mai uei
frí-cuent-li bi-cóas ai mis-an-der-
stúd dha den-sers. év-ri taim ai
uent ap tu dha tí-quet uín-do,
ai got can-fyúsd. ai né-ver nu on
uat traec tu faind dha trein oar
uer tu chec mai báe-g(u)ij.

7 dhaet cæn háe-p'n tu é-ni-uan.

TRADUCCIÓN

Me alegro de que decidiera Vd.
acompañarme en este pequeño
viaje, Sr. Ramírez.

Yo también (*lit.*, así estoy yo). Así
tendré un día feriado fuera de
la ciudad.

Es mucho menos agradable el viajar solo.

Es verdad. Y además, algunos,
como mi esposa, tienen ver-
güenza de preguntar las señas.

¡Extraño! Y con todos los mapas
y carteles, ¿qué clase de señas
tendría alguien que preguntar?

¡Muchas! Por ejemplo, cuando
hice un viaje a Francia el año
pasado tuve que hacer preguntas continuamente. Me perdí
con frecuencia porque entendí
mal las respuestas. Cada vez
que iba a la ventanilla de bole-
tos me ponía nervioso. Y luego
nunca sabía en qué vía (podía)
encontrar el tren o dónde dejar
consignado el equipaje.

¡Eso le puede pasar a cualquiera!

---

to go, ir—*to go up*, subir; *to put*, poner—*to put off*, posponer.   **4.** to use es verbo
transitivo; significa emplear. Al agregar la preposición *to* el sentido cambia. Esto
ocurre a menudo con la forma del pasado, *used*, y la frase se traduce por un imperfecto del verbo español *soler: I used to . . .* yo solía. *To get used to* es acostumbrarse.
5. to get, verbo de numerosos sentidos, es aquí sinónimo de *to become*, volverse,
ponerse; tiene a menudo este sentido cuando va seguido de un adjetivo o de un

8 Sometimes the porter[6] announced the stations so indistinctly that I missed my stop. Then I would have to wait for a bus to go[7] back.

9 You have had some bad experiences. Why didn't you travel by plane?

10 I did a few times, but that was almost worse.[8]

11 Don't tell me you have a fear of heights! Does the take-off bother you?

12 No, and not even[9] the landing does. But, unfortunately, I always had too much luggage.

13 Yes, I know. I always used to pay for luggage that was overweight.

14 What did you do about it?

15 I gave away[10] all my trunks and heavy suitcases. Now I take only what will fit into small suitcases.

16 What a clever idea!

17 Now, Mr. Foster, I would like to talk about the countryside.

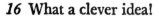

participio pasado que funciona como adjetivo. *She gets happy when she sees him,* ella se pone contenta (o se vuelve feliz, o está feliz) cuando le ve.   6. *porter* es palabra intraducible, pues el empleado que designa es típico de los trenes norteamericanos, pero no tiene equivalente en los de países de lengua española. El *porter* atiende a los viajeros, trae los equipajes y hace las camas en el *pullman.* 7. *to go back, lit.,* ir hacia atrás, es regresar.   8. *worse* es el comparativo irregular

8 sdm-taim*s* *dha* póar-ter *a*-náunst *dha* stéi-schan*s* so in-di*s*-tínct-li *dhaet* ai mi*st* mai stop. *dhen* ai *uūd haev* tu *ueit* foar *a* ba*s* tu go b*aec.*

Pero a veces el revisor anunciaba las estaciones tan confusamente que yo incluso perdía la parada. Entonces tenía (*lit.*, habría tenido) que esperar un autobús para regresar.

9 yu *haev haed* sam baed ec*s*-pí-ri-en-se*s*. *uai* dí-d'nt yu tr*áe*-v'l bai plein?

Ha tenido usted algunas experiencias desagradables (*lit.*, malas). ¿Por qué no viajaba en avión?

10 ai did *a* fyu taim*s* bat *dhaet ua*s óal-most *uer*s.

Lo hice unas pocas veces, pero era casi peor.

11 dont tel mi yu *haev a* fir av haits. da*s dha* téic-oaf bó-*dher* yu?

No me diga que tiene miedo a la altura. ¿Le molesta el despegue?

12 no, not í-ven *dha* lden-ding da*s*. bat an-fóar-tyu-nat-li ai óal-*ueis haed* tu mach lá-g(u)i*j*.

No, ni tan sólo el aterrizaje. Pero infortunadamente yo siempre tenía demasiado equipaje.

13 ye*s*, ai no. ai óal-*ueis* yusd tu pei foar lá-g(u)i*j dhaet ua*s ó-ver-*ueit.*

Sí, lo sé. Siempre solía pagar exceso de equipaje.

14 uat did yu du *a*-báut ít?

¿Y cómo se las arregló (*lit.*, ¿qué hizo Vd. acerca de esto?)

15 ai g(u)eiv *a-uéi* oal mai tranc*s* *aend* hé-vi sút-quei-se*s*. nau ai teic ón-li *uat uil* fit ín-tu smoal sút-quei-se*s*.

Regalé todos mis baúles y mis maletas pesadas. Ahora viajo sólo con lo que cabe (*lit.*, cabrá) en maletines pequeños.

16 uat a clé-ver ai-dí-a!

¡Qué ingeniosa idea!

17 nau mí*s*-ter fó*as*-ter ai *uūd* laic tu toac *a*-báut *dha* cán-tri-said.

Ahora, Sr. Foster, quisiera hablar del paisaje (*lit.*, el campo).

de *bad* y *badly.* Véase §14, 1.   *9. not even* es literalmente *no aun;* se traduce por *ni tan sólo* o *ni siquiera. Neither my friend nor yours has arrived,* ni mi amigo ni el tuyo han llegado. *You are either right or wrong,* o tienes razón, o estás equivocado. Obsérvense estas construcciones *either . . . or* y *neither . . . nor.* Son muy frecuentes.   *10. to give,* dar; *to give away,* regalar, *away* significa *fuera, hacia fuera.*   *11. woods* en el sentido de bosque o bosques se emplea casi siempre

18 Fine! You know, I really was admiring it for the past few minutes.

19 This is a scenic route. But at the moment you can see only the lakes and woods.[11]

20 But these are the loveliest[12] trees I have ever seen.

21 From the next mountain top you will have a view of river, valleys, hills, and the ocean far beyond.

22 Really? They told me all about it at the travel agency, but I suppose I was not paying attention.

23 Then from now on you really should pay attention to the landscape. It gets more beautiful by the minute.

24 You're right![13] There's nothing more exciting and enjoyable than a trip to new places.

---

en plural. En singular, *wood* significa *madera*.   12. *loveliest* es el superlativo de *lovely*, hermoso o encantador. Como hemos visto en ejemplos precedentes, el comparativo se forma añadiendo la terminación *-er* (*lovelier*, más encantador), y el superlativo añadiendo *-est* y haciendo preceder al adjetivo del artículo *the*: *the loveliest*, el más encantador. Los adjetivos de dos sílabas no terminados en *y* y todos los adjetivos de tres sílabas o más hacen excepción. En este caso, se forma a base de *more* y *the most* antepuestos: *beautiful, more beautiful, the most beautiful,*

18 fainl yu no, ai rí-*a*-li *uas* ad-mái-
ring *it* foar *dha* paest fyu mí-nits.

19 *dhis* is *a* sí-nic rut. b*at* *aet* *dha*
mó-ment yu c*aen* si on-li *dha* leic
aend *uŭds.*

20 b*at* *dhis* ar *dha* láv-li-est tris ai
h*aev* é-ver sin.

21 fr*am* *dha* necst máun-t'n *t*op yu
*ui*l h*aev* *a* vyu *av* rí-ver, v*áe*-lis,
hils aend *dhi* ó-schan far bi-yónd.

22 rí-*a*-li? *dhei* told mi *oal* *a*-báut *it*
aet *dha* tr*áe*-v'l éi-jen-si b*at* ai
sa-pós ai *uas* not péi-ing *a*-tén-
schan.

23 *dhen* fr*am* nau *on* yu rí-*á*-li
schŭd pei *a*-tén-sch*an* tu *dha*
l*áend*-squeip. *it* g(u)ets mor byú-
ti-fŭl bai *dha* mí-nit.

24 yŭr rait. *dhers* n*á*-*th*ing mor ec-
sái-t*ing aend* en-j*ó*y-*á*-b'l *dhaen*
a trip tu nu pléi-ses.

Perfecto! Sabe usted, de verdad
lo he estado admirando estos
últimos minutos.

Es ésta una ruta pintoresca. Pero
de momento puede ver sólo los
lagos y los bosques.

Pero éstos son los más hermosos
árboles que he visto jamás.

Desde la cima del próximo
monte tendrá una vista del río,
los valles, las colinas y el
océano a lo lejos *(lit.,* lejos más
allá).

¿De veras? Me hablaron de todo
eso en la agencia de viajes, pero
creo que no me fijé.

Pues de ahora en adelante deberá
fijarse en el paisaje. Aumenta
en belleza por momentos.

Tiene razón. No hay nada más
animador y agradable que un
paseo a nuevos sitios.

---

hermoso, más hermoso, el más hermoso. El comparativo de igualdad se forma
anteponiendo y posponiendo al adjetivo la partícula as (tan o como): *John is as
intelligent as Paul,* Juan es tan inteligente como Pablo. El de inferioridad, anteponiendo *not so . . .* o *not as . . .* , y posponiendo *as: she is not so smart as her
sister,* ella no es tan lista como su hermana. *13. to be right:* tener razón. *to be
wrong:* estar equivocado. *to be worth:* valer la pena *(lit.,* ser de valor). *to be worthy:*
ser digno; *this is unworthy of you,* esto es indigno de usted.

Ninth Lesson

New Vocabulary for this Lesson

harbor (hár-ber)	puerto
ship (schip)	buque
to dock (dock)	llegar a muelle
anxious (aénc-schas)	deseoso; ansioso
to imagine (i-mde-jin)	imaginarse
expenses (ecs-pén-ses)	gastos
play (plei)	juego; obra teatral

to mention (mén-schan)	mencionar
satisfactory (sae-tis-fáec-ta-ri)	satisfactorio
cash (caesch)	dinero líquido, contante
monument (mó-nyu-ment)	monumento
skyscraper (scái-screi-per)	rascacielos
convention (can-vén-schan)	convención, congreso

city limits (sí-ti lí-mits)	límites de la ciudad
to estimate (és-ti-meit)	estimar, calcular
magnificent (maeg-ní-fi-sent)	magnífico
movies (mú-vis)	cine
motion-picture theater	sala de cinematógrafo
(mó-schan píc-cher thí-a-ter)	

check (chec)	cheque
endorse (en-dóars)	endosar
bath (baeth)	baño
bath robe (. . . rob)	bata de baño
shower (scháu-er)	ducha
luxurious (lag-zhú-ri-as)	lujoso
to warn (uoern)	advertir

host (host)	el que invita		war (uoar)	guerra
to guess (g[u]es)	adivinar		envious (én-vi-as)	envidioso
side (said)	lado		full (fŭl)	completo
odd (od)	extraño, raro		lavish (láe-visch)	suntuoso
further (fér-dher)	más allá		library (lái-bre-ri)	biblioteca

AT THE HOTEL

EN EL HOTEL   *(aet dha ho-tél)*

lobby (ló-bi)	salón de entrada
lounge (launj)	salón
suite (suit)	suite
manager (máe-na-jer)	gerente
room clerk (rum clerc)	encargado
bellboy (bél-boi)	botones
maid (meid)	camarera
tip (tip)	propina
quiet (cuái-et)	silencioso
view (vyu)	vista
laundry (lóan-dri)	lavandería
to press (pres) } to iron (ái-ern) }	planchar

room (rum)	habitación, cuarto
accommodation (a-co-mo-déi-schan)	alojamiento
single (síng-g'l)	sencillo, para una sola persona
double bed (dá-b'l bed)	cama de matrimonio
twin bed (tuin bed)	cama gemela
guest towel (g[u]est táu-el)	toalla de huésped
comfortable (cám-fer-ta-b'l)	confortable, cómodo
plain (plein)	sencillo, corriente
bed sheets (bed schits)	sábanas
pillows (pí-los)	almohadas
blanket (bláen-quet)	manta, cobija
dressing-room (dré-sing . . .)	tocador
dry cleaning (drái-cli-ning)	lavado al seco

telephone (té-la-fon)	teléfono
operator (ó-pe-rei-ter)	telefonista
connection (ca-néc-schan)	conexión, línea
telephone booth (. . . buth)	cabina de teléfono
coin (coyn)	moneda
number (nám-ber)	número
hold on! (hold on)	no se aparte

directory (de-réc-te-ri)	guía	dial (dái-el)	disco selector
to hear (hir)	oir	to dial	marcar (el número)
to cut off (cat oaf)	cortar	to call (cóal)	llamar por teléfono

Conversación

1 Hello, Mr. Foster. I'm so glad to hear from you. I was beginning to think you wouldn't telephone.

2 Hello, Mr. Ramírez. I meant to telephone much earlier. But I had a little more difficulty[1] finding a hotel room than I expected.

3 I should have warned you. My hosts[2] tell me there is a convention in town.

4 So I've learned. You will never guess[3] where I am staying: in the bridal[4] suite of the best hotel in the city.

5 No! What did you say to the room clerk to get such accommodations?

6 All I said was, "I would like a single room with bath on the quiet side of the hotel."

7 And they gave you the bridal suite? I've never heard[5] of anything stranger.

8 It does seem odd. But the manager said that was the only accommodation he had left. And they are charging me full[6] price, of course.

9 Well, I hope that everything is satisfactory.

10 More than that, it is lavish!

NOTAS: *1. difficulty:* la terminación *ty* corresponde, en general, a la española *-dad,* añadida a los adjetivos para convertirlos en sustantivos. *senility:* senilidad; *puberty:* pubertad; *charity:* caridad.   *2. host:* no confundir *host* y *guest* (huésped o invitado. *guesthouse:* casa de huéspedes.   *3. to guess* en lenguaje familiar

Pronunciación

1 he-ló mís-ter fóas-ter. aim so
glaed tu hir fram yu. ai uas bi-
g(u)í-ning tu thinc yu uu-d'nt
té-le-fon.

2 he-ló, mis-ter ra-mí-res. ai ment
tu té-le-fon mach ér-li-er. bat ai
haed a lí-t'l mor dí-fi-cal-ti fáin-
ding a ho-tél rum dhaen ai ecs-
péc-ted.

3 ai schúd haev uoarnd yu. mai
hosts tel mi dher is a can-vén-
schan in taun.

4 so aiv lernd. yu uil né-ver g(u)es
uer ai aem stéi-ing: in dha brái-
d'l suit av dha best ho-tél in dha
sí-ti.

5 no! uat did yu sei tu dha rum
clerc tu g(u)et sach a-có-ma-dei-
schans?

6 oal ai sed uas "ai uúd laic a síng-
g'l rum uidh baeth on dha cuái-
et said av dha ho-tél.

7 aend dhei g(u)eiv yu dha brái-d'l
suit? aiv né-ver herd av é-ni-thing
stréin-jer.

8 it das sim od. bat dha maé-na-
jer sed dhaet uas dhi ón-li a-co-
ma-déi-schan hi haed left. aend
dhei ar chár-jing mi fül prais, av
coars.

9 uel, ai hop dhaet év-ri-thing is
sae-tis-fáec-to-ri.

10 mor dhaen dhaet, it is láe-visch!

Traducción

Hola, Sr. Foster. Me alegra
mucho saber de Vd. Empe-
zaba a creer que no me tele-
fonearía.

¿Qué tal, Sr. Ramírez? Tenía la
intención de haberle telefo-
neado mucho antes. Pero tuve
más dificultades de las que esperaba para encontrar un
cuarto de hotel.

Debería haberle advertido. Mis
amigos me dicen que hay un
congreso en (esa) ciudad.

Ya (así) me he enterado. No adi-
vinará nunca dónde me hos-
pedo: en la suite para recién
casados del mejor hotel de la
ciudad.

¡No! ¿Qué le dijo al encargado
para que le diera ese alojamiento?

Lo único que dije fué: "Deseo
(lit., desearía) una habitación
sencilla con baño en el ala más
silenciosa del hotel."

¿Y le dieron la suite para recién
casados? Nunca he oído cosa
más rara.

Sí, parece extraño. Pero el gerente dijo que era el único
espacio que le quedaba. Y me
cobran precio completo, naturalmente.

Bien, espero que todo sea satisfactorio.

¡Más todavía, es suntuoso!

---

significa también pensar, opinar. *It's not far away, I guess:* pienso (o creo) que no
está muy lejos. *4. bridal* viene de *bride*, la novia. *5. to hear* (hir), pretérito
heard (herd), participio pasado *heard*. *6.* La "familia" del adjetivo *full* (lleno,
completo) es: el sustantivo *fullness* (hinchazón, sensación de plenitud); el adverbio

11 Do you have a luxurious double bed?

12 You guessed it perfectly. And you know, I am used to sleeping in a twin[7] bed.

13 You should be more comfortable than usual then. But have you seen anything of the city?

14 Certainly, I can see it all from my room: the library[8] across the street, the motion picture theaters, the war monuments, and the park.

15 You must be up very high to get such an extensive view.[9]

16 Why, this is practically a skyscraper.[10] I can see further than the city limits, to say nothing of the harbor[11] and the ships coming in to dock.

17 You make me most[12] envious. What a pity that I had to stay with friends!

18 Well, come to visit me soon. I am more anxious to see you than you can imagine.

---

fully (plenamente, por completo); el verbo *to fill* (llenar). *Fulfilled* es cumplido; *unfulfilled*, incumplido.   7. *twins*: gemelos, mellizos, "cuates."   8. *library* es un "falso amigo," es decir, una palabra que parece fácil y no lo es, pues el sentido es distinto al de la palabra afín en español; no significa librería, sino biblioteca. *Bookstore* es librería.   9. *view* es vista en sentido de espectáculo, paisaje, etc.;

11 du yu *haev a* lag-zhú-ri-*as* dd-b'l bed?

¿Tiene Vd. una cama de matrimonio lujosa?

12 yu g(u)est *it* pér-fect-li. *aend* yu no ai *aem* yu*s*d tu slí-ping *in a tuin* bed.

Lo ha adivinado perfectamente. Y Vd. sabe que estoy acostumbrado a dormir en cama gemela.

13 yu schŭd bi mor *cdm*-fer-ta-b'l dha*en* yú-zhu-*al* dhen. b*at haev* yu sin é-ni-*thing av dha* si-ti?

Entonces debe sentirse más confortable que de costumbre. Pero ¿ha visto (algo de) la ciudad?

14 sér-t'n-li. ai *caen* si *it oal* fr*am* mai rum: *dha* lái-bre-ri *a*-cró*as dha* strit, *dha* mó-sch*an* píc-cher *thí-a-ters*, *dha uoar* món-yuments, *aend dha* parc.

Sin duda. Puedo verlo todo desde mi cuarto: la biblioteca al otro lado de la calle, los cines, los monumentos a los héroes, y el parque.

15 yu m*a*st bi *ap* vé-ri *h*ai tu g(u)et s*ach aen* ecs-tén-s*iv* vyu.

Debe estar muy elevado para gozar de tan extensa vista.

16 u*a*i, *dhis is* pr*aec*-tic-li *a* scái-screiper. ai *caen* si fér-dher dha*en dha* si-ti lí-mits tu sei nd-*thing av dha* hár-ber *aend dha* schips cd-ming *in* tu d*oc*.

Vaya, si vivo prácticamente en un rascacielos. Puedo ver hasta más allá de los límites de la ciudad, sin mencionar el puerto y los buques que llegan al muelle.

17 yu meic mi most én-vi-*as*. u*at a* pí-ti dha*et* ai *h*a*e*d tu stei *uidh* frend*s*.

Me da usted envidia. ¡Qué lástima que tenga que quedarme con unos amigos!

18 u*el*, c*am* tu ví-s*it* mi sun. ai *aem* mor d*enc*-sch*as* tu si yu dha*en* yu c*aen* i-md*e*-jin.

Pues venga a visitarme pronto. Tengo más ganas de verlo de lo que se imagina.

vista en cuanto sentido orgánico es *sight* (sait), que también se emplea para designar el paisaje, lo visto. *His sight and his hearing are weak:* tiene la vista y el oído débiles. *There's a wonderful view from my balcony:* desde mi balcón se divisa una vista magnífica.   *10. skyscraper:* de sky, cielo astronómico (a diferencia de *heaven,* cielo como contrario de *hell,* infierno), y *to scrape,* rascar con

19 What is it? I hope nothing is wrong.

20 Oh, no, but I have run into[13] more expenses than I estimated, and I need a little cash. I want to go to a play in town.

21 I understand. I shall see you tomorrow. Is there anything I can bring you?

22 Now that you mention it, there is. I forgot to bring a bathrobe with me. Do you think you could pick one up[14] for me on your way through the city?

23 Of course. Would you like some slippers as well?

24 I can't hear you. Operator, I think something has happened to our connection. I've been cut off.

25 Sorry, I'll connect you again. Here's your party.

26 Thanks. Mr. Ramírez, are you still there?

27 Yes, but I was just about[15] to say good-by. My hosts are calling me to dinner.

28 Well, don't forget to come early tomorrow. Remember, this may be your only chance to see a bridal suite!

---

un instrumento. Rascar con las uñas, o arañar, es *to scratch.*   *11. harbor* y *port* son prácticamente sinónimos; *harbor* es más usado.   *12. you make me most envious: most* se emplea generalmente para formar el superlativo de los adjetivos de más de dos sílabas, o de dos sílabas terminados en consonante; pero puede también ser, como aquí, sinónimo de *very,* muy. *He is most eager to see you* equivale a *he is very eager to see you,* está muy deseoso de verle.   *13. to run into:*

19 uat *is it?* ai *hop* ná-*thing is* roang.

¿Qué sucede? Espero que no sea nada grave.

20 o no, bat ai *haev* ran *in*-tu mor ecs-pén-ses *dhae*n ai és-ti-mei-ted *aen*d ai nid *a* lí-t'l *caes*ch. ai *uont* tu go tu *a* plei *in* taun.

Oh, no, pero he tenido (*lit.*, he corrido en) más gastos de los que me imaginaba, y necesito fondos. Quiero ir al teatro en la ciudad.

21 ai *an*-der-stáend. ai *schae*l si yu tu-mó-ro. *is* dher é-ni-*thing* ai *cae*n bring yu?

Entiendo. Le veré mañana. ¿Puedo traerle algo?

22 nau *dhae*t yu mén-schan *it* dher *is.* ai *foar*-gót tu bring *a* báeth-rob *uidh* mi. Du yu *thinc* yu cúd pic *uan* ap *foar* mi *on* yŭr *uei* thru dha sí-ti.

Ya que lo menciona, sí. Se me olvidó traer la bata de baño. Podría usted comprarme una cuando pase por la ciudad?

23 av *coar*s. Uŭd yu laic sam slí-pers *aes uel.*

Por supuesto. ¿Quiere unas pantuflas también?

24 ai *cae*nt *hir* yu. ó-pe-rei-ter, ai *thinc* sám-*thing haes* háe-pend tu aur ca-néc-schan. aiv *bin* cat *oaí.*

No puedo oírle. Telefonista, creo que ha ocurrido algo con la línea telefónica. Me han cortado.

25 só-ri, ail ca-néct yu *a*-g(u)én. *hirs* yŭr pár-ti.

Dispense. Voy a conectarle de nuevo. Aquí está su interlocutor.

26 thaencs. mís-ter ra-mí-res, ar yu *stil* dher?

Gracias. Sr. Ramírez, ¿sigue al habla? (*lit.*, ¿está ahí todavía?)

27 yes, bat ai *uas* jast *a*-báut tu sei gúd-bái. mai *hos*ts ar cóa-ling mi tu dí-ner.

Sí, pero iba a despedirme de usted. Mis amigos me llaman para ir a cenar.

28 *uel,* dont foar-g(u)ét tu cam ér-li tu-mó-ro. ri-mém-ber, dhis mei bi yŭr ón-li chaens tu si *a* brái-d'l suit.

Bien, no se olvide de venir mañana temprano. Recuerde que ésta es quizá su única oportunidad de ver una suite para recién casados.

lit., chocar, topar. Se dice a menudo para indicar un encuentro repentino.
14. pick up: lit., coger, escoger. Quiere decir aquí comprar algo, pero sin molestarse.
15. I was about to say: about puede traducirse por *alrededor, cerca de, hacia, aproximadamente* (ej.: *in about an hour,* dentro de una hora, poco más o menos). Pero cuando se usa entre alguna forma de *to be* y un infinitivo significa generalmente *a punto de: we were about to finish,* estábamos a punto de terminar.

Tenth Lesson

New Vocabulary for this Lesson

splendid (splén-díd)	espléndido	**corner** (cóar-ner)	rincón
flower (fláu-er)	flor	**opposite** (ó-pa-sit)	frente a
to study (stá-di)	estudiar	**dark** (darc)	oscuro
couple (cá-p'l)	pareja	**to wear** (uer)	llevar (ropa)
dim (dim)	oscuro	**gown** (gaun)	vestido

to join (joyn)	reunirse con
to introduce (in-tro-dús)	presentar
fiancé, fiancée (fi-an-séi)	prometido, prometida
to be engaged (en-g[u]éijd)	estar prometido

surroundings (sa-ráun-dings)	ambiente; alrededores
straight (streit)	derecho, directamente
condition (can-dí-schan)	condición
conservative (can-sér-va-tiv)	conservador
to tease (tis)	tomar el pelo, hacer rabiar
hearty (hár-ti)	cordial, excelente
forgetful (foar-g[u]ét-fŭl)	olvidadizo

to toss (tos)	revolver	**silent** (sái-lent)	silencioso
emerald (ém-rald)	esmeralda	**surprise** (ser-práis)	sorpresa
pearl (perl)	perla	**to insist** (in-síst)	insistir
generous (jé-ne-ras)	generoso	**along** (a-lóang)	junto con
ring (ring)	anillo	**health** (helth)	salud

AT THE RESTAURANT

EN EL RESTAURANTE   (aet dha rés-to-rant)

menu (mé-nyu)	menú	
salt (soalt)	sal	
mustard (más-terd)	mostaza	
vinegar (ví-ne-gar)	vinagre	
oil (oyl)	aceite	
lobster (lób-ster)	langosta	
tomato (to-méi-to)	tomate	
spice (spais)	especia	
pepper (pé-per)	pimienta	
sauce (soas)	salsa	

waiter (uéi-ter)	mozo de restaurante
to order (oár-der)	encargar, dar la orden
appetizer (áe-pi-tai-ser)	entremés, aperitivo
mayonnaise (me-ye-néis)	mayonesa
omelet (óm-let)	tortilla de huevos
mushroom (másch-rum)	hongo
teaspoon (tí-spun)	cucharilla
tablecloth (téi-b'l-cloath)	mantel

plate (pleit)	plato
dish (disch)	plato
fork (foarc)	tenedor
knife (naif)	cuchillo
spoon (spun)	cuchara
pitcher (pí-cher)	jarro
glass (glaes)	vaso
platter (pláe-ter)	platón
tray (trei)	bandeja
cup (cap)	taza
saucer (sóa-ser)	platillo
candle (cáen-d'l)	vela

shrimp (schrimp)	camarón	broiled (broyld)	asado
oyster (óy-ster)	ostra, ostión	rare (rer)	poco cocido
dressing (dré-sing)	aliño	well done (uel dan)	bien cocido
napkin (náep-quin)	servilleta	tip (tip)	propina

Conversación

1 What[1] a splendid idea to eat in this restaurant, José! They say[2] the service is excellent. And look how beautifully the table is set![3]

2 I see nothing unusual except the candles — only a tablecloth,[4] plates, forks, knives,[5] spoons, a water pitcher and glasses.

3 It's just like a man not to notice the vase[6] of flowers.

4 And like a woman not to notice the menu. Let's study that first and admire the surroundings later.

5 Very well. Look at that couple sitting in the dimly lit[7] corner opposite us.

6 Where? I can hardly see anything,[8] it's so dark.

7 The girl to whom[9] I refer is wearing[10] a low-cut[11] gown, and the man with whom she is talking[12] is now looking straight at us.

8 Yes, I see him. Of course, it's Mr. Foster. I believe they are coming over.

Notas: *1.* Después del *what!* admirativo se emplea el artículo indeterminado antepuesto al nombre: *what a man!,* ¡qué hombre! Con *what* interrogativo se omite siempre el artículo: *what is the matter?* (*lit.,* qué o cuál es la materia): ¿qué hay?, ¿qué pasa? *2. they say:* no se omite el pronombre personal en las expresiones verbales impersonales: se dice, o dicen, es *they say* (también, a veces, *it is said,* o *one says*). Véase §58. *3.* Pretérito irregular: *he set;* participio irregular: *set.* *4.* Literalmente, *paño de mesa.* (*cloth* [cloath] significa paño.) Obsérvese esta formación del genitivo, a base de anteponer el nombre del objeto o persona

PRONUNCIACIÓN

1 uat a splén-did ai-dí-a tu it *in
dhi*s rés-to-rant, *ho-sé. dhei* sei
dha sér-vis is éc-se-lent. *aend* lŭc
hau byú-ti-fŭ-li *dha* téi-b'l *is* set.

2 ai si ná-*thing* an-yú-zhu-al ec-
sépt *dha cá*en-d'ls—ón-li a téi-b'l-
cloath, pleits, *foarc*s, naiv*s*,
spun*s*, a *uó*a-ter pí-cher *aend*
gláe-ses.

3 its jast laic *á* maen not tu nó-*tis
dha* veis av fláu-er*s*.

4 aend laic a uŭ-man not tu nó-
tis *dha* mé-nyu. lets stá-di *dhaet*
ferst *aend* ad-máir *dha* sa-ráun-
dings léi-ter.

5 vé-ri *uel.* lŭc *aet dhaet* cá-p'l sí-
ting *in dha* dím-li lit cóar-ner
ó-po-sit a*s.* §

6 uer? ai caen hárd-li si é-ni-*thing*,
its so darc.

7 dha g(u)erl tu hum ai ri-fér *is
ué*-ring a ló-cat gaun *aend dha*
maen uidh hum schi *is* tóa-quing
is nau lŭ-quing streit *aet as.*

8 yes, ai si him. av coar*s*, its mís-ter
fóas-ter. ai bi-lív *dhei* ar cá-ming
ó-ver.

TRADUCCIÓN

¡Qué espléndida idea la de
comer en este restaurante, José!
Dicen que el servicio es excelente. ¡Y mira qué bien puesta
está la mesa!

No veo nada especial, excepto las
velas: sólo un mantel, platos,
tenedores, cuchillos, cucharas,
un jarro con agua y vasos.

Es propio de un hombre (*lit.*,
justo como un hombre) no
fijarse en el búcaro con flores.

Y propio de una mujer no fijarse
en el menú. Vamos a estudiarlo
primero, y más tarde admirare-
mos el ambiente.

Muy bien; mira esa pareja sentada en el rincón mal iluminado frente a nosotros.

¿Dónde? Apenas puedo ver nada,
está tan oscuro.

La muchacha a que me refiero
lleva un vestido escotado y el
hombre con quien está ha-
blando está ahora mirándonos
directamente.

Sí, ya le veo. Naturalmente, es
el Sr. Foster. Creo que vienen
hacia acá.

---

poseedores al´del objeto poseído. Si el poseedor es una persona, debe seguirse de
un apóstrofe intermedio (*'s*): the *child's* book (*dha* childs bŭc), el libro del
niño. *5.* Singular: *knife. 6.* Hay que evitar traducir *vase* por *vaso*, que en
inglés es *glass* (glaes). *7. lit* es el participio pasado irregular de *to light* (lait),
iluminar, alumbrar; pretérito irregular, *lit. 8. anything* es propiamente *algo.*
Se usa *something* en frases de sentido positivo; *anything* cuando el sentido es
interrogativo o negativo: *I have something, do you have anything?*, tengo algo,

9 How do you do, Mr. and Mrs. Ramírez? I should like to introduce my fiancée, Miss Sally Thomas.

10 I'm very happy to meet you, Miss Thomas. But I had no idea you were engaged, Mr. Foster.

11 Jim and I have been engaged for[13] more than a year. But he is very silent about his private life.[14]

12 Well, this is a pleasant surprise, Mr. Foster. Would you care to join us for dinner? We haven't ordered yet.

13 Neither have we. Let's join them, Jim.

14 Of course, but only on condition that you be my guests.

15 Thank you very much, but I insist on your being mine. Have you all decided what you want, so that I can call[15] the waiter?

16 I'm afraid I don't have much appetite.[16] I shall have only a few oysters, a tossed green salad without dressing, and a small steak, rare.

17 And what will you have, Sally?

18 I'll have the same as Mrs. Ramírez.

19 It seems that we men will be the only ones to have the full dinner. As an appetizer, let me suggest the shrimp cocktail.

¿tiene usted algo? *I have some money, do you have any?* Tengo algún dinero, ¿tiene usted algún dinero?   *9. to whom* (a quien, al cual), *with whom* (con quien) son pronombres relativos que no pueden emplearse más que en relación con nombres y pronombres que representen seres humanos. *El país a que me refiero: the country to which I refer.*   *10.* Pretérito irregular: *he wore;* participio irregular, *worn.*   *11.* Participio irregular de *to cut;* el pretérito es también *I cut.*

9 hau du yu du, mís-ter aend mí-sis ra-mí-res? ai schŭd laic tu in-tro-dús mai fi-an-céi, mis sáe-li tó-mas.

10 aim vé-ri háe-pi tu mit yu, mís tó-mas. bat ai haed no ai-dí-a yu uer en-g(u)éijd, mís-ter fóas-ter.

11 jim aend ai haev bin en-g(u)éijd foar mor dhaen a yir. bat hi is vé-ri sái-lent a-báut his prái-vat laif.

12 uel, dhis is a plé-sant ser-práis, mís-ter fóas-ter. uŭd yu quer tu joyn as foar dí-ner? ui háe-v'nt óar-derd yet.

13 ní-dher haev ui. lets joyn dhem, jim.

14 av coars, bat ón-li on can-dí-schan dhaet yu bi mai g(u)ests.

15 thaenc yu vé-ri mach bat ai in-síst on yŭr bí-ing main. haev yu oal di-sái-ded uat yu uont so dhaet ai caen coal dha uéi-ter?

16 aim a-fréid ai dont haev mach de-pi-tait. ai schael haev ón-li a fju óy-sters, a toast grin sáe-lad uidh-áut dré-sing aend a smoal steic, rer.

17 aend uat uil yu haev, sáe-li?

18 ail haev dha seim aes mí-sis ra-mí-res.

19 it sims dhaet ui men uil bi dhi ón-li uans tu haev dha fŭl dí-ner. aes aen áe-pi-tai-ser let mi sag-jést dha schrimp cóc-teil.

¿Cómo están Vds., Sr. y Sra. Ramírez? Me gustaría presentarles a mi prometida, la Srta. Sally Thomas.

Encantado de conocerla, Srta. Thomas. Pero no tenía idea de que estuviera Vd. prometido, Sr. Foster.

Jim y yo hemos estado prometidos durante más de un año. Pero él es tan reservado acerca de su vida privada ...

Vaya, es ésta una agradable sorpresa, Sr. Foster. ¿Quieren Vds. acompañarnos para la cena? No hemos pedido todavía.

Nosotros tampoco. Vamos a sentarnos con ellos, Jim.

Naturalmente, pero sólo con la condición de que me permitan invitarles.

Muchas gracias, pero insisto en que sea yo quien les invite a Vds. ¿Han decidido todos lo que quieren, para que pueda llamar al mesero?

Me temo que no tengo gran apetito. Tomaré sólo unas ostras, una ensalada (revuelta) sin aliñar, y un bisté pequeño, poco cocido.

Y ¿qué tomará Vd, Sally?

Yo tomaré lo mismo que la Señora de Ramírez.

Parece que nosotros, los hombres, seremos los únicos que tomaremos la cena completa. Como entremés permítanme sugerir el coctel de camarones.

---

12. Hay que distinguir entre *to talk* y *to speak,* que tienen el mismo significado, pero se usan a veces en distintas circunstancias. *To talk* se acerca a veces al sentido de *to chat,* conversar, charlar: *we were talking when you came in,* estábamos conversando cuando llegó usted. *To speak* se usa al referirse a un idioma: *he speaks English. Are you speaking to me?*: ¿se dirige Vd. a mí? *He is a famous public speaker,* es un orador famoso. Por teléfono: *Mr. Smith?* ... *Speaking* (al habla).

20 They don't put too much seasoning in the tomato sauce, do they?

21 The chef is very conservative with spices.

22 Fine! Do they have any other specialty which you can recommend?

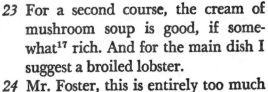

23 For a second course, the cream of mushroom soup is good, if somewhat[17] rich. And for the main dish I suggest a broiled lobster.

24 Mr. Foster, this is entirely too much for my husband!

25 María is only teasing me, Miss Thomas. It's true that I have a very hearty appetite.

26 All right, it's decided. Everything for both of us. Is that all?

27 Jim, I should like a bottle of champagne to celebrate our anniversary.

28 Anniversary? It's true. I had forgotten. . . . We've known each other two years.

29 Really, Jim, you are as forgetful as you are generous. Last year, Mrs. Ramírez, he gave me an emerald ring and a pearl necklace.[19]

30 Look, María, here come your oysters. If you find a pearl inside, you can consider it a gift from me.

---

13. for puede traducirse por *durante, por,* o *para.* Cuando se refiere a término temporal es *durante;* si indica causa o motivo es generalmente *por: I did it for you,* lo hice por usted. *She bought it for me,* lo compró para mí. *14.* Plural irregular: *lives,* vidas. Los sustantivos terminados en *f* y *fe* hacen el plural convirtiendo dichas terminaciones en *ves: knife, knives* (cuchillos); *thief, thieves* (ladrones). *15. the call* es: la llamada. Pero: ¿cómo se llama Vd? es: *what is your name? 16. much, too much,* cuando la palabra a que se refieren es de sentido general o indivisible; *many, too many,* cuando nos referimos a varios objetos: *he doesn't eat too much,* no come mucho, o no come demasiado; *she has many friends,* ella tiene muchos amigos. *17.* No confundir el adverbio *somewhat* (hasta cierto punto, **en**

20 *dh*ei dont pŭt tu mach sí-*s*a-ning in *dh*a to-méi-to *s*oas, du *dh*ei?

¿No ponen demasiadas especias en la salsa de tomate?

21 *dh*a schef *is* vé-ri can-sér-*v*a-tiv uidh spái-*s*es.

El cocinero es muy conservador en materia de especias.

22 fain! du *dh*ei haev é-ni á-*dh*er spé-schal-ti *u*ich yu caen re-co-ménd?

¡Muy bien! ¿Tienen alguna otra especialidad que pueda Vd. recomendarnos?

23 foar *a* sé-cand coar*s* *dh*a crim *av* másh-rum sup *is* gŭd, *if* *s*ám-*u*at rich. aend foar *dh*a mein disch ai *s*ag-jést *a* broyld lób-*s*ter.

Como segundo platillo, la sopa de crema de hongos es buena, aunque algo indigesta. Y como plato fuerte sugiero una langosta al horno.

24 mís-ter fóas-ter, *dh*is *is* en-táir-li tu mach foar mai hás-band.

Sr. Foster, ésto es (totalmente) demasiado para mi marido.

25 ma-rí-*a* *is* ón-li tí-*s*ing mi, mis tó-mas. *its* tru *dh*aet ai haev *a* vé-ri hár-ti *de*-pi-tait.

María sólo quiere tomarme el pelo, Srta. Thomas. Es cierto que tengo un excelente apetito.

26 oal rait, *its* di-sái-ded: év-ri-*th*ing foar bo*th* *av* as. *is* *dh*aet oal?

Bueno, está decidido. Comida completa (*lit.*, toda) para nosotros dos. ¿Es todo?

27 jim, ai schŭd laic *a* bó-t'l *av* sch*ae*m-péin tu sé-le-breit aur *ae*-ni-vér-*s*a-ri.

Jim, quiero una botella de champaña para celebrar nuestro aniversario.

29 *ae*-ni-vér-*s*a-ri? *its* tru. ai h*ae*d foar-gó-ten. *u*iv non ich á-*dh*er tu yirs.

¿Aniversario? Es cierto. Me olvidé. Nos conocimos hace dos años.

29 rí-*a*-li, jim, yu ar *ae*s foar-g(u)ét-fŭl *ae*s yu ar jé-ne-ras. l*ae*st yir, mí-*s*is ra-mí-res, hi g(u)eiv mi *a*en ém-rald ring aend *a* perl néc-lis.

De veras, Jim, eres tan olvidadizo como generoso. El año pasado, Sra. Ramírez, me regaló un anillo de esmeraldas y un collar de perlas.

30 lŭc, ma-rí-*a*, hir cam yŭr óys-ter*s*. *if* yu faind *a* perl in-sáid, yu c*ae*n can-sí-der *it* *a* g(u)ift fram mi.

Mira, María, aquí llegan tus ostras. Si encuentras una perla dentro, puedes considerarla como regalo mío.

---

alguna manera, algo) con *something*. *Somewhat* es palabra no tan usada, y debe referirse siempre a un predicado. *He is somewhat surprised:* está algo (o hasta cierto punto) sorprendido. *Something (anything* en frases interrogativas) es con frecuencia predicado: *he has something*, tiene algo. **18.** *had forgotten:* en inglés el plus-cuamperfecto se forma exactamente como en español, añadiendo al participio pasado del verbo principal el imperfecto del verbo auxiliar. *forgotten* es participio pasado irregular de *to forget. I had forgotten*, había olvidado. **19.** Literalmente, *lazo de cuello;* neck (nec) es cuello. Idéntica formación del genitivo que la descrita en la nota 4.

Eleventh Lesson

New Vocabulary for this Lesson

to go shopping (go schó-ping)	ir de compras
to economize (i-có-no-mais)	economizar
to wait in line (ueit in lain)	formar cola
hemisphere (hé-mis-fir)	hemisferio
western (ués-tern)	occidental
telegram (té-le-graem)	telegrama
to wire (uair)	telegrafiar

to afford (a-fóard)	permitir, permitirse
across (a-cróas)	a través, al otro lado
anywhere (é-ni-uer)	en cualquier parte
concern (quen-sérn)	preocupación, negocio

to send (send)	enviar
signature (síg-na-chur)	firma
message (mé-siʃ)	mensaje
address (a-drés)	dirección
to save (seiv)	ahorrar
people (pí-p'l)	gente
to take long (teic loang)	tardar, dilatar

crowd (craud)	muchedumbre	worth (uerth)	valor
slight (slait)	ligero, pequeño	to be worth	valer
to fall (foal)	caer	waste (ueist)	desperdicio
to last (laest)	durar	to waste	desperdiciar
at last (aet laest)	por fin	turn (tern)	turno
at least (aet líst)	por lo menos	hurry (há-ri)	prisa
to excuse (ecsc-yús)	dispensar	anyway (é-ni-uei)	de toda manera

108

AT THE BANK

EN EL BANCO   *(aet dha baenc)*

current exchange rate   tipo de cambio del día
  (qué-rant ecs-chéinj reit)
teller (té-ler)   cobrador, pagador
traveler's check (tráev-lers chec) cheque de viajero
withdraw (uidh-dróa)   retirar
withdrawal slip (uidh-dróa-al slip) vale de caja
check book (chec bŭc)   libreta de cheques
to deposit (di-pó-sit)   depositar

amount (a-máunt)	suma, importe	to exchange (ecs-chéinj)	cambiar
to cash (caesh)	cambiar, cobrar	savings (séi-vings)	ahorros
draft (draeft)	giro bancario	account (a-cáunt)	cuenta

AT THE POST OFFICE

EN LA OFICINA DE CORREOS   *(aet dha póst-oa-fis)*

general delivery (jé-neral di-lí-ve-ri)   poste restante
money order (má-ni óar-der)   giro postal
special delivery (spé-schal di-lí-ve-ri)   entrega inmediata
bulletin board (bú-li-tin board)   pizarrón, tablero de noticias
printed matter (prín-tid máe-ter)   impresos

stamp (staemp)	sello	rate (reit)	tarifa
sender (sén-der)	expedidor	air mail (er meil)	correo aéreo
postcard (póst-card)	tarjeta postal	to register (ré-jis-ter)	certificar
postage (pós-tij)	porte de correo	to insure (in-schúr)	asegurar
first class (ferst claes)	primera clase	receipt (ri-sít)	recibo
package (páe-quij)	paquete	mailman (méil-maen)	cartero

CONVERSACIÓN

1 Hello, Miss Thomas. What a coincidence to be waiting in line with you! The bank is so crowded that I couldn't see you at first.

2 I didn't notice[1] you either, Mrs. Ramírez. I am in such a hurry since I have to get to the post office before noon,[2] and then go shopping.[3]

3 If you only want to cash a traveler's check, they would do that for you anywhere.

4 No, I really must wait, as I want to exchange some dollars for pesos. Do you happen to know what the rate is now?

5 Not exactly. But they list the current exchange rates on that bulletin near the teller's window.

6 Oh yes, I see. The peso has risen.[4] Do you think it will take much longer[5] than this?

7 Not unless someone withdraws a lifetime's savings.

8 Let's hope not. I suppose you are in a hurry, too.

NOTAS: *1. to notice:* como el español *notar,* no se conjuga como reflexivo. Es además transitivo, y no necesita preposición.   *2. before noon:* se omite el artículo en inglés hablando de la hora, de nacionalidades (*Englishmen are said to be cold,* se dice que los ingleses son fríos), o con nombres en sentido general: *coal is black:* el carbón es negro (es decir, el carbón en forma genérica y abstracta). Pero: *the coal you gave me was wet,* el carbón que me dió estaba húmedo; el artículo es indispensable cuando nos referimos a un objeto o sujeto concretos.

PRONUNCIACIÓN

1 he-ló, mis tó-mas. *uat a* co-ín-ci-dens tu bi *uéi*-ting *in* lain *uidh* yu! *dha* baenc *is* so cráu-ded *dhaet* ai cŭ-d'nt si yu *aet* ferst.

2 ai dí-d'nt nó-tis yu *í-dher*, mí-sis ra-mí-res. ai *aem in* sach *a* há-ri sins ai *haev* tu g(u)et tu *dha* póst *oa*-fis bi-fóar nun *aend dhen* go schó-ping.

3 if yu ón-li *uont* tu *caesch a* tráev-lers chec *dhei* uŭd du *dhaet* foar yu é-ni-*uer.*

4 no, ai rí-*a*-li mast *ueit, aes* ai *uont* tu ecs-chéinj sam dó-lers foar péi-sos. du yu háe-p'n tu no *uat dha* reit *is* nau?

5 not eg-*sáect*-li. bat *dhei* list *dha* qué-rant ecs-chéinj reits *on dhaet* bŭ-li-tin board nir *dha* té-lers uín-do.

6 o yes, ai si. *dha* péi-so haes rí-sen. du yu *thinc it uil* teic mach lóang-ger *dhaen dhis?*

7 not an-lés sám-*uan uidh*-dróas *a* láif-taims séi-vings.

8 lets hop not ai sá-pós yu ar *in* a há-ri tu.

TRADUCCIÓN

Hola, Señorita Thomas, ¡qué coincidencia encontrarnos en esta cola! Hay tanta gente en el banco que al principio no la vi (*lit.*, no pude verla).

Tampoco yo me fijé en usted, Señora Ramírez. Tengo tanta prisa, proque tengo que ir al correo antes del mediodía y después (tengo que) ir de compras.

Si sólo quiere usted cambiar (*lit.*, cobrar) un cheque de viajero, en cualquier parte se lo cambiarán.

No, de verdad tengo que esperar (aquí), pues quiero cambiar algunos dólares por pesos. ¿Sabe Vd. por casualidad (*lit.*, ocurre Vd. saber) a cómo está el cambio ahora?

No exactamente. Pero anotan las tarifas de cambio del día en aquel pizarrón cerca de la ventanilla del cajero.

Ah, sí, ya lo veo. El peso ha subido. ¿Cree Vd. que (nos) tomará mucho más tiempo?

No, a menos que alguien retire los ahorros de toda su vida.

Esperemos que no. Supongo que tiene Vd. prisa también.

---

3. to go shopping: el gerundio es en inglés más importante que en español. Se usa después de *to go* en expresiones como *to go shopping, to go fishing* (ir de compras, ir a pescar). Reemplaza al participio en la formación de adjetivos verbales: *a crying child*, un niño llorón (de *to cry*, llorar). Sirve para formar palabras compuestas: *dining room*, comedor. *4. risen* es el participio pasado irregular de *to rise* (rais). El pretérito es *I rose* (ros). *5. to take long* es expresión idiomática, usada en sentido impersonal; *it* se refiere al asunto o negocio de que los inter-

9 Not especially. All I have to do is give the teller this withdrawal slip in duplicate. Then I'm going shopping. Would you like[6] me to accompany you to the post office?

10 Of course, if it's not out of your way.

11 No, I had planned to pass by there anyway. I need some stamps and postcards.

12 Good. And I believe my turn has come at last.

13 Now that you have finished your errand at the bank, do you have much to do at the post office?

14 No, I would like to send a money order and find out the postage rates for letters to Europe.

15 They have been raised[7] recently, I think.

16 Is it the same as for letters in this hemisphere?

17 No, rates for all countries in the western hemisphere are much lower, and that applies to newspapers and packages as well.

locutores están hablando y cuya ejecución se retrasa. *He's taking too long:* él tarda demasiado.   *6.* Quiero, deseo, aplicados a objetos cotidianos o acciones ordinarias, se traducen al inglés por *I want, I wish,* o por *to like* en condicional. Hay que evitar el traducir "yo deseo" por *I desire,* que en inglés se refiere casi exclusivamente al deseo amoroso. Otros ejemplos de palabras que parecen traducir vocablos españoles, pero cuyo sentido es diverso: *sensible* (sén-si-b'l) significa "sensato"; *gallant* (gáe-lant), valiente.   *7. to raise* (reis) es subir o hacer subir; el pretérito es *I raised,* el participio *raised;* no confundir con *to rise* (ver nota 4

9 not es-pé-scha-li. *oal* ai *haev* tu du *is* g(u)*iv* dha té-ler *dhis* uidh-dróa-al slip in dúp-li-cat. *dhen* aim gó-ing schó-ping. uŭd yu laic mi tu *a-cám-pa*-ni yu tu *dha* póst *oa*-fis?

No especialmente. Todo lo que tengo que hacer es darle al pagador este vale de caja por duplicado. Luego me voy de compras. ¿Quiere Vd. que la acompañe a correos?

10 av coars, if *its* not aut av yŭr uei.

Naturalmente, si esto no la aparta mucho de su ruta.

11 no, ai *haed* plaend tu *paes* bai *dher* é-ni-*uei*. ai nid sam staemps aend póst-cards.

No, tenía la intención de pasar por ahí de todas maneras. Necesito sellos y tarjetas postales.

12 gŭd. aend ai bi-lív mai tern *haes* cam aet laest.

Bueno. (Y) creo que ha llegado mi turno, por fin.

13 nau *dhaet* yu *haev* fí-nischt yŭr é-rand aet *dha* baenc, du yu *haev* mách tu du aet *dha* póst oa-fis?

Ahora, habiendo terminado su gestión en el banco, ¿tiene mucho que hacer en el correo?

14 no, ai uŭd laic tu send *a* má-ni óar-der aend faind aut *dha* póstij reits foar lé-ters tu yú-ráp.

No, sólo deseo enviar un giro postal y averiguar cuál es la tarifa postal para cartas a Europa.

15 dhei *haev* bin reisd rí-sent-li, ai thinc.

Han subido la tarifa hace poco, creo.

16 is it *dha* seim aes foar lé-ters in *dhis* hé-mis-fir?

¿Es la misma que para las cartas de este hemisferio?

17 no, reits foar oal cán-tris in *dha* ués-tern hé-mis-fir ar mach ló-er aend *dhaet* a-pláis tu nús-pei-pers aend páe-qui-jis aes uel.

No, la tarifa para todos los países del hemisferio occidental es mucho más reducida, y ello se aplica también a periódicos y paquetes.

---

anterior) *To raise* se aplica a las cosechas: *I raised a crop of wheat* (lit., subí, o hice subir, una cosecha de trigo) con el sentido de cultivar; *I raised three children,* he criado a tres hijos, da la misma idea con sentido ligeramente diferente. *The rate has been raised, lit.,* la tarifa ha sido hecha subir, equivale a *the rate has risen.* Subir (o trepar) a una montaña es to *climb.* Subir o levantar un objeto es to *lift.* 8. *I would have done* es un tiempo compuesto. Los tiempos compuestos se usan en inglés lo mismo que en español, para indicar una acción que se ha completado. El presente de *I do,* por ejemplo, da como forma compuesta *I have*

18 That does not concern me especially, since in the past, at least, I have never sent anything but air-mail letters.

19 I would have done[8] the same in your place, but I correspond with so many people that I cannot afford to.[9]

20 Do you know the rates for messages to New York?

21 A straight telegram of sixteen words costs a small amount, but a night letter would be even cheaper.

22 Since I should have done this yesterday, I had better[10] make it a telegram. I shall write down the message.

23 Be sure to include your signature.

24 The signature seems almost a waste of words. There is only one person who wires my parents for money, and they know who that is!

---

done; el pretérito, *I had done* (había o hube hecho); el futuro, *I shall have done* (habré hecho); el condicional, *I should have done* (debería haber hecho) o *I would have done* (habría hecho). Recordemos que *to do* tiene por pretérito *I did* y por participio *done,* hecho. **9.** *I cannot afford to:* se sobrentiende el verbo *to do: I cannot afford to do it* sería la frase completa. **10.** *you had better* es expresión idiomática; el pretérito, *had,* debe traducirse por un condicional de consejo u orden: sería mejor que ... , o por un futuro con el mismo sentido. Es caso anómalo y único, *better* es el comparativo irregular del adjetivo *good* (bueno) y también del

18 dhaet das not *can-sérn* mi *es-pé-scha-li, sins in dha paest, aet* list, ai *haev* né-ver sent é-ni-*thing* bat ér-meil lé-*ters.*

19 ai *uŭd haev* dan *dha* seim *in* yŭr pleis, bat ai *co-re-spónd uidh* so mé-ni pí-p'l *dhaet* ai *cae-nót a-fóard* tu.

20 du yu no *dha* reits *foar* mé-si-*jis* tu nu-yóarc?

Esto no me preocupa especial-mente, pues en el pasado, por lo menos, nunca he enviado sino cartas por correo aéreo.

Yo habría hecho lo mismo en su caso, pero mantengo corres-pondencia con tanta gente que no puedo permitírmelo.

¿Sabe cuál es la tarifa para un mensaje dirigido a Nueva York?

21 a streit té-le-graem *av* sics-tín *uerds coasts a* smoal *a*-máunt, bat *a* nait lé-ter *uŭd* bi í-ven chí-per.

22 sins ai schŭd *haev* dan *dhis* yés-ter-dei ai *haed* bé-ter meic *it a* té-le-graem. ai *schael* rait daun *dha* mé-sij.

23 bi schur tu *in*-clúd yŭr síg-na-chur.

24 dha síg-na-chur sims óal-most *a ueist av uerds. dher is* ón-li *uan* pér-san *hu uairs* mai páe-rents *foar* má-ni, aend *dhei* no *hu dhaet is.*

Un telegrama ordinario de 16 palabras cuesta una pequeña suma, pero una carta nocturna sería aun más barata.

Puesto que yo debería haberlo hecho ayer, será mejor que en-víe un telegrama (ordinario). Voy a escribir el texto.

No deje de incluír su firma.

La firma parece casi un desper-dicio de palabras. Hay una sola persona que pide dinero a mis padres por telégrafo, y ellos saben quién es.

---

adverbio *well* (bien). Los adverbios irregularmente comparados son: *well, better, best* (bien, mejor, lo mejor); *badly, worse, worst* (mal, peor, lo peor); *much, more, most* (mucho, más, lo más); *little, less, least* (poco, menos, lo menos). La comparación de superioridad e inferioridad de adjetivos y adverbios regulares se hace, como en español, anteponiéndoles las partículas *more* (más) y *less* (menos). Los adjetivos *good, bad* y *little* se comparan irregularmente; tienen las mismas formas en el comparativo y en el superlativo que los adverbios correspondientes, *well, badly* y *little.* Véase §14.

Twelfth Lesson

New Vocabulary for this Lesson

requirement (ri-cuáir-ment) — requisito
serial number (sí-ri-al nám-ber) — número de serie
guaranty, guarantee (gae-ran-tí) — garantizar
credit terms (cré-dit terms) — ventas al fiado, a crédito
cash terms (caesch terms) — pago al contado
bank draft (baenc draeft) — letra de cambio bancaria
certified check (sér-ti-faid chec) — cheque certificado

job (job) — empleo
efficient (i-fí-schent) — eficiente
reliable (ri-lái-a-b'l) — de confianza
to replace (ri-pléis) — reemplazar
to need (nid) — necesitar
skill (squil) — talento

training (tréi-ning) — preparación, adiestramiento
to hire (hair) — alquilar, dar trabajo
to improve (im-prúv) — mejorar, perfeccionar
boulevard (bú-la-vard) — bulevar
to intend (in-ténd) — pensar, proponerse
competence (cóm-pe-tens) — competencia
truly (trú-li) — sinceramente, verdaderamente

per cent (per sent) — porcentaje
interest (ín-te-rest) — interés
to stick (stic) — pegar
model (mó-d'l) — modelo
date (deit) — fecha
delivery (di-lí-ve-ri) — entrega
available (a-véi-la-b'l) — disponible

to prefer (pri-fér) — preferir
finally (fái-na-li) — finalmente
spelling (spé-ling) — ortografía
jealous (jé-las) — celoso
to confess (can-fés) — confesar
to insist (in-síst) — insistir
several (sé-vral) — varios

THE BUSINESS WORLD

EL MUNDO DE LOS NEGOCIOS   *(dha bís-nes uerld)*

to sign (sain)	firmar
initials (*i-ní-schals*)	iniciales
dictaphone (díc-ta-fon)	dictáfono
copy (có-pi)	duplicado, copia
inkwell (*íngc-uel*)	tintero
notebook (nót-bŭc)	cuaderno

to transcribe (tráen-scraib)	transcribir
carbon paper (cár-ban péi-per)	papel carbón
to type (taip)	escribir a máquina
typewriter (táip-rai-ter)	máquina de escribir
bookkeeping (bu-qui-píng)	teneduría de libros, contabilidad
merchandise (mér-chen-dais)	mercancía
advertising (*ded*-ver-tai-sing)	reclamo

secretary (séc-ri-te-ri)	secretaria
to dictate (díc-teit)	dictar
to take shorthand	tomar taquigrafía
(teic schóart-*hae*nd)	

wholesale (*h*ól-seil)	al por mayor
retail (rí-teil)	al por menor
restrictions (ris-tríc-schans)	restricciones
goods (gŭds)	mercancía
order (*oar*-der)	orden, pedido
to order	ordenar, encargar
duty (dyúti)	tarifa aduanal

market (már-quet)	mercado	customs (cás-tams)	aduana
retail (rí-teil)	menudeo	to export (ecs-póart)	exportar
profit (pró-fit)	beneficio	to import (im-póart)	importar
brand (braend)	marca	customer (cás-ta-mer)	cliente

CONVERSACIÓN

1 Sally, I'm sorry but you'll have to wait for lunch. I have one more letter to dictate to my secretary.

2 Then dictate it to me, Jim. Anyway, I should know[1] something about your business.[2]

3 All right, dear. But I didn't even know you could take shorthand.

4 Of course I can. I can type and do bookkeeping besides. You see, I have all the requirements[3] for a perfect secretary.

5 We'll see. This letter is to Mr. William Knox, 1521 Parkway Boulevard, Detroit, Mich.

6 *Dear Mr. Knox:*[4]

I would like to know your wholesale price on this year's model tractor, serial number 43721. If the price is satisfactory, I intend to order several. I would also like to know whether[5] parts for replacement are readily available and what would be the earliest date for which you could guarantee delivery. As to payment, if you generally allow credit terms, I should like to know[6] what rate of

NOTAS: *1. I should know:* cuando los complementos de *should* indican no condición sino afirmación, *should* pierde su valor de mero signo condicional y adquiere el de *deber.* En este caso puede traducirse por un presente. *I should do something about my taxes:* tengo que tomar medidas (*lit.*, hacer algo) con respecto a mis impuestos. *2. business* puede traducirse por *negocio* o *negocios. businessman:* hombre de negocios, negociante. *dealer* (dí-ler), *trader* (tréi-der): comerciante. *salesman* (séils-man): vendedor. *buyer* (bái-er) comprador. *3. requirement:* el verbo que corresponde a este sustantivo es *to require,* requerir o exigir. Exigir es

Pronunciación

1 sáe-li, aim só-ri yul *haev* tu *ueit* foar lanch. ai *haev uan* mor lé-ter tu díc-teit tu mai séc-ri-te-ri.

2 dhen díc-teit *it* tu mi, *jim*. é-ni-uei ai schŭd no sám-*thing* a-báut yur bís-nes.

3 oal rait, dir. bat ai dí-d'nt í-ven no dhaet yu cŭd teic schóart-haend.

4 av coars ai caen. ai caen taip aend du buc-qui-ping bi-sáids. yu si ai haev oal dha ri-cuáir-ments foar a pér-fect séc-ri-te-ri.

5 uil si. dhis lé-ter is tu mís-ter uíl-yam nocs, fíf-tín tuén-ti-uan párc-uei bŭ-la-vard, di-tróyt, mí-schi-gan.

6 dir- mís-ter nocs:
ai uŭd laic tu no yŭr hól-seil prais on dhis yirs mó-d'l tráec-ter, sí-ri-al nám-ber for thri sé-ven tu uan.
if dha prais is sae-tis-fáec-to-ri ai in-ténd tu óar-der sé-ve-ral. ai uŭd óal-so laic tu no ué-dher parts foar ri-pléis-ment ar ré-di-li a-véi-la-b'l aend uat uŭd bi dha ér-li-est deit foar uich yu cŭd gae-ran-tí di-lí-ve-ri.

aes tu péi-ment, if yu jé-ne-ra-li a-láu cré-dit terms, ai uŭd laic tu no uat reit av ín-te-rest yu charj.

Traducción

Sally, siento que tengas que esperar para el almuerzo. Tengo una (última) carta (*lit.*, una más) que dictar a mi secretaria.
Pues díctamela a mí, Jim. De todos modos, debería saber algo acerca de tus negocios.
Muy bien, querida. Pero ni siquiera sabía que pudieras tomar taquigrafía.
Claro que puedo. Sé escribir a máquina y además llevar libros. Ya ves (que) poseo todos los requisitos de una secretaria perfecta.
Veremos. Esta carta va dirigida al Sr. William (Guillermo) Knox, Parkway Boulevard 1521, Detroit, Michigan.

Querido Sr. Knox:
Deseo informarme de su precio de venta al por mayor del modelo de tractor del año en curso, número de series 43721. Si el precio me resulta satisfactorio, tengo el propósito de encargar varios. También me interesa saber si pueden conseguirse fácilmente piezas de recambio, y cuál sería la fecha más próxima para la cual pudiera garantizar la entrega.
En cuanto al pago, si generalmente efectúa Vd. ventas al fiado, deseo saber qué tipo de interés cobra.

---

también *to demand* (di-máend). **4.** *Dear Sir* (dir ser) es otra fórmula para encabezar cartas. El orden de palabras es en la fecha distinto que en español: *Monday, May 15, 1955.* **5.** *whether:* tiene un sentido idéntico a *if*, pero es de uso más restringido. Es indispensable usar *whether* cuando va seguido del sujeto y del verbo que antecede a *or*, y corresponde a *si—o*, o a *sea que—o*: *whether he speaks or not*, sea que él hable o no. Esta frase condicional *sea que*, sobrentendida frecuentemente en español, debe expresarse siempre en inglés por *whether*. Cuando la frase admite dos respuestas, una afirmativa y otra negativa, *whether* puede

interest you charge. If you insist on cash terms, I can pay either by bank draft or certified check, as you prefer.

Finally, would you let me know whether there are any restrictions on exporting this merchandise and whether you could estimate the probable customs[7] duty in importing these goods.

Very truly yours,

7 Here it is for you to sign,[8] Jim. Shall I include my initials?

8 All right, but where is my duplicate copy?

9 There isn't any. You didn't ask for[9] one. Moreover, you didn't give me any carbon[10] paper.

10 Well, my dear, please never ask me for a letter of recommendation as a secretary. You've left[11] me hardly any place for my signature and your spelling is far from perfect.

11 Well, I'll confess that I had only six weeks secretarial training.[12] But really, I'm not bad, considering that.

substituir a *if: I want to know whether you can come.* Pero: *if you can't come, phone,* pues en este caso se trata de una condición, no de una doble alternativa. *6. I should like to know* es otro caso en que el condicional puede traducirse por un presente: deseo o quiero saber. El empleo del condicional es aquí únicamente fórmula de cortesía. 7. No confundir *customs* con *custom* (*cás-tam*) o *habit* (*hde*-bit), costumbre. 8. *for you to sign:* excepción a la regla de que en general las preposiciones inglesas rigen al gerundio o participio presente y no al infinitivo. *For* denotà la idea de causa, y expresa: 1. Precio, cambio o equivalencia: *I want*

if yu in-síst on caesch terms,
ai caen pei í-dher bai baenc
draeft oar cér-ti-faid chec, aes yu
pri-fér. fái-na-li, uŭd yu let mi no
ué-dher dher ar é-ni ri-stríc-
schans on ecs-póar-ting dhis mér-
chan-dais aend ué-dher yu cŭd
és-ti-meit²³ dha pró-ba-b'l cás-
tams du-ti in im-póar-ting dhis
gŭds? vé-ri trú-li yŭrs.

Si es forzoso pagar al contado,
puedo hacerlo bien sea por
letra de cambio bancaria o por
cheque certificado, según su
deseo.
Finalmente, ¿pueden indicarme
(lit., dejarme conocer) si hay
alguna restricción a la exporta-
ción de dicha mercancía y si
pueden estimar la probable
tarifa de importación de este
producto?
Atentamente (lit., muy sinceramente suyo).

7 hir it is foar yu tu sain, jim.
schael ai in-clúd mai i-ní-schals?

Aquí está para que la firmes, Jim.
¿Debo incluir mis iniciales?

8 oal rait, bat uer is mai dup-li-
cat có-pi?

Muy bien, pero ¿dónde está mi
duplicado?

9 dheri-s'nt é-ni. yu dí-d'nt aesc
foar uan. mó-ro-ver yu dí-d'nt
g(u)iv mi é-ni cár-ban péi-per.

No hay (ninguno). No lo pediste.
Además no me diste papel carbón.

10 uel, mai dir, plis né-ver aesc mi
foar a lé-ter av re-co-men-déi-
schan aes a séc-ri-te-ri. yuv hárd-
li left mi é-ni speis foar mai síg-
na-chur aend yŭr spé-ling is far
fram pér-fect.

Vamos, querida, haz el favor de
no pedirme jamás una carta de
recomendación como secretaria. Apenas me dejaste espacio
para mi firma, y tu ortografía
está lejos de ser perfecta.

11 uel, ail can-fés dhaet ai haed
ón-li sics uics sec-ri-té-ri-al tréi-
ning. bat rí-a-li, aim not baed,
can-sí-de-ring dhaet.

Tendré que confesar que sólo es-
tudié seis semanas en la escuela
para secretarias. Pero, de veras,
a pesar de todo no lo hago mal.

two dollars for my book, deseo dos dólares por mi libro; 2. Duración de tiempo,
estimación: I was absent for three months, estuve ausente por (o durante) tres
meses; he passes for an intelligent man, pasa por hombre inteligente. 3. Equivale
a owing to, debido a, instead of, en vez de, y in place of (in pleis av): I came for
(owing to) many reasons: vine por (debido a) muchas razones; do it for (instead of)
me, hágalo por (en vez de) mí. Obsérvese que cuando en español se usa por precediendo a adjetivos o adverbios seguidos de que, no se usa en inglés dicha preposición, y se substituye por no matter how, no importa cómo: he will never learn,

12 You are fine, but I'll let someone else hire[18] you and I'll buy a dictaphone instead.

13 Why don't you? Since I can't be your secretary, I would be much less jealous[14] if you replaced[15] her with a machine.

14 I would buy one, if I could get a large shipment.[16] Otherwise they are too expensive. But, as a matter of fact,[17] I am quite satisfied with my secretary. She is efficient and reliable.[18]

15 And attractive![19]

16 That's unimportant in a secretary. All I require is competence.

17 Well, I see I shall never get a job with you.

18 All you have to do is to improve[20] your secretarial skill. And now if you have finished recopying that letter, we can go out to lunch.

---

no matter how much he studies, no aprenderá nunca, por mucho que estudie. *9.* Recordemos que *to ask* es preguntar; *to ask for,* pedir.   *10. carbon paper* es papel carbón, pero carbón de piedra es *coal* (col), y carbón vegetal *charcoal* (chár-col).   *11. left* es participio pasado irregular de *to leave* (pretérito *I left*). *12. training:* recuérdese el español *entrenamiento.* El verbo correspondiente es *to train,* prepara o entrenar.   *13. to hire* es alquilar, arrendar, aplicado a cosas; dar trabajo, aplicado a personas.   *14. jealous:* el sustantivo correspondiente es *jealousy* (jé-la-si). Dar celos es *to make jealous.   15. to replace:* de *to place* (pléis), colocar, vienen *to replace* y *to displace* (desplazar).   *16. shipment* es

12 yu ar fain, bat ail let sám-*uan*
els *h*air yu *a*end ail bai *a* díc-ta-
fon *in*-stéd.

Lo haces bien, pero dejaré que
otro te dé trabajo y yo, en cambio, me compraré un dictáfono.

13 *u*ai dont yu? sins ai c*a*ent bi y*ŭ*r
séc-ri-te-ri ai *u*ŭd bi m*a*ch les
jé-*l*as *i*f yu ri-pléisd *h*er *u*idh *a*
m*a*-sch*í*n.

¿Por qué no? Ya que no puedo
ser tu secretaria, tendré menos
celos si reemplazas a la tuya
con una máquina.

14 ai *u*ŭd bai *u*an *i*f ai c*ŭ*d g(u)et
a lar*j* sch*i*p-ment. *á-dher-u*ais
*dh*ei ar tu ecs-pén-s*i*v. b*a*t *a*es *a*
m*á*e-ter *a*v f*a*ect ai *a*em c*u*ait
s*á*e-t*i*s-faid *u*idh mai séc-r*i*-te-ri.
sch*i* *i*s *i*-f*í*-schent *a*end ri-lái-*a*-b'l.

Compraría (un dictáfono) si pudiera conseguir una remesa de
importancia. De otra manera,
son demasiado caros. Pero en
realidad, estoy perfectamente
satisfecho con mi secretaria. Es
eficiente y de confianza.

15 *a*end *a*-tr*á*ec-t*i*v.

Y atractiva.

16 *dh*aets *a*n-*i*m-p*ó*ar-t*a*nt *i*n *a* séc-
ri-te-ri. *o*al ai ri-c*u*áir *i*s c*ó*m-pi-
tens.

Esto no tiene importancia en una
secretaria. Todo lo que pido
es que sea competente.

17 *u*el, ai si ai sch*a*el né-v*e*r g(u)et
a *j*ob *u*idh yu.

Bien, veo que jamás conseguiré
empleo contigo.

18 *o*al yu *h*aev tu du *i*s tu *i*m-prúv
y*ŭ*r sec-ri-té-ri-*a*l squ*i*l. *a*end nau
*i*f yu *h*aev f*í*-nischt ri-c*ó*-pi-*i*ng
*dh*aet lé-ter, *u*i c*a*en go aut tu
l*a*nch.

Todo lo que tienes que hacer
es perfeccionar tus talentos de
secretaria. Y ahora, si has terminado de recopiar esa carta,
podemos ir a almorzar.

---

propiamente embarque, o cargamento de un barco, de *ship* (sch*i*p), barco, y de
ah*í*, remesa, envío, etc.   *17. as a matter of fact: lit.,* como asunto de hecho; como
hecho, dando algo por conocido o descontado, y también, de hecho o en realidad.
18. El verbo correspondiente es *to rely,* tener confianza en. *She relies on me:* ella
tiene confianza en m*í.* *She confides in me* sería: ella me tiene por confidente, me
cuenta s̀us secretos.   *19. attractive:* el verbo correspondiente es *to attract,* atraer.
Meat attracts flies: la carne atrae moscas.   *20. to improve:* el sustantivo correspondiente es *improvement,* mejora o mejoría.

Thirteenth Lesson

New Vocabulary for this Lesson

to run out of (ran aut av)	acabarse		
since (sins)	desde; puesto que		
temporary (tém-pe-re-ri)	interino, provisional		

within (*ui-dhín*)	dentro de	**weak** (*uic*)	débil
visitor (*ví-si-ter*)	visitante	**strong** (stroang)	fuerte
to win (*uin*)	ganar	**effect** (*i*-féct)	efecto
to fail (feil)	dejar de	**slightly** (sláit-li)	ligeramente

THE HUMAN BODY
EL CUERPO HUMANO   (*dha hyú-man bó-di*)

head (*h*ed)	cabeza
body (bó-di)	cuerpo
face (feis)	cara
nose (nos)	nariz
eye (ai)	ojo
ear (ir)	oreja
mouth (mau*th*)	boca
tooth[1] (tu*th*)	diente

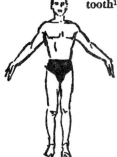

hand (*hae*nd)	mano
heart (*h*art)	corazón
foot[2] (fŭt)	pie
leg (leg)	pierna
shoulder (schól-der)	hombro
arm (arm)	brazo
finger (fíng-g[u]er)	dedo
thumb (*th*am)	pulgar
index (ín-decs)	índice

cheek (chic)	mejilla	**toe** (to)	dedo del pie
chin (chin)	barbilla	**nail** (neil)	uña
ankle (áeng-c'l)	tobillo	**throat** (*th*rot)	garganta

124

AT THE DOCTOR'S[3] • AT THE DENTIST'S

UNA VISITA AL MÉDICO, AL DENTISTA   (*aet dha* doc-ters, dén-tists)

thermometer (*ther*-mó-me-ter)	termómetro
examination (eg-*sae*-mi-néi-schan)	examen
blood pressure (bl*á*d-pre-scher)	presión arterial
constipation (can-st*í*-péi-schan)	estreñimiento
to prescribe (pris-cráib)	recetar
prescription (pris-cr*í*p-schan)	receta
office hours (*ó*a-f*i*s *h*aurs)	horas de consulta
specialist (spé-scha-l*i*st)	especialista

to infect (*i*n-féct)	infectar
contagious (can-téi-*j*as)	contagioso
anesthesia (*ae*-nes-*th*í-zha)	anestesia
novocain (nó-vo-quein)	novocaína
anemic (a-ní-m*i*c)	anémico

ache (eic)	dolor	ether (*i*-*ther*)	éter
pain (pein)	dolor, molestia	filling (f*í*-l*i*ng)	empaste
fever (f*í*-ver)	fiebre	nerve (nerv)	nervio

to drill (dr*i*l)	fresar
condition (can-d*í*-schan)	estado
cavity (c*á*e-v*i*-ti)	cavidad
to extract (ecs-tr*á*ect)	extraer
extract (écs-traect)	extracto
bill (b*í*l)	factura de honorarios
drug (dr*a*g)	droga
stiff neck (st*i*f nec)	tortícolis
cough (c*a*f)	tos
to sneeze (sn*i*s)	estornudar

inflamed (*i*n-fléimd)	inflamado	medicine (mé-d*i*-sin)	medicina
pulse (p*a*ls)	pulso	capsule (c*á*ep-syŭl)	cápsula
dose (dós)	dosis	drugstore (dr*á*g-stor)	farmacia
pill (p*i*l)	píldora	penicillin (pe-n*a*-s*í*-l*i*n)	penicilina
nurse (ners)	enfermera	antibiotic (*ae*n-ti-bai-ó-tic)	antibiótico

Conversación

1 Good afternoon, Miss Thomas. I haven't seen you for a long time. Please be seated and tell me what seems to be the trouble.

2 I'm not quite sure, doctor. I feel generally weak and I had difficulty getting out[4] of bed this morning.

3 Can you tell me anything more specific than that?

4 I have had a stiff neck[5] and a headache[6] since[7] Saturday.

5 Do[8] you have a fever?

6 I don't know, as I have no thermometer, but my throat seems inflamed.

7 Well, hold this thermometer in your mouth a minute while I check your pulse. It looks to me as if[9] you have a touch of grippe.

8 Do I have a temperature?

9 Less than a degree. But your blood pressure[10] seems very low to me. Have you ever had it checked before?

Notas: *1. tooth:* el plural es *teeth* (tith),   *2. foot:* el plural es *feet* (fit).   *3. at the doctor's house,* en casa del médico.   *4. to get out: to get* es el verbo más usado de la lengua inglesa, y puede usarse, con o sin preposiciones, en infinidad de casos. *Tener* se traduce familiarmente por *to have got* (lit., haber conseguido, haberse procurado). *What have you got? I haven't got anything.* ¿Qué tiene usted? No tengo nada. (*Got* es en este caso expletivo, innecesario, y no se traduce al español).

PRONUNCIACIÓN

1 gŭd *aef*-ter-nún, mis tó-mas. ai
hde-v'nt sin yu foar *a* loang taim.
plis bi sí-ted *aend* tel mi *uat* sims
tu bi *dha* trá-b'l.

2 aim not *cuait* schur, dóc-ter. ai
fil *jé*-ne-ra-li *uic aend* ai *haed*
dí-*fi*-cal-ti gé-ting aut *av* bed *dhis*
móar-ning.

3 caen yu tel mi é-ni-*thing* mor
spe-sí-fic *dhaen dhaet?*

4 ai *haev haed a* stif nec *aend a*
héd-eic sins *sáe*-ter-di.

5 du yu *haev a* fí-ver?

TRADUCCIÓN

Buenas tardes, Srta. Thomas. No
la veo desde hace tiempo. Por
favor, siéntese y dígame qué le
duele (*lit.*, cuál parece ser la
molestia).

No estoy del todo segura, doctor.
Me siento débil en general, y
me costó trabajo levantarme
esta mañana.

¿No puede decirme nada más
concreto?

He tenido tortícolis y dolores
de cabeza desde el sábado.

¿Tiene usted fiebre?

6 ai dont no *aes* ai *haev* no *ther*-
mó-me-ter bat mai *throt* sims in-
fléimd.

7 *uel*, hold *dhis ther*-mó-me-ter *in*
yŭr mau*th a* mí-nit *uail* ai chec
yŭr *pals*. it lŭcs tu mi *aes* if yu
haev a tach *av* grip.

8 du ai *haev a* tém-pe-ra-chur?

9 les *dhaen a* di-grí. bat yŭr blad
pré-scher sims vé-ri lo tu mi.
haev yu é-ver *haed* it chect bi-
fór?

No sé, puesto que no tengo tɛɹ
mómetro, pero me parece quɛ
tengo la garganta inflamada.

Bueno, tenga este termómetro en
la boca durante un minuto,
mientras yo le tomo el pulso.
Me parece que tiene un ligero
caso de gripe.

¿Tengo temperatura?

Menos de un grado. Pero me
parece que tiene la presión
(sanguínea) muy baja. ¿Se la ha
hecho tomar (*lit.*, controlar)
anteriormente?

La principal significación es, cuando el verbo no va seguido de preposición, *adquirir*
o *conseguir*: *to get wealth*, conseguir riqueza, equivale a *to get rich*, enriquecerse.
We could not get the work done, no pudimos ver terminado (conseguir que se
hiciera) el trabajo. A veces corresponde a *llegar: he got here before you*, él llegó
aquí antes que usted. Las preposiciones modifican su sentido, como ocurre con
otros verbos: *to get out* es salir, marcharse; *to get rid of*, desembarazarse. Alguna

10 Yes. My family doctor gave me a general examination before I left home. He said I was slightly anemic.

11 And did he prescribe any medicine to remedy this?

12 He told me to take[11] some capsules, but I've run out of them. Here is the prescription, if you care to see it.

13 Yes, I would recommend that you get this refilled[13] immediately at the nearest drugstore and then go to bed.

14 But I can't do that, doctor. I have a dentist's appointment with Dr. Castro across the hall as soon as I leave here.

15 I will have to cancel it for you, then. What you have is contagious, Miss Thomas. You don't want to infect Dr. Castro, do you?[14]

16 No, of course not. But last week Dr. Castro put a temporary filling in a cavity I had. He is treating an exposed nerve and he told me to be sure to come back within a week.

---

veces, familiarmente, se conjuga en forma reflexiva: *he got himself a new car*, se consiguió un nuevo automóvil.   *5. neck:* obsérvese que la palabra para designar el cuello de una camisa u otra prenda de vestir se dice *collar* y no *neck*.   *6. headache:* según este modelo se forman también *earache*, dolor de oídos, *toothache*, dolor de muelas, *backache*, dolor de espalda.   *7. since:* es *desde* refiriéndose a un período de tiempo: *I haven't seen her since yesterday*. Desde aquí a la calle no

10 yes, mai í*de-mi*-li d*ó*c-ter g(u)eiv mi *a* j*é-ne-ral* eg-*sae-mi-*n*éi*-schan bi-f*ó*r ai left *h*om. *h*i sed ai *uas* sl*á*it-li *a-ní-mic.*

Sí, mi médico de cabecera (*lit.*, de familia) me hizo un examen general antes de que me marchara de casa. Dijo que estaba ligeramente anémica.

11 aend did h*i* pris-cr*á*ib é-ni mé-d*i-sin* tu r*é*-me-di *dhis?*

¿Y le recetó alguna medicina para corregir este estado?

12 *h*i told mi tu teic sam c*de*p-s*ŭ*ls, b*a*t aiv r*a*n aut *av dh*em. *h*ir *is dha* pris-cr*í*p-schan *if* yu quer tu si *it.*

Me dijo que tomara unas cápsulas pero se me han acabado. Aquí tengo la receta, si le interesa verla.

13 yes, ai *uŭ*d ré-co-mend *dha*et yu g(u)et *dhis* ri-f*í*ld *i-*mí-di-at-li *aet dha* n*í*-rest dr*á*g-stor *aend dh*en go tu bed.

Sí, yo le recomendaría que volviera a hacer preparar la receta inmediatamente en la farmacia más próxima; y luego acuéstese.

14 b*a*t ai c*ae*nt du *dha*et d*ó*c-ter. ai h*ae*v *a* dén-t*i*sts *a-*poynt-ment *ui*dh d*ó*c-ter c*á*es-tro *a-*cr*ó*as *dha h*o*a*l *ae*s sun *ae*s ai liv *h*ir.

Eso es imposible, doctor; tengo una cita con el dentista, el doctor Castro, al otro lado del zaguán, tan pronto como salga de aquí.

15 ai *ui*l h*ae*v tu c*á*en-s'l *it* fo*a*r yu *dh*en. *ua*t yu h*ae*v *is* can-téi-*jas*, mis t*ó-*mas. yu dont *uo*nt tu *in*féct doc-ter c*á*es-tro, du yu?

Tendré que cancelar esta visita en su nombre. Lo que usted tiene es contagioso, Srta. Thomas. No querrá usted infectar al Dr. Castro, ¿verdad?

16 no, *av* co*a*rs not. b*a*t l*ae*st *ui*c d*ó*c-ter c*á*es-tro p*ŭ*t *a* tém-per-e-ri fí-ling in *a* c*á*e-vi-ti ai h*ae*d. *h*i *is* trí-ting *ae*n ec-sp*ó*sd nerv *ae*nd *h*i told mi tu bi schur tu cam b*ae*c *ui-dh*ín *a ui*c.

No, naturalmente que no. Pero la semana pasada el Dr. Castro me puso un empaste provisional en una caries que tengo. Está curándome un nervio expuesto y me dijo que debía regresar sin falta dentro de una semana.

hay más que unos pasos: *it's only a few steps from here to the street. From* traduce *desde* en frases relativas a distancia o espacio.   *8.* El verbo *to do* evita con frecuencia la repetición de un verbo en la misma frase o en la siguiente: *you don't study as he does,* usted no estudia como él (estudia).   *9. as if:* como si, empleado expletivamente: *me parece que . . .*   10. *blood pressure:* es el caso genitivo o posesivo descrito en la nota 3 anterior, pero en el que se omite la *'s,* la cual se usa sólo tratán-

17 A few days more or less will not make very much difference. Besides, you are in no condition to take anesthesia.

18 Oh, he doesn't use ether or gas. He only injects a small dose of novocain in the gums.

19 Miss Thomas, I would no more permit you to have your tooth drilled than to have it extracted.

20 Very well, doctor, you win.[15]

21 My nurse will mail you a bill. But I warn you, Miss Thomas, I'll double it if you fail[16] to go home and stay in bed till the fever goes down.

22 What about visitors, doctor? May I see my fiancé?

23 Certainly not, unless you want to be visiting him next week.

24 Well, good-by, then. I only hope the effect of your bill doesn't keep me in bed all week!

---

dose de personas determinadas (así en *family doctor,* pues *family* no se refiere a una persona concreta).   *11. to take:* el infinitivo substituye al subjuntivo presente o pretérito. Quiero que hagas lo mismo que yo: *I want you to do the same thing as I do.*   *12. to run out of:* acabar, conjugado en forma reflexiva, se traduce al inglés por *to run out of.* Se me ha acabado la gasolina: *I've run out of gas.*   *13. to refill: to fill* (tu fíl) es llenar; el prefijo *re,* como en español, significa repetir la acción, hacer algo por segunda vez. Hay que tener en cuenta, sin embargo, que en palabras como *to repeat* (ri-pít), repetir, *to record* (ri-córd), grabar en discos o

17 a fyu deis mor *oar* les *ui*l not meic vé-ri mach *dí-fe*-rens. bi-sáids, yu ar *in* no *can-dí*-schan tu teic *ae*-nes-*thí*-zha.

Unos pocos días más o menos no importan mucho. Además, usted no está en estado de recibir anestesia.

18 o *hi* dá-s'nt yus *i-ther* oar gaes. hí ón-li *in-jé*cts *a* smoal dos av nó-vo-quein *in* dha gams.

Oh, no usa éter ni gas. Sólo me inyecta una pequeña dosis de novocaína en las encías.

19 mis tó-mas, ai *uŭ*d no mor per-mít yu tu *hae*v yŭr tu*th* drild dhae*n* tu *hae*v *it* ecs-tráec-ted.

Srta. Thomas, no voy a permitirle que le fresen los dientes, ni tampoco que le hagan extracciones.

20 vé-ri *u*el, dóc-ter, yu *ui*n.

Bien, doctor, usted gana.

21 mai ners *ui*l meil yu *a* bíl. bat ai *uoa*rn yu, mis tó-mas ail dá-b'l *it if* yu fcil tu go *ho*m *ae*nd stei *in* bed til *dha* fí-ver gos daun.

Mi enfermera le dará una factura de honorarios. Pero la advierto, Srta. Thomas, que le voy a cobrar el doble si deja de regresar a casa y encamarse (y quedarse en cama) hasta que le baje la fiebre.

*22 uat a-*báut ví-*si-ters*, dóc-ter? mei ai si mai fi-an-séi?

¿Y visitas, doctor? ¿Puedo ver a mi novio?

23 sér-tén-li not, *an*-lés yu *uo*nt tu bi ví-*si-ting hi*m necst *ui*c.

Naturalmente que no, a menos que quiera usted tener que visitarlo la semana que viene.

*24 u*el, gŭd-bái, *dhe*n. ai ón-li hop dhi i-féct av yŭr bil dá-s'nt quip mi *in* bed *oal ui*c.

Bueno, adiós. Sólo espero que el efecto de su cuenta de honorarios no me haga quedarme en cama por toda la semana.

---

dejar constancia de, la sílaba *re* no indica repetición sino que es parte integrante del verbo.   *14. do you?* Se sobrentiende el verbo anteriormente empleado: *do you want?* Tradúzcase por ¿no? o ¿verdad?   *15. to win* es ganar una apuesta, un partido, etc.; ganar dinero es *to earn* (ern) *money.*   *16. to fail,* intransitivo, es fracasar. *I have failed:* he fracasado. Lo mismo ocurre cuando el complemento implica o permite suponer la idea de fracaso: *I have failed in my purpose,* he fracasado en mi propósito. Pero *to fail to do something* es: dejar de hacer algo. *I failed to wind my alarm clock:* se me olvidó dar cuerda al despertador.

Fourteenth Lesson

New Vocabulary for this Lesson

to ring (ring)   tocar (un timbre, una campana)
doorbell (dór-bel)   campanilla, timbre
deafening (dé-fe-ning)   ensordecedor
to cheer up (chir áp)   (re)animarse

cat (caet)   gato
dog (doag)   perro
to bark (barc)   ladrar
noise (noys)   ruido

particular (per-tíc-yu-ler)   especial
in mind (in máind)   en proyecto
different (dí-fe-rent)   diferente
to let (let)   dejar, alquilar
hammer (háe-mer)   martillo

positively (po-si-tív-li)   positivamente
disadvantage (dis-ad-váen-tij)   desventaja, inconveniente
briefly (bríf-li)   brevemente, en pocas palabras
to glance (glaens)   dar un vistazo, mirar rápidamente

AT THE DRESSMAKER'S AND THE SHOEMAKER'S

EN CASA DE LA MODISTA Y DEL ZAPATERO
(. . . drés-mei-quers . . . schú-mei-quers)

to fit (fit)   ajustar, caer bien (ropa)
hem (hem)   dobladillo, orilla
collar (có-ler)   cuello (de camisa, traje, etc.)
padding (páe-ding)   almohadillado
to alter (óal-ter)   cambiar, modificar

style (stail)   estilo   waist (ueist)   cintura
snug (snag)   apretado   fashion (fáe-schan)   estilo, moda
loose (lus)   suelto   jacket (jáe-quet)   chaqueta

pattern (p*á*e-tern)	patrón	shoeblack (schú-bl*ae*c)	limpiabotas
pleat (plit)	plisado	shoe polish (. . . p*ó*-l*i*sch)	betún
button (b*á*-t'n)	botón	stitching (st*í*-ch*i*ng)	puntadas
pocket (p*ó*-quet)	bolsillo	sole (sol)	suela
shoe (schu)	zapato	heel (*h*il)	tacón

measurements (mé-zh*e*r-ments)	medidas
becoming (bi-c*á*-m*i*ng)	que sienta bien
to give a shoe shine (g*i*v . . . schain)	embetunar los zapatos
shoelace, shoestring	lazo, cordón de zapato
(schú-leis, schú-str*i*ng)	
rubber heels (r*á*-ber *h*íls)	tacones de caucho
leather lifts (lé-*dh*er lifts)	tapitas de cuero

RENTING A ROOM

ALQUILANDO UNA HABITACIÓN   (rén-t*i*ng *a* rum)

rent (rent)	renta, alquiler
vacancy (véi-c*a*n-si)	apartamento libre o desalquilado
lease (lis)	contrato de arrendamiento
location (lo-quéi-sch*a*n)	ubicación, situación

(un)furnished ([*á*n-] f*é*r-n*i*scht)	(des) amueblado
modern conveniences	comodidades modernas
(m*ó*-dern can-ví-ni-*a*n-s*i*s)	
boarding house (b*ó*ar-ding-*h*aus)	pensión
to stay at (stei *a*et)	hospedarse en
ground floor (gr*á*und-flor)	planta baja

to lease (lis)	arrendar	tenant (té-n*a*nt)	inquilino
basement (béis-ment)	sótano	landlord (l*á*end-lo*a*rd)	dueño
closet (cl*ó*-set)	armario	landlady (l*á*end-lei-di)	dueña
balcony (b*á*el-ca-n*i*)	balcón	janitor (j*á*e-ni-ter)	conserje

CONVERSACIÓN

1 It is so kind of you[1] to take me
to your dressmaker's, María.
After staying in bed a week I
need something new to cheer
me up.[2]

2 I hope you will like[3] her, Sally.
She is very good at getting
things to fit but she takes a
long time doing it.

3 Well, I don't mind. I have the
time.[4]

4 Here we are now. She lives on
the first floor of this apartment
house. I'll ring the doorbell.[5]

5 I like the location of this place. Do you know what they
get for rent here?

6 No, but we can ask my dressmaker.

7 Good afternoon, Mrs. Ramírez. Won't you come in?

8 Yes, thank you, Miss López. This is Miss Thomas. She
would like to have you make[6] her a suit.

9 Splendid! Have you any particular style in mind?[7]

10 I would like something fairly loose-fitting but snug at
the waist.

NOTAS: *1.* Obsérvese la forma indirecta: *it's so kind of you, lit.,* es tan amable
de usted (de su parte). Esta forma puede aplicarse a toda clase de adjetivos: *it's
uncivil of you not to write him,* es usted descortés al no escribirle. *2. to cheer up*
se usa sobre todo en imperativo, y especialmente en las segundas personas singular
y plural: *cheer up!,* anímate, o anímese; en estos casos se traduce a veces por
¡ánimo! Recordemos que las segundas personas singular y plural del imperativo

Pronunciación

1 its so caind *av* yu tu teic mi tu
yŭr drés-mei-quers, ma-rí-a. *aef-*
ter stéi-ing *in* bed *a uic* aɪ nid
sám-*thing* tu chir mi *ap.*

2 ai *hop* yu *uil* laic *her, sde-*li.
schi *is* vé-ri gŭd *aet* g(u)é-ting
things tu f*it* b*at* schi teics *a*
lo*ang* taim dú-ing *it.*

3 uel, ai dont maind. ai *haev dha*
taim.

4 hir ui ar nau. schi l*ivs on dha*
ferst flor *av dhis a*-párt-ment
haus. ail ring *dha* dór-bel.

5 ai laic *dha* lo-quéi-sch*an av dhis*
pleis. du yu no *uat dhei* g(u)et
foar rent *hir?*

6 no, b*at ui* ca*en* a*esc* mai drés-
mei-quer.

7 gŭd *aef*-ter-nún, mi-*sis* ra-mí-
res. *uont* yu cam *in?*

8 yes, *thaenc* yu, mís ló-pes. *dhis
is* mis tó-m*as.* schi *uŭd* laic tu
haev yu maic *her a* sut.

9 splén-d*id!* h*aev* yu é-ni per-t*ic*-
yu-ler stail *in* maind?

10 ai *uŭd* laic sám-*thing* féir-li lús-
fi-ting b*at* sn*ag aet dha ueist.*

Traducción

Es usted muy amable, María, al
permitir que la acompañe a su
modista. Después de pasar una
semana en cama necesito algo
que me reanime.

Espero que quede usted satis-
fecha, Sally. Es excelente en
cuanto a hacer que la ropa
caiga bien, pero tarda tanto
en acabar.

Vaya, no me importa. No tengo
prisa.

Aquí estamos. Vive en el primer
piso de esta casa de departamentos. Voy a tocar el timbre.

Me gusta la ubicación de esta
casa. ¿Sabe usted cuánto piden
por alquilar estos apartamentos?

No, pero puedo preguntárselo a
la modista.

Buenas tardes, Sra. Ramírez.
¿Quiere usted pasar?

Sí, gracias, Srta. López. Esta es
la Srta. Thomas. Desea que le
haga un traje sastre.

¡Magnífico! ¿Tiene usted prefe-
rencia por algún estilo en especial?

Me gustaría un estilo más bien
desahogado, pero apretado en
la cintura.

---

no siguen la regla general (empleo del signo *let* seguido del pronombre que le
corresponda en el caso objetivo). Corramos: *let us run;* corre: *run.   3.* El subjuntivo español que sigue a verbos que expresan duda, temor, esperanza, se traduce
al inglés generalmente por el futuro. Espero que lo reciban bien: *I hope you'll be
welcome.   4.* Obsérvese el artículo: *I have the time, lit.,* tengo el tiempo. En
cambio: *time flies,* el tiempo vuela, aplicando la regla de que las palabras en

11 Yes, that would be becoming[8] on you. You can glance[9] through this fashion magazine while I take your measurements.

12 Sally, this model seems to be just what you are looking for. Of course, you could have it made up in different material.

13 Yes, it is good-looking. But the shoulders of the jacket have padding.

14 They all have. But I could cut the shoulders differently. I am good at altering patterns.[10]

15 Very well, it's decided. But I don't want those pleats in the shirt either, nor the buttons on the collar.

16 That being the case, I will change the pockets too. And I will do the hem by hand.

17 Fine, and when do you think the suit will be ready?

18 I can't promise it before the week after next.

19 Very well, I won't expect it until three weeks from now. By the way, Miss López, could you tell me something about these apartments? I am thinking of[11] moving.

---

sentido general o abstracto no requieren artículo.   *5. doorbell:* palabra compuesta de *door,* puerta, y *bell* (bel), campana.   6. Cuando después de *quiero que, deseo que* sigue un pronombre que no sea el de primera persona y después un subjuntivo, la frase puede traducirse al inglés de dos maneras: 1) omitiendo el *que* y empleando el verbo en la forma del infinitivo: quiero que me venda usted su casa, *I want you to sell me your house;* 2) haciendo seguir *I want* del infinitivo

11 yes, *dhaet* u*ŭ*d bi bi-c*á*-ming *on*
yu. yu c*ae*n gl*ae*ns *thru dhi*s f*áe*-
sch*a*n m*áe*-ga-*s*in *u*ail ai teic y*ŭr*
mé-zher-ments.

12 s*áe*-li, *dhi*s m*ó*-d'l sim*s* tu bi *ja*st
*u*at yu ar l*ŭ*-quing foar. *av* coar*s*
yu c*ŭ*d *haev* it meid *a*p *in* d*í*-fe-
rent *ma-tí-rial.*

13 yes, *it is* g*ŭ*d-l*ŭ*-quing. b*a*t *dha*
schól-der*s av dha j*d*e-quet *haev*
p*áe*-ding

*14 dh*ei o*a*l *haev.* b*a*t ai c*ŭ*d c*a*t *dha*
schól-der*s* d*í*-fe-rent-li. ai *aem*
g*ŭ*d *a*et ó*a*l-te-ring p*áe*-tern*s.*

15 vé-ri u*e*l, it*s* d*i*-s*á*i-ded. b*a*t ai dont
*u*ont *dh*o*s* plit*s in dha* squert
í-d*her*, no*a*r *dha* b*á*-t'n*s* on *dha*
c*ó*-ler.

Sí, le quedaría muy bien. Puede
usted hojear esta revista de
modas mientras le tomo las
medidas.

Sally, me parece que este modelo
es precisamente lo que buscas.
Naturalmente, podrías hacerlo
hacer en distinta tela.

Sí, es atractivo. Pero los hombros de la chaqueta tienen al-
mohadillas.

Todos las tienen. Pero puedo cortar los hombros dándoles otra
forma (*lit.*, diferentemente).
Soy especialista (*lit.*, soy buena
para) en alterar patrones.

Muy bien, queda decidido. Pero
no quiero ese plisado en la
falda, ni tampoco los botones
en el cuello.

*16 dha*et bí-ing *dha* queis ai u*i*l
cheinj *dha* pó-quets tu. *ae*nd ai
u*i*l du *dha h*em bai *ha*end.

17 fain, *ae*nd u*e*n du yu *thi*nc *dha*
sut u*i*l bi ré-di?

18 ai c*ae*nt pró-mi*s* it bi-fór *dha* u*i*c
*de*f-ter necst.

19 vé-ri u*e*l, ai *u*ont ecs-péct it an-
t*í*l *thr*i u*i*c*s* fr*a*m nau. bai *dha*
u*e*i, mi*s* ló-pe*s*, c*ŭ*d yu tel mi
s*á*m-*thi*ng *a*-báut *dhi*s *a*-párt-
ment*s*? ai *aem thi*nc-quing *av*
mú-ving.

Si es así (*lit.*, siendo este el caso),
cambiaré también los bolsillos,
y coseré a mano el dobladillo.

Bien. ¿Y cuándo le parece que
estará listo el traje?

No puedo prometérselo antes de
tres semanas (*lit.*, la semana
después de la próxima).

Muy bien. No cuento con él hasta
dentro de tres semanas. A propósito, Srta. López, ¿puede
usted darme algún detalle (*lit.*,
decirme algo) acerca de este departamento? Estoy pensando
en cambiar de casa.

---

to have, el pronombre, y el verbo (sin el *to*): *I want to have you sell me your
house, lit.* quiero tener que usted me venda su casa.   *7. in mind* forma parte de
la expresión *to have in mind* (*lit.*, tener en la mente), que significa tener algo en
proyecto, tener alguna intención, o proponerse o preferir algo.   *8. becoming* se
usa siempre referido a un sujeto impersonal. *This is becoming on her,* esto le
queda o cae bien; *she is becoming* sería una frase incompleta, pues *is becoming*

20 There are no vacancies now, but briefly I can tell you they all have four or five rooms, and are furnished. The rent is payable monthly in advance, with a year's lease.

21 It would have been convenient, living so close to you, Miss López.

22 Thank you, Miss Thomas. But frankly, you know, there are disadvantages to this house.

23 Although I can't live here, I would like to know what they are.

24 For one thing,[12] there is a shoemaker in the corner apartment who hammers so in putting on heels and soles that the noise is deafening.[13] And worse, still, another neighbor has a dog who barks at all hours of the day and night, especially when he hears a cat.

25 Miss López, you make me positively delighted that I can't rent one of these apartments. Good-bye and don't hurry with the suit.

---

es la forma progresiva de un verbo transitivo, *to become,* devenir, llegar a ser; *she is becoming a good typist,* se está transformando en una buena mecanógrafa. *9. to glance.* Recapitulemos: *to look* es mirar; *to see,* ver; *to look at,* mirar u observar algo; *to look for,* buscar; *to glance at* (o *through*) es echar un vistazo. *To catch a glimpse* (caech *a* glimps) es vislumbrar. *10. pattern* se emplea también en sentido figurado: *he has strange patterns of thought,* sus pensamientos tienen una estructura extraña. *11. I am thinking of . . .* Cuando *to think* es transitivo, la preposición empleada es *of,* no *in;* o bien *about. I am thinking about this prob-*

20 *dher* ar no véi-*can*-sis nau, *bat* bríf-li ai *caen* tel yu *dhei* oal *haev* for *oar* faiv rums *aend* ar fér-nischt. *dha* rent *is* péi-ab'l *mánth*-li in *ad*-váens, *uidh* a yirs lis.

No hay apartamentos libres por el momento (*lit.*, ahora), pero puedo decirle en pocas palabras que todos tienen cuatro o cinco cuartos y son amueblados. La renta se paga cada mes por adelantado, con contrato de un año.

21 *it* uŭd *haev* bin *can*-vín-yent, *lí*-ving so clos tu yu, mis ló-pes.

Habría resultado cómodo vivir tan cerca de usted, Srta. López.

22 *thaenc* yu, mis tó-mas. *bat* fráenc-li, yu no, *dher* ar di-*sad*-váen-ti-jis tu *dhis* haus.

Gracias, Srta. Thomas, pero francamente, ¿sabe usted? esta casa tiene (ciertas) desventajas.

23 *oal*-*dhó* ai *caent* liv *hir*, ai uŭd laic tu no *uat* *dhei* ar.

Aunque no puedo vivir en ella, me gustaría saber cuáles son.

24 *foar* *uan* *thing*, *dher* *is* *a* schú-mei-quer in *dha* cóar-ner *a*-párt-ment *hu* *háe*-mers so in pŭ-ting on *hils* *aend* sols *dhaet* dha noys *is* dé-fe-ning. *aend* *uers* stil, *a*-*ná*-*dher* néi-ber *haes* a doag *hu* barcs *aet* oal aurs av *dha* dei *aend* nait, es-pé-scha-li *uen* *hi* hirs *a* caet.

En primer lugar (*lit.*, por una cosa), en el apartamento de la esquina vive un zapatero que da martillazos al colocar tacones y suelas; el ruido es ensordecedor. Y, lo que es todavía peor, otro vecino tiene un perro que ladra a todas las horas del día y de la noche, especialmente cuando se le acerca (*lit.*, oye) algún gato.

25 mis ló-pes, yu meic mi po-si-tív-li di-lái-ted *dhaet* ai *caent* rent *uan* av *dhis* a-párt-ments. gŭd-bái *aend* dont há-ri *uidh* dha sut.

Srta. López, me siento (*lit.*, Vd. me hace) positivamente encantada al no poder arrendar uno de estos departamentos. Adiós, y no se dé prisa por el traje.

---

lem, estoy pensando en (acerca de) este problema.   *12. En primer lugar* se dice también *in the first place.* Ante todo o sobre todo: *above all.*   *13.* De *to deafen,* ensordecer, se forma *deafening,* ensordecedor, como de *to madden,* (máe-d'n), enloquecer, se forma *maddening,* enloquecedor. La terminación *ing* se emplea con mucha frecuencia para hacer un sustantivo de un verbo, o, lo que es lo mismo, el gerundio se emplea sustantivamente: *a good beginning* (gerundio de *to begin,* principiar), un buen principio o comienzo; *a good understanding* (gerundio de *to understand,* entender), un buen entendimiento.

Fifteenth Lesson

New Vocabulary for this Lesson

baby carriage (béi-bi cáe-rij)	cochecito de niño
blanket (bláen-quet)	cobertor, manta
toy (toy)	juguete
animal (áe-ni-mɒl)	animal
diaper (dái-per)	pañal
crib (crib)	cuna
safety pin (séif-ti pin)	aguja imperdible

to trouble (trá-b'l)	turbar, molestar
hand-made (háend-méid)	hecho a mano
workmanship (uérc-man-schip)	acabado

factory (fáec-ta-ri)	fábrica	**horse** (hoars)	caballo
camera (cáe-me-ra)	máquina fotográfica	**stage** (steij)	etapa
film (film)	rollo (de película)	**straw** (stroa)	paja
snapshot (snáep-schot)	instantánea	**field** (fild)	campo

razor (réi-ser)	máquina de rasurar
razor blade (bleid)	hoja de rasurar
shaving cream (schéi-ving crim)	crema de rasurar
shaving kit (. . . quít)	equipo de rasurar

toothbrush (túth-brasch)	cepillo de dientes
tooth paste (túth-peist)	pasta dentífrica
underwear (án-der-uer)	ropa interior

chance (chaens)	oportunidad	**to spoil** (spoyl)	estropear
ridiculous (ri-díc-yu-las)	ridículo	**to bring** (bring)	llevar, traer
to raise (reis)	plantear	**superb** (sŭ-pérb)	primoroso
to remind (ri-máind)	recordar	**to ooze** (us)	derramarse

140

PLANNING A TRIP

PROYECTANDO UN VIAJE   (pláe-ning *a* trip)

route (rut)	itinerario
road (rod)	camino, vía
north (nor*th*)	norte
south (sau*th*)	sur
east (ist)	este
west (*u*est)	oeste
map (m*a*ep)	mapa
compass (cám-p*a*s)	brújula

to pack (p*a*ec)	empacar
indispensable (*i*n-dis-pén-s*a*-b'l)	indispensable
round trip (raund tr*i*p)	{ viaje de ida y vuelta { viaje redondo
one way trip	viaje sencillo
railroad (réil-rod)	ferrocarril
aviation company	compañía de aviación
(e-vi-éi-sch*a*n cám-p*a*-ni)	

THE BEAUTY PARLOR • THE BARBER SHOP

EL SALÓN DE BELLEZA, LA BARBERÍA   (byúti pár-ler, bár-ber sch*o*p)

hairdresser (*h*ér-dre-ser)	peinadora
eau de cologne (o-de-c*a*-lón)	agua de colonia
to set hair (set *h*er)	arreglar y peinar el cabello
permanent (pér-m*a*-nent)	permanente
make-up (méic-*a*p)	maquillaje

comb (com)	peine
parting (pár-ting)	raya
hair cream (*h*ér-crim)	fijador
beard (bird)	barba
tough (t*a*f)	duro
barber (bár-ber)	barbero
scissors (s*í*-sas)	tijeras

manicure (*i*n*d*e-nic-yur)	manicura	moustache (m*á*s-t*a*esch)	bigote
to rinse (r*i*ns)	aclarar	to shave (scheiv)	afeitar, rasurar
bobby pin (b*ó*-bi pin)	horquilla	haircut (*h*ér-c*a*t)	corte de pelo
to tint (t*i*nt)	teñir	brush (br*a*sch)	cepillo

CONVERSACIÓN

1 I'm so glad that Jim and I are getting a chance[1] to help you for a change. Planning your trip makes me feel almost as if I were going back to New York myself.

2 I wish you and Jim were going there with us, Sally. Then María and I wouldn't have to worry about so many things.

3 You shouldn't worry, José. Just ask me about anything that might[2] be troubling you.

4 It may seem ridiculous, Jim, but I just don't know whether to pack my razor and shaving cream. Sometimes the cream and my tooth paste ooze out and spoil[3] all my clothing; but my beard is tough and I don't know whether I'll find a good barber.[4]

5 I thought all barbers knew how to give a shave. Now a haircut[5] is another thing.

6 Why don't you leave your shaving kit here and buy another in New York?

NOTAS: *1. chance:* correr un albur, aventurarse, es *to take a chance. Games of chance: juegos de azar.*   *2. might:* es el pretérito del verbo auxiliar *may* (me); significa *poder* en el sentido de tener libertad o permiso para hacer algo. No tiene participios. Denota también derecho, autorización, o bien posibilidad de una cosa incierta: *it may rain,* puede llover. Se emplea para pedir permiso: *May I go out? No, you may not.* ¿Puedo salir? No, no puede usted salir. *Can* (pret. *could*), también auxiliar, también sin participios, significa facultad o posibilidad física de hacer algo. *I can swim, I can read,* significan: yo sé, o puedo, nadar, o leer, porque

PRONUNCIACIÓN

1 aim so glaed dhaet jim aend ai
ar g(u)é-ting a chaens tu help yu
foar a cheinj. pláe-ning yŭr trip
meics mi fil óal-most aes if ai uer
gó-ing baec tu nu-yóarc mai-sélf.

2 ai uisch yu aend jim uer gó-ing
dher uidh as, sáe-li. dhen ma-rí-a
aend ai uŭ-d'nt haev tu uá-ri
a-báut so mé-ni things.

3 yu schŭ-d'nt uá-ri, ho-sé. jast
aesc mi a-báut é-ni-thing dhaet
mait bi tráb-ling yu.

4 it mei sim ri-díc-yu-las, jim, bat
ai jast dont no ué-dher tu paec
mai réi-ser aend schéi-ving crim.
sám-taims dha crim aend mai
tuth peist us aut aend spoyl oal
mai cló-dhing; bat mai bird is taf,
aend ai dont no ué-dher ail faind
a gŭd bár-ber.

5 ai thoat oal bár-bers nu hau tu
g(u)iv a scheiv. nau a hér-cat is
a-ná-dher thing.

6 uai dont yu liv yŭr schéi-ving
quit hir aend bai a-ná-dher in
nu-yóarc.

TRADUCCIÓN

Estoy muy contenta de que Jim
y yo tengamos la oportunidad
de ayudarles a ustedes, siquiera
una sola vez (*lit.*, para un cambio). El proyectar su viaje me
hace sentir casi como si yo
misma regresara a Nueva York.

Me agradaría que usted y Jim
fueran a Nueva York con nosotros, Sally. En este caso María
y yo no tendríamos que preocu-
parnos por tantos detalles.

No debe usted preocuparse, José.
No tiene más que preguntarme
acerca de cualquier cosa que
pueda ocasionarle dudas (*lit.*,
turbarle).

Podrá parecerle ridículo, Jim,
pero no sé si debo empacar mi
máquina de rasurar y crema de
afeitar. A veces la crema y mi
pasta dentífrica se derraman y
me estropean toda la ropa, pero
tengo la barba dura y no sé si
encontraré un buen barbero.

Yo creía que cualquier barbero
habría de saber rasurar correctamente. En cuanto al corte de
pelo, eso ya es otra cosa.

¿Por qué no se deja aquí el
equipo de rasurar y se compra
otro en Nueva York?

---

tengo la facultad y la habilidad necesarias para hacerlo. *I may swim:* es posible
que nade, o bien: tengo permiso para nadar. Otros verbos auxiliares: *to have,*
haber; *to be,* ser o estar; *to do,* hacer (empleado, como ya sabemos, en las frases
interrogativas y negativas, para énfasis, y substituyendo a un verbo ya men-
cionado); *shall,* deber, que es defectivo, (pret. *should*), expresa necesidad de hacer
u obrar, y ayuda a formar futuros y condicionales; *will,* querer, ayuda a formar
el futuro; *must,* invariable, que expresa necesidad de hacer u obrar, y se traduce
por *es menester* más un subjuntivo, o bien por *deber: I must see him:* es menester

7 Yes, I know you can get everything in New York, Sally. But that also raises another problem.[6]

8 I can't imagine what it could[7] be.

9 Well, I have to buy a few gifts for my little niece in New Jersey and, since you can find everything there, I haven't the faintest[8] idea what to bring[9] her.

10 What about a carriage[10] blanket, a little shirt or a bonnet?[11]

11 Oh, my niece has long passed the diaper and safety-pin[12] stage.[13] My sister wrote me that they gave away[14] their crib last year.

12 In that case, you could buy her some straw toys. They have wonderful horses and other animals at the market. The workmanship[15] is superb.

13 And where would they pack such enormous toys?

14 Yes, Jim has a point.[16] We want to take only the indispensable. What sort of clothing would you say we need?

que le vea; debo, o tengo que, verle.   *3. to spoil* es también mimar. *He's a spoiled child:* es un niño mimado.   *4. barber:* la barbería es *the barbershop* (bár-ber-schop).   *5. haircut:* palabra compuesta de *hair,* y *cut,* part. pasado de *to cut* (cat), cortar, verbo irregular, que hace el pretérito *I cut.*   *6. to raise a problem, a question,* es plantear un problema, una cuestión (o una pregunta, pues *question* tiene el doble sentido de cuestión o pregunta). *To raise a crop* es cultivar un sembrado. *To raise five children* es criar o educar a cinco hijos.   *7. could,* pretérito de *can,* puede traducirse por un subjuntivo español cuando indica incertidumbre:

7 yes, ai no yu *caen* g(u)et év-ri-
thing in nu-yóarc, sáe-li. bat
dhaet óal-so réi-ses *a-ná-dher*
prób-lem.

Sí, ya sé que se puede conseguir
de todo en Nueva York, Sally.
Pero esto plantea otro problema.

8 ai *caent* i-máe-jin *uat* it cŭd bi.

No me imagino cuál.

9 *uel*, ai *haev* tu bai a fyu g(u)ifts
foar *mai* lí-t'l nis in nu jér-si
aend sins yu *caen* faind év-ri-
thing dher, ai háe-v'nt dha féin-
test ai-dí-a *uat* tu bring her.

Verá: tengo que comprar unos
regalos para mi sobrinita que
vive en New Jersey, y puesto
que allí se encuentra de todo,
no tengo la menor idea de qué
puedo llevarle.

10 *uat* a-báut a cáe-rij bláenc-quet,
a lí-t'l schert oar a bó-net?

¿Qué le parece: un cobertor para
el cochecito, una camisita, o un
gorro?

11 o mai nis *haes* loang paest dha
dái-per aend séif-ti-pin steij. mai
sís-ter rot mi *dhaet* dhei g(u)eiv
a-uéi dher crib laest yir.

¡Oh! mi sobrina ha pasado ya de
la epoca en que necesitaba pa-
ñales y agujas imperdibles. Mi
hermana me escribió dicién-
dome que el año pasado re-
galaron la cuna.

12 in *dhaet* queis yu cŭd bai her
sam stroa toys. dhei *haev* uán-
der-fŭl hóar-ses aend á-dher áe-
ni-mals aet dha már-quet. dha
uérc-man-schip is su-pérb.

Bueno, en este caso podría rega-
larle algún juguete de paja. En
el mercado hay caballos magní-
ficos y otros animales. El acabado es primoroso.

13 aend uer uŭd dhei paec sach
i-nóar-mas toys?

Pero ¿dónde iban a empacar juguetes tan enormes?

14 yes, jim *haes* a poynt. ui uont tu
teic ón-li dha in-di-spén-sa-b'l.
uat soart av cló-dhing uŭd yu
sei ui nid?

Sí, Jim tiene razón en este caso.
Queremos llevar sólo lo indispensable. ¿Qué clase de ropa
cree usted que necesitaremos?

no me imagino cuál pudiera ser. *8. faint:* sinónimo de *weak. I feel faint,* o *I feel
weak:* me siento débil. El verbo *to faint* significa desmayarse. *9. to bring:* el
sentido de la frase aclara generalmente cuál es la traducción al español. *To bring,*
transitivo, con complementos, es generalmente llevar. *To bring back* es traer.
10. carriage: no referido a *baby,* es carroza, carruaje, coche de caballos. *11. bonnet:*
gorro de niño o cofia femenina. Gorro masculino: *cap.* *12. safety pin:* literalmente, alfiler de seguridad. *Pin* es alfiler, *needle* (ní-d'l), aguja. Horquilla:
hairpin (héir-pin). *13. stage:* de ahí. *stage-coach,* (coche que avanza por etapas),

15 Although the weather is generally good, you must take warm clothes and underwear[17] as you may not be used to the cold.

16 Oh, don't frighten them, Jim. Women don't wear heavy underwear any more. We practically live in nylon and silk. All María needs by way of protection against the weather is an umbrella and rubbers.

17 I hope it snows. I'd love to see the fields covered with snow.

18 That reminds[18] me: have you included a camera and film?

19 That was the first thing I thought of. I intend to take a lot of snapshots of the United States.

20 As for me, all I want to know is, where can I find a good beauty parlor in New York, one that sets hair decently and gives a painless[19] manicure.

21 Don't worry, María. New York has many such beauty parlors.

22 In fact, don't worry about a thing. You're going to have a wonderful time!

---

diligencia.   *14. to give away* es otro ejemplo de la modificación de un verbo mediante una conjunción: significa *regalar*.   *15. workmanship* es la cualidad o perfección de acabado de un objeto hecho por la mano de un *workman*, obrero. El mismo sentido tiene *craftsmanship* (de *craftsman* [crdefts-man], artesano). La terminación en *ship* denota proceso o actividad humanas. De *friend*, amigo, se forma *friendship, amistad*. Otras terminaciones importantes: *-ward, -wards*, significan *hacia: homeward*, hacia casa; *backward*, hacia atrás; *forward*, hacia adelante; la terminación *-ty* equivale a la española *-dad*, añadida a los adjetivos para con-

15 oal-*dhó dha ué-dher is jé*-ne-ra-li
güd, yu mast teic *uoarm* clos
aend *án-der-uer* aes yu mei not
bi yusd tu *dha* cold.

Aunque el tiempo es bueno, en
general, deben llevar vestidos
abrigados y ropa interior, pues
quizá no están acostumbrados
al frío.

16 o dont frái-ten *dhem, jim. uí*-
men dont *uer hé*-vi *án*-der-uer
é-ni-mor. *ui prdec-tic-li liv in nái*-
lon aend s*il*c. *oal ma-rí-a* nid*s* bai
uei av pro-téc-schan *a*-guénst *dha*
ué-dher is aen am-bré-la aend
ra-bers.

No les asustes, Jim. Las mujeres
ya no llevan ropa interior
gruesa. No llevamos más que
ropa de nylon y seda. Todo lo
que María necesita para pro-
tegerse contra el frío es un
paraguas y chanclos.

17 ai *hop it* sno*s*. aid *lav* tu si *dha*
fild*s cá*-verd *uidh* sno.

Espero que nieve. Me gustaría ver
los campos cubiertos de nieve.

18 dhaet ri-máind*s* mi: *haev* yu *in*-
clú-ded *a cáe-me-ra* aend film?

Esto me hace pensar en si han
empacado ustedes una cámara
fotográfica y rollos.

19 dhaet *uas dha* ferst *thing* ai *thoat*
av. ai *in*-ténd tu teic *a* lot *av*
snd*ep*-schots *av dha* yu-nái-ted
steits.

Esto fué lo primero en que pensé.
Tengo la intención de hacer
muchas fotos de los Estados
Unidos.

20 aes foar mi, *oa*l ai *uont* tu no
is, *uer caen* ai faind *a* güd byú-ti
pár-l*er in* nu-yóarc, *uan dhaet*
sets *her* dí-sent-li aend g(u)*ivs a*
péin-les *máe-nic*-yur.

En cuanto a mí, lo único que me
interesa saber es dónde puedo
encontrar un buen salón de
belleza en Nueva York, donde
sepan arreglar y peinar mi cabello adecuadamente y me dén
una manicura sin dolor.

21 dont *uá*-ri, ma-rí-*a*. nu-yóarc haes
mé-ni sach byú-ti pár-ler*s*.

No se preocupe, María. Hay
muchos salones en Nueva York
de esta clase.

22 in faect, dont *uá*-ri *a*-báut *a*
thing. yŭr gó-ing tu *haev a uán*-
der-fŭl taim!

En realidad, no se preocupe por
nada. Ustedes van a divertirse
mucho (*lit.*, tendrán un tiempo
maravilloso).

---

vertirlos en substantivos: de *senile* (sí-nail) se forma *senility* (se-n*í*-l*i*ty), senilidad;
de *docile, docility* (docilidad).   *16. point: to point out* es señalar.   *17 underwear:*
de *under* (*án*-der), bajo, o debajo, y *to wear*, llevar (ropa).   *18. to remind:* recordar
algo es *to remember something.* Pero: recuérdame que tengo que escribir **esta carta**
es: *remind me I have to write this letter.*   *19. painless:* la terminación *-less* **es**
privativa, indica la ausencia de algo. *Cloudless:* despejado, sin nubes. *Effortless:*
sin esfuerzo.

Sixteenth Lesson

New Vocabulary for this Lesson

vegetable (véj-ta-b'l)	hortaliza, legumbre, verdura
compliment (cóm-pli-ment)	cumplido
regulation (reg-yu-léi-schan)	reglamento
form (foarm)	forma, impreso, esqueleto
conspicuous (can-spíc-yu-as)	conspicuo, notorio

picnic (píc-nic)	comida campeste
free (fri)	libre
basket (báes-quet)	cesto
bottle (bó-t'l)	botella
state (steit)	estado
fresh (fresch)	fresco

law (loa)	ley	**groceries** (gró-se-ris)	comestibles
flag (flaeg)	bandera	**to bake** (beic)	hornear
correct (ca-réct)	correcto	**alcoholic** (ael-co-hóa-lic)	alcohólico
rum (ram)	ron	**beverage** (bé-ve-rij)	bebida

to bring in (bring in)	introducir
to be born (boarn)	haber nacido
official (o-fí-schal)	funcionario
inspector (in-spéc-ter)	inspector
forbidden (foar-bí-d'n)	prohibido
to unlock (an-lóc)	abrir
smuggling (smág-ling)	contrabando

to follow (fó-lo)	seguir	**to hurry** (há-ri)	apresurarse
to rush (rasch)	precipitarse	**subject** (sáb-ject)	tema
majority (ma-jó-ri-ti)	mayoría	**to stand** (staend)	estar de pie

148

FRUITS

FRUTAS

(fruts)

orange (ó-renj)	naranja
banana (ba-náe-na)	plátano
apple (áe-p'l)	manzana
pear (per)	pera
nuts (nats)	nueces
walnut (uóal . . .)	nuez de nogal
peanuts (pí . . .)	cacahuate, maní
almond (áe-m'nd)	almendra
apricot (é-pri-cot)	albaricoque

cherry (ché-ri)	cereza	melon (mé-lan)	melón
date (deit)	dátil	watermelon (uóa-ter . . .)	sandía
fig (fig)	higo	peach (pich)	durazno
grape (greip)	uva	plum (plam)	ciruela
lemon (lé-man)	limón	raisin (réi-s'n)	pasa

AT THE BORDER

EN LA FRONTERA

(aet dha boar-der)

inspection (in-spéc-schan)	inspección
immigration (i-mig-réi-schan)	migración, inmigración
vaccination (vaec-si-néi-schan)	vacunación
certificate (ser-tí-fi-cat)	certificado

to declare (di-clér)	declarar	value (váe-lyu)	valor
customs (cás-tams)	aduana	officer (óa-fi-ser)	agente, oficial
baggage (báe-g[u]ij)	equipaje	passport (páes-poart)	pasaporte
duty (dyú-ti)	derecho	citizen (sí-ti-sen)	ciudadano

CONVERSACIÓN

1 Here we are in New York, José. Let's make[1] ourselves speak English. That way we won't be conspicuous.[2]

2 I agree with you that we should speak English all the time.

3 You know, I'm a little worried about the customs inspection. I hope it doesn't take[3] too long.

4 Don't worry, María. There is nothing to fear. You've included everything in the baggage declaration form, haven't you?

5 Everything that I can remember, but it's very hard to state the approximate value[4] on some of the gifts I'm bringing in.

6 Well, do the best you can. Here comes the immigration officer[5] now. Get out[6] your passport.

7 Good afternoon. Are you American citizens?

8 No, we're not.

NOTAS: *1. let's make ourselves:* verbo reflexivo, es decir, que la acción recae en la misma persona (o cosa) que lo rige, representada por un pronombre personal. (Véase §52.) En inglés esta forma es menos usada que en español; *la tormenta se acerca* es *the storm is approaching,* sin uso reflexivo. Es decir, que en inglés los falsos reflexivos no existen. *Yo me voy: I am going away.* *2. conspicuous es notorio,* pero *notorious* (no-tó-ri-*as*) tiene un sentido peyorativo: significa *de mala*

PRONUNCIACIÓN	TRADUCCIÓN

1 hir *ui* ar *i*n nu-yóarc, *ho-sé*. lets meic aur-sélvs spic *i*ng-glisch. *dhaet uei ue uo*nt bi *can*-spíc-yu-*as.*

Estamos en Nueva York, José. Esforcémonos en hablar inglés. Así no nos haremos notar.

2 ai *a*-grí *uidh* yu *dhaet ui* schŭd spic *i*ng-glisch *o*al *dha* taim.

Estoy de acuerdo contigo en que siempre debemos hablar inglés.

3 yu no, aim *a* lí-t'l *uá*-rid *a*-báut *dha cás*-tams *i*n-spéc-schan. ai *h*op *i*t dá-s'nt teic tu *lo*ang.

Estoy un poco preocupada, ¿sabes?, por la inspección en aduanas. Espero que no durará demasiado.

4 dont *ud*-ri, ma-rí-*a*, *dh*ers ná-*th*ing tu fir. yuv *i*n-clú-ded év-ri-*th*ing *i*n *dha* báe-g(u)*ij* dec-la-réi-schán foarm, háe-v'nt yu?

No te preocupes, María. No tenemos nada que temer. Lo incluíste todo en la forma de declaración de equipajes, ¿no?

5 év-ri-*th*ing *dhaet* ai *ca*en ri-mém-ber *ba*t *i*ts vé-ri *h*ard tu steit *dh*i *a*-próc-si-mat váel-yu *o*n sam *a*v *dha* g(u)*i*fts aim bríng-ing *i*n.

Todo lo que recordaba, pero es muy difícil declarar el valor aproximado de algunos de los regalos que llevo.

*6 ue*l, du *dha* best yu *ca*en. *h*ir cams *dh*i *i*-mig-réi-schan óa-fí-ser nau. g(u)et aut yŭr páes-poart.

Bueno, hazlo lo mejor que puedas. Aquí viene el funcionario de Migración. Saca el pasaporte.

7 gŭd aef-ter-nún. ar yu *a*-máe-ri-can sí-ti-sens?

Buenas tardes. ¿Son ustedes ciudadanos norteamericanos?

8 no, *ui*r not.

No, no somos.

---

fama. *3.* Observemos la omisión de la conjunción *que, that,* que queda sobrentendida: *I hope (that) it doesn't take too long. To take long* es expresión idiomática. *4. value* es valor en sentido general o abstracto, no en el de *valentía (courage). What is the value of that car?* equivale a: *how much is that car worth? The values of religion, of philosophy:* los valores de la religión, de la filosofía. *To value:* es apreciar. *To be worth:* valer. *5. officer:* no debe confundirse con

9 Hearing you talk, I thought you were born[7] in the United States. May I see your passports, please?

10 I hope our passports are in order.[8]

11 Yes, they are. Now if you have your vaccination certificate, I shall give that to the health official.

12 Fine. Could you tell us where the baggage inspection takes place?[9]

13 Just follow the crowd.[10]

14 But there are so many people rushing in different directions that I can't tell whom[11] to follow.

15 If you notice, the majority are heading into that room to the left of the hall.

16 Thank you. Well, that was easy. And look! I see an inspector standing[12] near the letter "R". Could you examine our luggage, sir?

17 Certainly. Just unlock[13] it. May I see your customs declaration?

18 Here it is.

19 But I see you haven't declared any liquor, and I find a bottle of rum in this basket.

---

official (nombre), que significa *funcionario. official* como adjetivo es *oficial: the officer brought us an official statement:* el oficial nos trajo una declaración autorizada u oficial.   *6. get out:* imperativo sin complementos, es "¡Salga de aquí!" Pero cuando el predicado es un objeto, *to get out* es *sacar* (se sobrentiende, del bolsillo o lugar en que el objeto se encuentre).   *7. to be born: born* es el participio del verbo irregular *to bear,* parir. *To be born,* ser dado a luz, es *nacer,* y se emplea

9 hír-ing yu toac ai thoat yu uer boarn in dhi yu-nái-ted steits. mei ai si yŭr páes-poarts plis?

10 ai hop aur paes-poarts ar in óar-der.

Al escucharles hablar creí que habían nacido ustedes en los Estados Unidos. ¿Puedo ver sus pasaportes?

Espero que nuestros pasaportes estén en regla.

11 yes, dhei ar. nau if yu haev yŭr váec-si-néi-schan sér-ti-fi-cat, ai schael g(u)iv dhaet tu dha helth o-físch-al.

12 fain. cŭd yu tel as uer dha báe-g(u)ij in-spéc-schan teics pleis?

13 jast fó-lo dha craud.

14 bat dher ar so mé-ni pí-p'l rá-sching in di-fe-rent di-réc- schans dhaet ai caent tel hum tu fó-lo.

15 if yu nó-tis, dha ma-j-ó-ri-ti ar hé-ding ín-tu dhaet rum tu dha left av dha hoal.

Sí. Si tienen ustedes (listos) sus certificados de vacunación se los daré al inspector de salubri-dad.

Bien. ¿Puede usted decirnos dónde se verifica la inspección del equipaje?

No tienen más que seguir a la gente.

Pero hay tantas personas que se precipitan en distintas direc-ciones que no sé a quién seguir.

Si observa (verá que) la mayoría se dirige hacia aquella habita-ción a la izquierda de la sala.

16 thaenc yu. uel, dhaet uas í-si. aend lŭc! ai si aen in-spéc-ter stáen-ding nir dha lé-ter "ar." cŭd yu eg-sáe-min aur lá-g(u)ij, ser?

17 sér-t'n-li. jast an-lóc it. mei ai si yŭr cás-tams dec-la-réi-schan?

18 hir it is.

19 bat ai si yu háe-v'nt dic-léird é-ni lí-quer, aend ai faind a bó-t'l av ram in dhis báes-quet.

Gracias. Bueno, resultó fácil. ¡Mira! Veo que hay un inspec-tor de pie cerca de la letra "R". ¿Puede usted examinar nuestro equipaje, inspector?

Sin duda. No tienen más que abrirlo. ¿Me permiten su de-claración de aduanas?

Aquí está.

Pero veo que no han declarado licores, y en este cesto hay una botella de ron.

siempre como forma pasiva. 8. Regla es rule (o ruler, regla de medir y tirar líneas); pero en regla es in order (en orden). 9. to take place es expresión idio-mática. 10. crowd es nombre colectivo, como people (en sentido de gente), como army (ejército). Un nombre colectivo rige verbo en singular cuando el grupo es aludido como unidad, y en plural cuando se alude a los componentes individuales. The majority decides to reject this law: la mayoría decide rechazar esta ley. The

20 Oh, I'm sorry. I completely forgot about that—may I declare it now?

21 Very well. You don't have any fresh[14] fruits or vegetables,[15] do you? Importation of these is forbidden.[16]

22 I do have an orange and banana left over[17] from my lunch in the plane.

23 Then give them to me, please, and that will be all.

24 That wasn't so difficult, was it, José? Let's hurry and telephone my sister now.

25 Don't try to change the subject, María. How did that rum get into the picnic basket and why didn't you declare it?

26 But José, I only wanted it for making a cake at Pilar's house, and I considered it an item of groceries.[18] If the inspector had been a woman I could have explained that.

27 Yes, and with the orange and banana the two of you could have baked the cake right there.

---

majority were slaves: eran esclavos en su mayoría.   *11.* Hay que evitar confundir *who,* quien, y *whom,* a quien.   *12. to stand* (pret. I *stood,* part. pas. *stood)* es estar de pie, y también soportar: *I can't stand this any more:* ya no aguanto más. Con frecuencia se agrega la preposición *up: Stand up,* póngase de pie.   *13. to unlock* es abrir (una puerta, una caja, etc.) algo cerrado con llave; *lock* es cerradura, *to lock* es cerrar con llave o con cerradura.   *14. fresh* aplicado a personas

20 o, aim só-ri. ai cam-plít-li foar-got *a*-báut *dhaet*. mei ai di-clér *it* náu?

21 vé-ri *uel*. yu dont *haev* é-ni fresch frut oar véj-ta-b'ls, du yu? im-poar-téi-schan av *dhis* is óal-so foar-bí-d'n.

22 ai du *haev* aen ó-renj *aend* ba-*nde*-na left ó-ver fram mai lanch in *dha* plein.

23 *dh*en g(u)iv *dh*em tu mi, plis, *aend dhaet uil bi oal.

24 *dhaet* ud-s'nt so di-fi-calt, *uas it,* ho-sé? lets há-ri *aend* té-le-fon mai sís-ter nau.

25 dont trai tu cheinj *dha* sáb-ject, ma-rí-a. hau did *dhaet* ram g(u)et ín-tu *dha* píc-nic bóes-quet *aend uai* dí-d'nt yu dic-léir *it?*

26 bat *ho-sé*, ai ón-li *uón*-ted *it foar* méi-quing a queic *aet* pi-lárs *haus*, aend ai can-sí-derd *it* aen ái-tem av gró-ser-ris. if *dhi* in-spéc-ter *haed* bin a uú-man ai cúd *haev* ecs-pléind *dhaet*.

27 yes, *aend uidh dhi* ó-renj *aend* bá-náe-na *dha* tu av yu cúd *haev* beict *dha* queic rait *dher.*

Oh, lo siento. Me olvidé por completo. ¿Me permite declararlo ahora?

Muy bien. ¿No traen ustedes frutas frescas o legumbres? La importación de estos artículos está igualmente prohibida.

Sí, tengo una naranja y un plátano que sobraron del almuerzo en el avión.

Pues démelas, por favor, y eso será todo.

No ha resultado muy difícil, ¿verdad, José? Démonos prisa y telefoneemos a mi hermana.

No trates de cambiar la conversación, María. ¿Cómo es que vino a parar al cesto de la comida esa botella de ron, y por qué no la declaraste?

Pero, José, sólo la quería para hacer una torta en casa de Pilar, y la consideraba como producto alimenticio. Si el inspector hubiera sido una mujer se lo habría podido explicar.

Sí, y con la naranja y el plátano entre las dos habrían podido confeccionar el pastel aquí mismo.

---

tiene el mismo sentido familiar que en español. *Don't be fresh:* no sea usted fresco (o atrevido). *15. vegetable* es verdura; *vegetal* es vegetal. *16. forbidden* es el participio pasado del verbo irregular *to forbid* (pretérito *forbad*). *17. to leave* (pret. *I left*, part. pas., *left*) es dejar, y también tiene el sentido de *partir. Left over* es lo que ha sobrado, o (como nombre verbal) *the leftovers* son *las sobras. 18. groceries:* la tienda en que se venden es *the grocery store.*

Seventeenth Lesson

ARRIVAL IN NEW YORK

(The scene is that of the previous lesson, a few minutes later)

José: Now that we've finished the customs inspections, let's have a look at the airport. I've read so much about it.

María: You look around if you want to. I will stay right here[1] in the waiting room. I don't want to take a chance of missing[2] Pilar.

José: But aren't you interested in seeing something of this place? You know it's one of the world's largest airports, and you can see planes from all over the world taking off and landing here. They say that the longest runway extends nearly[3] two miles.

María: There you go with your engineer's interest in facts and statistics! We have to find Pilar and her husband.

José: No need to worry. Here she comes now. But I don't see Bill with her.

María: Pilar! Pilar! We're over here!

Pilar: María! José! Welcome to New York! How wonderful to see you! And you are both looking younger than ever.

Notas: *1. right here: right* como adjetivo es *derecho, justo;* como adverbio, *precisamente. Right here:* precisamente aquí, aquí mismo.   *2. to miss* es *faltar:*

MARÍA: You're a terrible flatterer, Pilar. But I don't see Bill with you. Where is he?

PILAR: He was so sorry that he couldn't come along with me. He had a special assignment to do for the Sunday edition of the New York Times. But I know New York well. I'll be your guide for today.

JOSÉ: Fine, we look forward[4] to having you show us around. Let me just pick up our bags and look for a taxi.

PILAR: There's no need to do that. I have one waiting outside.

MARÍA: Well, since you are to be our guide, could you start by telling us why there are no skyscrapers around here?

PILAR: That's because you are not in Manhattan yet, my dear. Idlewild, or rather New York International Airport, is in one of the boroughs[5] of New York City. This is Queens, largely a residential section. You'll have to wait until we get to downtown Manhattan[6] to see many of the largest and most impressive skyscrapers.

MARÍA: Will we enter Manhattan over the Brooklyn Bridge?

PILAR: Well, that famous landmark really is not the most direct route to your hotel. It would be faster to take the Queens-Midtown Tunnel, but since it is still early we'll ask the driver to go a little out of our way[7] so that you have a chance to see something of downtown Manhattan as we come off the Brooklyn Bridge.

JOSÉ: That's near the tip of Manhattan, isn't it? You should be able to see the Statue of Liberty[8] from there.

---

a spoon is missing, falta una cuchara; y también, como verbo transitivo, echar de menos, añorar. *I miss my brother,* echo de menos a mi hermano.   *3. nearly* no es adverbio de modo; significa *casi.*   *4. to look forward,* lit., mirar hacia adelante: prever con gusto o placer, pensar con agrado en algo que va a ocurrir.   *5. borough,* palabra que tiene la misma raíz que el español *burgo,* se pronuncia: bd-ro, y significa barrio o sector independiente de una ciudad grande.   *6. downtown Manhattan:* la forma alargada de la isla en que se encuentra enclavado el centro de Nueva York permite distinguir dos direcciones esenciales: *downtown,* hacia abajo, hacia el sector del puerto, y *uptown,* en sentido contrario.   *7. out of our*

PILAR: I'm afraid you won't see it unless we go farther out of our way to Battery Park.[9] Why don't we save[10] your visit to the Statue of Liberty for another time? Then you can take a ferry to the statue and climb up to the very top of the crown.[11]

MARÍA: Yes, let's postpone that for the time being. At the moment I'm much more anxious to see Fifth Avenue[12] and all the stylish shops.

JOSÉ: Just what I was afraid of![13] Just because we are about to pass by Wall Street,[14] María thinks I'm a millionaire already!

PILAR: In your enthusiasm to get to Manhattan, don't neglect the sights around here! Did you notice the race track a few minutes ago? This borough has two of them, as well as the famous West Side Tennis Club in the section called Forest Hills, where the Davis Cup and other national championship matches are played.

JOSÉ: I'm afraid I didn't notice the race track, though I have heard of the Jamaica Race Track.[15]

PILAR: That was the Aqueduct Race Track we just passed; we left Jamaica behind us on the other side of the Van Wyck Expressway. But now you should concentrate on the view in front of us instead of looking back. We are now coming to the Brooklyn Bridge, which for many years was considered one of

---

way! como frase exclamativa significaría: ¡apártese, hágase a un lado! En sentido normal, es frase adjetival, que puede traducirse por *apartado, remoto.*   8. La bien conocida Estatua de la Libertad se encuentra en una isla a la entrada del Hudson y es visible a gran distancia.   9. *Battery Park* se encuentra cerca del extremo de la isla y ofrece una interesante vista del puerto y la bahía.   10. *to save* es ahorrar, guardar, y también dejar para más adelante. *I'm saving the best piece for later:* reservo el mejor pedazo para más tarde.   11. *crown:* el rostro de la Estatua de la Libertad lleva una corona a la cual se puede ascender y desde la que se divisa casi toda la parte central de la ciudad.   12. *Fifth Avenue:* la famosa Quinta Avenida, de muchas millas de longitud, es una de las principales

the wonders of the world. It was so long that many skeptics thought it would collapse.

MARÍA: I don't know about its safety, but it certainly is a historic bridge. And the boats in the river against the Manhattan skyline[16] are so striking. But really, I had no idea that the Hudson River was so small.

PILAR: That isn't the Hudson River, María, it's the East River. The Hudson is on the West Side of the borough of Manhattan. You must remember that Manhattan is an island. The only bridge from New York City across the Hudson is the George Washington Bridge, which is far longer than this one.

JOSÉ: Yes, I understand it's the second longest suspension bridge in the world, and almost one mile long. I should certainly like to see it.

PILAR: Yes, be sure to see the George Washington Bridge, but not today. Perhaps you and María can make a little bus excursion uptown and see it, as well as the Cathedral of St. John the Divine, Columbia[17] University and International House on the way. You can see students from all over the world living there and often wearing their picturesque national costumes.

JOSÉ: I've heard of Columbia's School of Engineering.

PILAR: That's only one of many. Columbia is one of the most

---

arterias de la ciudad y en ella se encuentran algunos de los más impresionantes edificios y tiendas de lujo.   *13. just what I was afraid of! just because . . . :* obsérvense los múltiples sentidos de *just.* Sabemos que como adjetivo significa *justo,* equitativo; como adverbio, puede ser *precisamente* (1er. empleo) o *solamente* (2o. empleo).   *14. Wall Street* es el conocido sector financiero en que se encuentran muchos grandes bancos y la Bolsa de Nueva York.   *15. Jamaica:* no se trata de la isla del mismo nombre, sino de una parte de un barrio en que se encuentra el hipódromo.   *16. skyline* es en rigor palabra intraducible: la silueta de la ciudad que se recorta en el horizonte, el perfil de los principales edificios vistos en masa y en forma panorámica.   *17. co-lám-bi-a.   18. Midwest:* se da este nombre, o

important universities in the country, and is particularly famous for its graduate schools.

MARÍA: Yes, we must take that little trip, and I'm glad to hear Pilar suggesting that we go by bus. I hate the thought of going by subway and missing everything.

JOSÉ: But we should take the subway at least once, María, to see what it's like.

PILAR: You'll take it more than once before you leave New York, José. It's so much faster when you have to travel between the boroughs, and even between nearby places in Manhattan the subway is often faster than bus or taxi because of the heavy traffic in the streets.

JOSÉ: Excuse me for interrupting, but I think I see the Hudson River now. Isn't that it beyond those buildings there?

PILAR: You are right, José, we have come across Manhattan, and if you like we might make a little detour and continue along the waterfront. That would give you a chance to see some of the transatlantic and South American liners docked at their enormous piers.

MARÍA: What a good idea, Pilar! I can already see the tugs and barges moving up the river. But tell me, what's that strange-looking black steel structure?

JOSÉ: Even I know that, María. That's a power crane. And I can see from here that those railroad cars are loaded with cement and iron ore, and that the long ship with the funnel at the end is a tanker carrying oil or gasoline.

MARÍA: I suppose it takes an enormous amount of shipping to keep a city the size of New York supplied with what it needs.

PILAR: Of course it does, but remember that many of the cargoes you see being unloaded here are not even destined for New York. They will be reshipped to the big industrial and farming centers of the Midwest[18] and New England,[19] the dairy country of Wisconsin,[20] and perhaps as far as the Rockies[21] and the West Coast.

MARÍA: Before we leave we intend to explore the whole country. But in the meantime let's not miss anything of New York. Aren't we near Greenwich Village[22] now?

PILAR: Oh, I'm afraid we've already gone a little beyond that. But you both must come back when you have plenty of time and wander along its narrow streets at your leisure. Although you find most of the buildings of New York University right in the Village, it is still a charming little community and the favorite residence of many artists and poets. Sometimes you may even stumble upon an artist with an exhibition of his pictures on the street.

JOSÉ: Frankly, I'd rather spend my time looking at the collection of the Metropolitan Museum or the Museum of Modern Art. Are they anywhere around here, Pilar?

PILAR: Not exactly. The Metropolitan Museum is a little farther uptown on the Fifth Avenue side of Central Park.[23] And if you're not too tired after browsing through its collections, which you probably know are the largest in this hemisphere, you might want to take another little stroll through the Central Park Zoo, which is not too far away.

Centro Oeste, a un grupo de Estados (Illinois, Iowa, Wisconsin, etc.) situados en el centro y norte del país, cerca de los Grandes Lagos.   19. *New England*, o Nueva Inglaterra, designa al grupo de Estados al norte de Nueva York: Connecticut, Massachusetts, etc.   20. *Wisconsin:* Estado del Centro Oeste famoso por su queso y leche.   21. *the Rockies* o Rocky Mountains, las Montañas Rocosas, que continúan en México con el nombre de Sierra Madre.   22. *Greenwich Village* (gré-nich): sector "bohemio" y artístico de Nueva York.   23. *Central Park:*

MARÍA: And the Museum of Modern Art is only a few minutes walk from the Waldorf Astoria Hotel where we are staying. That was mentioned in the pamphlet the hotel staff sent us, as well as St. Patrick's Cathedral, the United Nations Headquarters and I don't know how many other attractions.

JOSÉ: All I remember is that they said it was not far from Grand Central Station.[24] We've got to see that, María. It's probably one of the largest and most impressive railroad terminals in the world.

PILAR: Don't worry. You're bound to see it if you take an excursion by train. But before you become absorbed in something else, look at the marvelous view you get of the Empire State Building from here. You can almost count its 102[25] stories, if you have the time.

JOSÉ: No thank you, not today, Pilar, that is, if we are going to have time to see anything else. Could you wait for us while we hurry into the hotel just to register? We won't even go up to our room.

PILAR: That's going to be a hard temptation for María to resist. The Waldorf Astoria, with all its famous guests, many of them from Latin America, is a sightseeing attraction in itself. Don't neglect to see their beautiful Empire Room. And they have an information desk in the lobby with a most obliging staff where they can tell you almost anything you want to know about New York, and they are so nice about it too.

MARÍA: That's a good suggestion, Pilar. But it will have to wait till this evening. We won't be gone two minutes, I promise you!

---

grandísimo parque en el centro de Manhattan.   *24. Grand Central Station* es una de las más vastas estaciones de ferrocarril, con líneas hacia el norte y el oeste del país.   *25.* 102: *one hundred and two* (obsérvese el empleo de la conjunción *and*).   *26. Radio City:* el teatro de mayores dimensiones del mundo, en

(A few minutes later)

PILAR: Well, that's faster than I expected. Now, my friends, may I know what you want most to see this afternoon?

MARÍA: I, for one, would like to walk over to Rockefeller Center and have a look at Radio City, Fifth Avenue and St. Patrick's Cathedral.

PILAR: A good idea, María, but a little too ambitious for the few hours that are left of this afternoon. Do you realize that Rockefeller Center includes about fifteen buildings, hundreds of shops and the famous Radio City Music Hall[26] as well as a garden and ice-skating rink, to say nothing of the RCA[27] Building, which could take a whole day to visit. Rockefeller Center is a city in itself.

JOSÉ: Well, maybe we could just go up to the observation roof on the 70th floor of the RCA Building for the wonderful view of the city.

PILAR: Perhaps it would be best to do just as much sightseeing as we have time for till five o'clock and then go back to the hotel so that you can have a little rest before this evening. Have you made any plans to go out?

MARÍA: Of course! Do you think we would waste our first night in New York? The only trouble is that we can't agree whether we should go to a concert in Carnegie Hall[28] or to the Metropolitan Opera House.[29] Which do you suggest?

PILAR: Why, whichever[30] you can get tickets for. You know,

que se representan revistas de gran espectáculo. Tiene capacidad para 6.200 espectadores.   27. *RCA* (ar si ei): Letras iniciales de la Radio Corporation of America.   28. *Carnegie Hall:* es el centro favorito para conciertos y música sinfónica.   29. *Metropolitan Opera:* la más famosa de las compañías de ópera

it's a little difficult to get seats on such short notice.[31] Let's walk over to the theater district off Times Square[32] and see what's left at the box offices.[33] You really should also see a Broadway musical comedy, to get some idea of the spirit of the country.

José: I can see that Pilar doesn't want to take sides.[34] She's a born diplomat.[35] And while I think of it, shouldn't we go over[36] to the United Nations Headquarters and see some of the real ones?

PILAR: Yes, we really should. But we're walking in the wrong direction for that. Just look, we're at Saint Patrick's already.

MARÍA: How magnificent it is. It looks just like the pictures of Gothic cathedrals in Europe. But I think we should wait until Sunday to see the interior. Right now I'm much too eager to inspect the shop windows along Fifth Avenue.

PILAR: Well then, I have an idea. Why don't we postpone the visit to Rockefeller Center for another day and walk down Fifth Avenue to Forty-Second Street? We can see some of the largest and most beautiful shops in the world. Then we might take a cross-town bus[37] there that would take you in whichever direction you prefer, either to Times Square and the famous New York Times Tower or east to the United Nations Headquarters.

José: I vote we go east and save Times Square and Broadway for an evening when all the giant neon signs illuminate the whole square with artificial daylight. Then we'll really understand why it is called the "Great White Way."

Pilar: We can get a bus near the New York Public Library, which you can see from here. It's an impressive building, don't you think? It holds one of the largest collections of books in the world. They also have exhibitions of paintings and etchings from time to time. But here comes our bus. I have change ready for all of us. Let's go!

(Ten minutes later)

José: If I'm not mistaken we are now almost in front of the United Nations buildings. I recognize them from the photographs I have seen in several magazines. You can't deny that they make a powerful impression. And look at the flags of all member nations flying in the wind! The tall Secretariat building with its glass walls on two sides contrasts nicely with the beautiful marble façade of the Conference Building which houses the tremendous assembly hall where the delegates meet.

Pilar: I'm glad you like them. We are very proud of these buildings which are headquarters of international discussion for nearly all countries of the world, including those of Latin America.

María: One more reason for liking them, José. You've always admired things that are functional. I hate to be impractical, but I am going to suggest something that will take us out of our way.

José: What is it, María?

María: Before going back to the hotel let's take a walk along Forty-Second street and look at the people in the streets. We

teatrales.   *33. box office, lit.,* oficina de caja, es taquilla o boletería.   *34. to take sides:* tomar.partido, apoyar a un bando.   *35. born diplomat:* diplomático de nacimiento.   *36. to go over . . . over* es aquí expletivo y no se traduce.   *37. cross-town bus:* línea que corta las avenidas en ángulo recto y cruza Manhattan por su parte estrecha.   *38.* El *Coliseum* es un edificio imponente que se encuentra

have been so busy looking at the buildings that we almost don't know what New Yorkers are like.

José: That's all right, María, but I would also like to see the fabulous Coliseum,[38] the building everybody told us to go and see.

Pilar: Well, we could go tomorrow morning to this show-place of industry. We could easily spend a few hours admiring the exhibits. After that, Bill would be glad to pick you up with

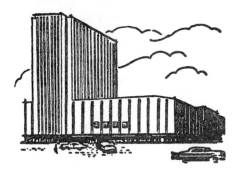

his car and take you for a drive in the country.

María: That is an excellent plan. We'll do as you say.

Pilar: I have to leave now. Have a good night's rest and don't try to do too much to-night.

en el *Columbus Circle* en la *Broadway* desde la calle 58 hasta la calle 60. Exposiciones, asambleas de comercio, ferias y exhibiciones de todas clases son presentadas en sus cuatro pisos para exhibiciones, que tienen una extensión de 300.000 pies cuadrados. Fué construído a un costo de 35.000.000 de dólares e inaugurado en 1956.

Eighteenth Lesson

A PROPOSED TRIP
ACROSS THE UNITED STATES

(Time: an afternoon several days later)

MARÍA: What a perfectly delightful drive this has been! I never believed the countryside could look so beautiful in November.

BILL: Yes, although it's not so spectacular as it was about a month ago, when the leaves were at the peak of their color.

JOSÉ: I have seen picture postcards where the autumn leaves were actually[1] red and orange. Are they really as bright as that?

PILAR: Sometimes they are even brighter, and it looks as if all the forests were on fire. But the countryside has a great deal of charm even now, don't you think?

MARÍA: Yes, it's just as I pictured New England would be: the lovely white church steeples, the meadows and rolling hills, and the charming red barns.

JOSÉ: Say, we seem to be going right into one of those delightful red barns. Are we stopping here, Bill?

BILL: Yes, don't you all feel like having a little lunch now? This inn, which probably was an

old barn at one time, is famous for its authentic New England cooking.

MARÍA: What a good idea, Bill! I was so intrigued with the landscape that I had forgotten it was lunch time. But now that you mention it, the cold crisp air has really sharpened my appetite.

JOSÉ: Mine too. Do you think they'll have some of that delicious turkey I have seen advertised everywhere?

PILAR: No doubt they will have it. Stuffed turkey is traditional in New England, especially around Thanksgiving time,[2] when it almost becomes the national dish.

(Five minutes later lunch has been ordered and our friends are seated at a round wooden table admiring the interior of the old inn.)

BILL: This place does remind one of colonial times in the history of this country. Have you noticed the huge fireplace with the old iron pot and the dry husks of corn?

PILAR: All of these things belong to a time when Thanksgiving meant much more than a large dinner and indigestion.

MARÍA: Wasn't Thanksgiving originally the holiday when the New England Pilgrims gave thanks to God for their first successful harvest?

BILL: That's right, María. And the dry corn husks should remind you that it was the Indians who introduced this crop to the early settlers. The Indians were very friendly at that time and in Virginia one of their princesses, Pocahontas, is said to have married an English colonist.

NOTAS: 1. *actually* no significa *actualmente*, sino *en realidad*, y *actual* es *real*. "Actualmente" es *at present*, o *right now*.   2. *Thanksgiving*, el Día de Gracias, es celebrado en el último jueves de noviembre.   3. *geography* se pronuncia: *ji-óg-ra-fi*.   4. *to decide*, decidir, es seguido en general de las preposiciones *on* o *upon*, sobre

MARÍA: Virginia? But that's not very near here, is it?

JOSÉ: Of course not, my dear. We are now in New England, which is north of New York; Virginia is several hundred miles to the south.

MARÍA: I can see that our proposed trip across the United States is going to serve as a very practical lesson in geography.[3]

BILL: While we are waiting for that turkey to arrive, why don't we go over a few of the high spots of your trip, so that María will have a better idea of what to expect.

JOSÉ: That's a good suggestion, Bill. But as a matter of fact we haven't yet decided on[4] any of the details of the trip. All I know is that we are first going to Washington.

BILL: Well, if you go by bus or train you could stop off at Philadelphia, one of the oldest cities and once[5] the capital of the United States, and you could also make a side trip to Camden, New Jersey, and the home of Walt Whitman.[6]

MARÍA: How did you guess I was a Whitman fan, Bill?

BILL: Oh, that's easy. I can always guess the favorite authors of my friends. Now José is definitely an admirer of Mark Twain.[7]

JOSÉ: Why, that's incredible, Bill! You are right again. You know, we are even planning to take a river boat up the Mississippi so that I can get a deeper understanding of some of Mark Twain's wonderful novels.

o acerca de.   5. *once* es *una vez* con los mismos dos sentidos que en español. *Let's knock once,* llamemos (a la puerta) una vez. *Once upon a time . . . (lit.,* una vez en cierto tiempo): érase una vez . . . *He was once a champion:* ha sido campeón (en un pasado algo remoto).   6. *Walt Whitman:* (*uoalt uítman*), uno de los más ilustres poetas norteamericanos del siglo XIX, de vena lírica y épica. Su único

BILL: And I bet if you go to California María will be reminded of Steinbeck.[8]

José: You are probably right, Bill. But after Washington we are going to Chicago. We don't want to miss the second largest city in the United States and the fifth largest in the world.

BILL: If you are flying there from Washington I hope you'll go by day so that you can get some idea of what the Midwest looks like. Between here and Chicago lies one of the world's greatest industrial regions. Beyond Chicago, stretching to the Rockies, there is an endless fertile plain, punctuated by such cities as Omaha, Wichita and Kansas City, where a hundred years ago you could still hunt herds of buffalo. By the way, you should get your hotel reservations for Chicago well in advance since it's a great convention center and even its enormous hotels occasionally have no room.

José: We'll be sure to do that, Bill. And after Chicago where would you advise us to go? I know that there are so many attractions in this country that we can't hope to see them all. But we want to choose wisely.

BILL: You, as an engineer, José, would be interested in some of the enormous dams that are being constructed on the big rivers of our Northwest. But I think María might be more interested in visiting such natural wonders as Yellowstone National Park[9] and the Grand Canyon[10] of Colorado.

PILAR: But you mustn't become so pleased with our National Parks that you never get to the West Coast.

José: Don't worry, there's no danger of that. We are actually

libro se titula *Leaves of Grass* (Briznas de Hierba).   7. *Mark Twain* (marc tuéin), humorista norteamericano de la segunda mitad del siglo XIX, autor de *Huckleberry Finn* y de numerosos cuentos y novelas.   8. *John Steinbeck* (stáin-bec), novelista contemporáneo (n. en 1902), autor de temas mexicano-californianos; ha escrito *The Pearl* (La perla), *Tortilla Flat*, etc.   9. *Yellowstone National*

very anxious to see California. But we plan to take several side trips by bus in order to see something more of the Rockies.

BILL: What part of California do you want to visit first?

MARÍA: San Francisco, by all means. José has a strong wish to see the Golden Gate[11] Bridge and the San Francisco harbor, and I am just as anxious to explore the steep streets and quaint shops and restaurants of the city.

PILAR: You mustn't fail to visit San Francisco's famous Chinatown. You can also go to the Opera, since the season should be starting soon. San Francisco has a highly-developed cultural life, with more concerts and bookshops than any other city its size in the country.

JOSÉ: Yes, I just hope our trip doesn't stop there. You know, I am very anxious to get to Southern California as well. They say the climate there is somewhat similar to what we are used to—sunshine every day and clear blue skies. And I know we'll find lots of Spanish influence in the architecture and even in the lives of the people.

BILL: I wouldn't be too sure of that. Southern California has a hard-working movie industry and there may not be as much time for leisure as you imagine. But I think you can still find many fine old Spanish missions all over California.

MARÍA: Speaking of the movie industry, Bill, I have been trying to find Hollywood on the map, but without any success whatever. Can you tell me why?

Park: parque nacional, abundante en bellezas naturales, geysers y fuentes termales, en los Estados de Wyoming y Montana, en el *Far West* (Lejano Oeste) de los Estados Unidos.   *10. Grand Canyon:* profundo tajo y barranco a lo largo del río Colorado, en el estado de Arizona, atracción turística por su belleza natural y paisaje agreste.   *11. Golden Gate:* Puerta de Oro, nombre de la bahía de San

BILL: Certainly. Hollywood is only one of many suburbs of the city of Los Angeles, although for many people here and abroad it's probably the most important part.

PILAR: I should think that visiting a motion-picture studio could be a real treat for both of you. María, I know, would love to see some of the stars in action, and José should be very interested in the mechanics of movie production.

MARÍA: Naturally, we intend to visit at least some of the studios as well as Beverly Hills[12] and Malibu Beach.[12]

JOSÉ: I like movie stars, and I do not wish to detract from them, but I am also interested in the ones in the sky. I understand that some of the best observatories in the world are to be found in Southern California.

BILL: Yes, I agree with José, and I would certainly visit Mt. Wilson or Palomar Observatory if I were going to California.

PILAR: What about a side trip to Las Vegas?

BILL: The state of Nevada is next door to California, and many people drive to Las Vegas from Los Angeles for a weekend. You could do that if you have the time.

PILAR: And the money.

MARÍA: Don't worry, Pilar, José and I don't intend to gamble,[13] at least not on a large scale, but we would like to take in some of the floor shows[14] and other night-club entertainments. I understand that many popular Broadway actors are now performing there.

Francisco.   *12. Beverly Hills, Malibu Beach:* residencia y playa favorita de numerosas "estrellas" de Hollywood.   *13. to gamble* es jugar a un juego de azar apostando dinero (obsérvese que jugar, en general, es *to play,* verbo que se emplea también con el sentido de tocar un instrumento: *he plays the piano, she plays the*

José: Why is it that everything in the West seems to be larger than anywhere else? They have the biggest stars, the highest mountains, the largest trees . . .

María: Yes, we must see the famous California redwoods and sequoias.

José: And my mouth is watering already for some of those delicious California oranges and grapefruits. By the way, Bill, do you think we'll have to wait much longer for dinner?

Bill: Why, we've only been here a few minutes, José. I see that the mere mention of food makes you hungrier. Not that I want to tease you, but the steaks in Texas are famous throughout the country. Some people think that Texas beef is the best in the world.

María: Yes, I can hardly wait to get to Texas and see some real cowboys in action. I have always had the suspicion that they were an invention of Hollywood.

Bill: How skeptical you are! No, you can still see a genuine rodeo in some parts of Texas. But you may see more cowboys if you drive through New Mexico and Arizona.

José: Yes, we do intend to take a bus from California to Texas and pass through Monument Valley.[15] I have brought a camera loaded with color film, and I think that would be the best place to use it.

Pilar: You must save a few films for picturesque San Antonio, with its Spanish Governor's palace. When I was there a few years ago I was thoroughly delighted with the place. It is a perfect example of an eighteenth-century Spanish home.

---

guitar). *Apostar* es, recuérdese, *to bet.* Las Vegas, en Nevada, es el gran centro de juegos de azar de los Estados Unidos.   *14. floor show:* espectáculo presentado en los cabarets *(night clubs).   15. Monument Valley:* curiosa formación de rocas erosionadas en el desierto de Arizona.   *16. by way of: lit.,* por vía o camino de,

José: But I suppose that big twentieth-century cities like Dallas and Houston are more typical of this State.

María: Yes, but we're not always looking for what is typical of the twentieth century. Sometimes we even try to escape it. Aren't we planning a special detour by way of[16] New Orleans just to have a glimpse of that nineteenth-century charm which is so rapidly disappearing all over the world?

Bill: I had no idea you were planning to visit New Orleans. Couldn't you manage[17] to get there in February, when the famous Mardi Gras[18] takes place? They say it is very much like the Carnival celebrations at Rio de Janeiro and on the Rivièra.

José: I don't know whether we can get to New Orleans at just that time. But we certainly intend to sample some of the famous French and Creole cooking of its Vieux Carré.[19]

María: Don't forget that we also intend to visit Florida, Miami Beach, the Everglades,[20] Saint Augustine,[21] and we want to leave enough time for exploring some of the Southern mansions as well.

Bill: Yes, I forgot to mention, while I was making my analysis of literary tastes, that I knew María was also a Faulkner[22] fan.

María: This time you are wrong, Bill. It's true that I would love to visit some of the South's beautiful pillared mansions and splendid gardens. But this does not mean that I like Faulkner. As a matter of fact I much prefer the old school of writers like

pasando por. *17. to manage* es administrar (*manager,* como sabemos, es gerente), y también conseguir, arreglárselas. *18. Mardi Gras:* Martes de Carnaval. *19. Vieux Carré* (vye ca-réi): antiguo barrio francés y español de Nueva Orleans, famoso por su arquitectura con rejas coloniales y sus restaurantes. *20. the Everglades:* parque y pantanos tropicales en el interior de Florida. *21. Saint Augustine:* pintoresca ciudad de la costa oeste de Florida, reliquia de la influencia francesa y española. *22. William Faulkner* (uí-lyam fóac-ner), famoso novelista

Poe[23] and some of the New England poets, like Longfellow,[24] Whittier[25] and Bryant.[26]

José: You know, I was just thinking that this old inn makes me feel much closer to New England poets such as Frost[27] and Emily Dickinson.[28]

María: And I was thinking how good this trip of ours is going to be for my sense of American geography. I had not realized until now how large the United States really is, nor how broadly scattered the scenic attractions are. I can see how handy it would be to own a private airplane.

José: Much as I would like to own a plane myself, María, I really don't think it's necessary in this country. From what I've seen of the highways travelling should be very fast and pleasant. And think how much more we'll see than from a plane.

Bill: I know you won't mind this interruption of your planning, José, but if I am not mistaken the waitress is now coming with our turkey.

---

norteamericano contemporáneo, nacido en 1897. Premio Nóbel.   *23. Edgar Allan Poe* (po), poeta y escritor del siglo XIX, autor de *The Raven* (El cuervo), de numerosos cuentos de misterio y terror, y de las primeras novelas de detectives.   *24. Henry W. Longfellow:* poeta (1807-1882) cuyas composiciones líricas y narrativas (*Evangeline*) son todavía muy apreciadas por jóvenes y adultos.   *25. John G. Whittier:* poeta lírico y religioso, cantor de la libertad e iniciador de una campaña para abolir la esclavitud. (1807-1899).   *26. William Cullen Bryant:* poeta de inspiración romántica, cantor de la campiña de Nueva Inglaterra.   *27. Robert Frost* (froast), gran poeta contemporáneo del estado de New Hampshire (nu hdemp-schír). *28. Emily Dickinson:* poetisa nacida en Massachusetts. De gran originalidad e intenso lirismo, escribió numerosos poemas cortos.

Nineteenth Lesson

A DAY IN WASHINGTON, D. C.

(María, José and Bill are aboard[1] a train which
is   is just arriving in Washington, D. C.[2])

MARÍA: It was certainly a piece of good luck, Bill, that your editor happened to send you[3] to Washington at the same time we planned to go there. With you to guide us I'm sure we'll get much more out[4] of the city.

BILL: I only hope I live up[5] to your expectations, María.

MARÍA: Well, you can start by telling us where we are now. I can't believe we are already in Washington. It seems we just got on the train.

JOSÉ: That's because of[6] the good company we've had, María.

BILL: I refuse to accept any compliments, José. The fact is that with such comfortable, fast trains the trip from New York goes very quickly. If you'll look out of the window you'll see that we're in Union Station already.

NOTAS: *1. aboard,* a bordo de, es adverbio que no va seguido de ninguna pre-posición en inglés: *aboard a ship,* a bordo (de) un buque.   *2. D.C.* son las siglas de *District of Columbia,* nombre oficial completo de la división administrativa autónoma en que se encuentra enclavada la mayor parte de la capital, Washington, en la misma forma en que la ciudad de México se encuentra en el Distrito Federal.

MARÍA: What crowds of people! Everyone seems to be moving in different directions. Many of them are carrying briefcases under their arms. Do you think they are all government workers?

BILL: Some of them may be, but don't forget that all kinds of people come to Washington. Since it is the capital of the United States, visitors come here from all over the world.

JOSÉ: This station looks large enough to hold the city's entire population.

BILL: Not quite, José. But its concourse was built especially for the great crowds that Washington gets during Presidential inaugurations and other important events.

JOSÉ: Now that we are in Washington, Bill, I don't think we should impose on you too much. Why don't you let us know[7] what your plans are, and then we shall try to arrange our own accordingly.

BILL: Since you mention it, José, that is just what I had in mind. I have to see someone at the Capitol[8] for a short time, and while I am interviewing him you and María could tour the government buildings and perhaps have time for a brief visit to the Supreme Court and the Library of Congress. I'm sure you won't get lost. There are excellent guides everywhere.

JOSÉ: Fine. Then let's meet at the main entrance within an hour.

(Some time later we rejoin our friends at the Capitol.)

MARÍA: You know, dear, I don't think we are going to need a guide after all. I didn't want to mention this to Bill, but I have been studying a map of Washington, and I believe I could take you around and explain everything to you myself.

---

3. your editor happened to send you: to happen es ocurrir por casualidad, y se emplea con frecuencia en forma impersonal: *it happened this way,* ocurrió así. Aquí va en forma personal, que debe traducirse por un giro impersonal en español: ocurrió que su redactor le envió . . . etc.   *4. to get out* es sacar; *to get out of* es obtener resultados. sacar partido, aprovecharse de, o, aquí, explorar plenamente.

José: That's quite an undertaking,[9] María! However, suppose you begin by taking me to the Chamber of the Senate or the House of Representatives.

María: Gladly, my dear. But since this is a holiday, don't expect to see the legislature in session.

José: Yes, that's true, I hadn't thought of that. Then tell me something about the buildings themselves.

María: Very well. Since you are so interested in facts and statistics, you might like to know that the buildings stand on Capitol Hill, the highest point in the city, and that their main feature is the gigantic dome, which rises more than 280 feet, a landmark in the Washington skyline. There's a statue of Freedom at the very top.

José: What's on the inside of the dome?

María: Let's go inside. Here we are, right under the dome in the great circular hall. Would you guess that it's ninety-five feet in diameter? The huge paintings which you see on the walls depict famous scenes from American history.

José: Fine, you are doing very well as a guide, María. Can you think of anything else we should see?

María: There is something else[10] that would amuse you, I know. It's the little subway that runs from the Senate basement to the Senate Office Building, and it's free and open to the public.

---

5. *to live*, según sabemos, es vivir; pero *to live up to* es estar a la altura de las circunstancias o de lo que se espera de uno.   6. No confundir *because*, porque, con *because of*, a causa de.   7. *Why don't you let us know*: forma interrogativa, a pesar de la ausencia del signo de interrogación, como ocurre a veces: ¿por qué no nos haces (dejas) saber . . . ?   8. *El Capitolio* es el célebre edificio en que se reúne el Congreso, constituído por la Cámara de Diputados (*Representatives*) y el Senado. Obsérvese que en *Capitol* el acento recae en la primera sílaba.   9.

José: That might be interesting. But in view of the fact that we do not have too much time, I would rather get at least a glimpse of the Supreme Court.

María: Let's walk out through this side entrance. It's only a block away, facing the Library of Congress, the largest library in the country.

José: Yes, I know that, María. And I also know that it contains the original manuscripts of the Declaration of Independence[11] and the Constitution, as well as one of the few perfect copies of the Gutenberg Bible.

María: Look, José. You can see the Supreme Court Building now. It's that immense structure of beautiful white marble with the portico and massive stairway. Isn't it an impressive building?

José: Yes, and a fitting symbol of guardianship for the Constitution and the Declaration of Independence. After all, the Supreme Court is one of the cornerstones of the American political system. But don't you think it's time we got back to the Capitol? Bill will be waiting for us there.

María: If I'm not mistaken that's Bill coming towards us in that car.

Bill: I thought I'd find you here. One of my friends at the Capitol lent me this car for the afternoon. He thought you could see more of the city with it.

That's quite an undertaking: to undertake es emprender, y *an undertaking* es una empresa, un esfuerzo. *Quite* puede traducirse por *completamente* (*he's not quite finished,* no ha terminado completamente), o por *todo: he's quite a man,* es todo un hombre. La 2a. acepción es la que se aplica a nuestro texto.   10. *anything else:* recuérdese que *something,* algo, se transforma en *anything* en frases interrogativas o negativas. *Something of value:* algo de valor. *He doesn't own anything:* él no posee nada (o bien: *he owns nothing). Something else:* alguna otra cosa.

José: Bill, I'm beginning to suspect you're a man of some influence in Washington. Can you arrange to introduce us to the President?

BILL: No, but I can take you to the White House, where he lives.

MARÍA: Is his home open to the public?

BILL: Yes, in large part, except, of course, for his private living quarters. But I'll tell you all about it when we get there. I don't have time to stop now, but on your left, on Constitution Avenue, is the National Gallery of Art, with one of the world's finest art collections.

José: What's the name of the street we are on now? It has so many official-looking buildings.

BILL: This is Pennsyl-
vania Avenue, and that is
the White House ahead.

MARÍA: Yes, I could
have guessed that even if
you hadn't told us. The
grounds around it pro-
vide such a charming set-
ting, and the building itself is a perfect example of
eighteenth-century style.

BILL: All the same, the present White House was actually built in the nineteenth century after the first one was burnt in the War of 1812.[12] Shall we park here and make a quick tour of the main lobby and the East Room, which is the largest room in the house?

Anything else: ¿alguna otra cosa?   *11. Declaration of Independence:* las colonias inglesas en América se rebelaron en 1776 y proclamaron su independencia en un famoso documento redactado por Jefferson.   *12. War of 1812 (eighteen twelve):* conflicto entre Estados Unidos e Inglaterra, de breve duración, durante la época

José: Couldn't we save that for later on? There are so many things I want to see, I'm afraid we won't have time for them if we stay here too long.

Bill: Very well, we'll make the White House tour on our return trip. Let's proceed directly to the Washington Monument.[13]

María: Isn't that it at the other end of the Mall?[14] It seems to me that we saw it from the Capitol.

Bill: Of course you did, and probably a number of other buildings besides the Washington Monument. If you've read anything about the city, you may remember that the original plan for Washington, as drawn up by the famous French engineer L'Enfant, called for many such broad areas as the Mall radiating out from strategic circles. If you look at your map you are bound to notice that the Washington Monument and the Lincoln Memorial are in a straight line radiating westward from the Capitol.

María: Oh, I'm familiar with the map, Bill. But you must admit that one actually has to see Washington to appreciate its wide avenues, many trees and uninterrupted vistas. I understand that President Washington himself had a hand in its planning.

José: Then for that alone he deserves his monument. By the way, Bill, would you care to climb with me to the top of the monument? I imagine that the view from there must be even better than that from the Capitol.

Bill: You're right about the view,

napoleónica. Obsérvese la forma de leer las fechas: si la fecha histórica tiene cuatro cifras, como es muy frecuente, se hacen dos grupos de dos cifras y se lee cada grupo por separado. 1492: fourteen ninety-two. Esta es forma muy usual, aunque en ocasiones solemnes u oficiales se suele agregar al primer grupo el substantivo *hundred*: 1848, *eighteen hundred forty-eight*. 13. *Washington Monument:*

José. But surely you're joking about the climbing. Do you realize that this is the tallest stone-masonry building in the world? It's over 555 feet high. If we are going on with this whirlwind tour of Washington, we won't even have time to go up in the elevator!

MARÍA: Bill is right, my dear. Remember, we want to see the Lincoln Memorial as well as the Jefferson Memorial and several other attractions.

BILL: Well, suppose we make the Lincoln Memorial next on our itinerary. If you can spare about fifteen minutes, and José still wants some exercise, you might walk there by way of the Lincoln Memorial reflecting pool, which makes a perfect approach to the monument.

MARÍA: This time I veto the suggestion, Bill. I want to save my energy for climbing the beautiful stairway to the Lincoln Memorial, for that is one monument I do want to see from the inside.

BILL: All right, María. By driving along Constitution Avenue you get a chance to see the lovely building of the Pan American Union,[16] which is said to reflect Latin-American architecture.

José: And if I am not mistaken, that is the new State Department[17] building, far to the right.

MARÍA: It's exciting to think we are so close to the place where decisions affecting the whole world are made.

BILL: But now we're even closer to the Lincoln Memorial. Are you sure you want to go inside? You know, you can almost see the heroic gray statue of Lincoln from here.

José: Go if you like, María, but we have only a couple of hours left for seeing Mount Vernon[18] and the Tomb of the Unknown Soldier.

MARÍA: Very well, then I shall content myself with admiring its exterior. But could

you tell me, Bill, is that the Jefferson Memorial which we can see across the tidal basin and which also looks like a Greek temple?

BILL: Yes. You can recognize it from the circular pantheon form which is said to be the same as that used in Jefferson's estate at Monticello.

MARÍA: If only the famous Japanese cherry trees[19] were in blossom! Then I would really love to take time out for a walk between the two monuments.

BILL: And that would be a walk well worth taking, with the hundreds of pink blossoms reflected in the pool. At that time of the year Washington is at its best.

(A half an hour later our friends arrive at Mount Vernon.)

JOSÉ: What a wonderful drive along the Potomac![20] I think this countryside would be worth seeing even if we did not have Mount Vernon for our destination.

MARÍA: Yes, but now that we are here let's not miss anything. First I want to see the mansion where Washington lived, and then the mausoleum where he and his wife are buried.

BILL: But there's a great deal more to the estate. You must remember that this was a real plantation, and the smaller buildings that you see around the mansion comprise a smokehouse, dairy, greenhouse, coachhouse, slave quarters and kitchen. You see that they are all neatly arranged in a symmetrical pattern, joined by arcades.

MARÍA: All of that may be very interesting to a historian, but I am far more intrigued by the mansion itself, as one of the best

---

obelisco en honor a George Washington (1732-1799), general y primer Presidente de Estados Unidos.   *14. the Mall:* paseo con césped *(lawn)* en el sector central y monumental de Washington.   *15. Lincoln Memorial:* templete dedicado a la memoria de Abraham Lincoln (1809-1865), décimosexto Presidente de Estados Unidos, emancipador de los esclavos, que mantuvo la unidad del país durante la guerra civil (1861-1865).   *16. Pan American Union:* Unión Panamericana, organi-

examples of colonial architecture. What a beautiful cupola it has! And what perfect proportions!

BILL: Just wait till you see the inside. The rooms are still furnished just as they were when the Washington family lived here. Everything is perfectly preserved.

José: And what a beautiful view of the Potomac you get from here! If I had been Washington, I never would have left Mount Vernon!

BILL: In that case, José, you make it harder than ever for me to pull you away from here. But we have nearly an hour's ride to the Arlington[21] National Cemetery and the Tomb of the Unknown Soldier.

---

zación permanente de colaboración económica, cultural, diplomática, etc., en que toman parte todas las naciones del continente, con excepción del Canadá.   **17. State Department:** Departamento de Estado, o Ministerio de Asuntos Exteriores. **18. Mount Vernon:** casa familiar de George Washington, uno de los mejores ejemplos de las plantaciones coloniales del siglo XVIII, cuidadosamente restaurada. **19. Japanese cherry trees:** regalados por las autoridades japonesas a principios del siglo XIX, los cerezos de Washington constituyen uno de los encantos de parques y jardines, especialmente durante la primavera.   **20. Potomac:** el río a cuyas orillas está situada la ciudad de Washington, así como Mount Vernon.   **21. Arlington National Cemetery:** el más famoso de los cementerios nacionales norteamericanos, en que se hallan las tumbas de famosos generales y la Tumba del Soldado Desconocido.

Twentieth Lesson

A PLEASANT EVENING WITH FRIENDS

*(The scene is Jim Foster's house in Los Angeles.[1]
Sally is with him to welcome José and María.)*

JIM: Come in!

MARÍA: How lucky we are to be in Los Angeles just when you've come back!

SALLY: Yes, it was very lucky. Jim had to return here unexpectedly, so I came along[2] as well, hoping to see you.

JIM: Fortunately I remembered you said you would stay at the Hotel Statler when you got to Los Angeles. And what a lovely hotel it is, too!

JOSÉ: So you called us, and here we are!

JIM: After having visited your home so many times, it's a pleasure to welcome you to mine. I'm very eager to hear about your impressions of Los Angeles.

NOTAS: *1. Los Angeles,* a pesar de ser nombre español, se pronuncia *loas den-je-lis. 2. I came along.* Los compuestos de *to come* son numerosísimos. Conocemos ya, por ejemplo, to *come up,* subir, y to *come down,* bajar. to *come*

185

SALLY: I want to hear about the whole trip! You wrote us about New York and Washington, but I'm most curious[3] about the rest of your travels.

MARÍA: To begin with,[4] the two things that have impressed me most about the United States are the beauty of the scenery and the friendliness of the people.

JOSÉ: And the contrasts in the climate!

MARÍA: We had rain and cloudy skies[5] during our visit in New York towards the end of fall, snow in the Midwest with a white Christmas[6] in Chicago, clear windswept[7] skies near the Rockies, mild sun and fog in San Francisco and blue skies and plenty of sunshine in Southern California.

JOSÉ: What you just said, María, brings back to my mind the words of a song we heard in a little railroad station in the Rockies. It was sung by a group of young people dressed in cowboy style. Do you remember?

MARÍA: No darling, but I probably will[8] as soon as I hear it.

JOSÉ *(singing in his best baritone voice):*

> Home, home on the range,
> Where the deer and the antelope play,
> Where seldom is heard
> A discouraging word
> And the skies are not cloudy all day.

---

along, *lit.,* venir a lo largo de, es acompañar.   *3. most curious: most,* como adjetivo superlativo, es lo más, los más, la mayor parte de. *Most of the movie actors,* la mayor parte de los actores de cine. *Most of his money,* casi todo su dinero. *He is the most famous of all our scientists,* es el más famoso de todos nuestros hombres de ciencia. Pero, como adverbio, *most* es sumamente, en sumo grado, muy; en el caso citado, *most curious,* muy (o sumamente) curiosa.   *4. to begin with* es locución idiomática, literalmente para empezar con; suprímase el *with* al traducir.   *5. skies:* recuérdese que el singular es *sky,* pero las palabras terminadas en *y* precedida de consonante hacen el plural en *ies.*   *6. white Christmas:* Navidad blanca, o Navidad con nieve, según la idea tradicional de cómo debe ser el día de Navidad.   *7. windswept:* adjetivo compuesto de *wind,* viento, y *swept,* participio pasado de *to sweep (pret.* swept, *part. pas.* swept), barrer; claro y despejado a fuerza de que el viento haya barrido las nubes.   *8. I probably will:* elisión de la forma básica, *remember,* que aparece en la frase anterior; *I probably will remem-*

SALLY: I didn't know you could sing like that, José! It's remarkable!

MARÍA: He also learned a few night-club songs in Chicago. We went out dancing[9] almost every night and we heard some of the best jazz music.

JIM: What did you think of the Midwest in general?

JOSÉ: Offhand I would say that it's one of the most prosperous sections of the country. There's almost as much activity in the field of industry as there is wealth in agriculture. Those endless corn fields in Iowa! Of course, all the crops had been gathered in by the time we passed through the fields. This gave us a chance to see some real country celebrations. They have most of their square dances[10] at the end of the harvest.

MARÍA: But Chicago impressed me much more than the farming areas. The skyscrapers along Michigan Avenue, the bustle and traffic on the Loop[11] and the Christmas gaiety were very exciting.

JOSÉ: Do you remember the night we took a taxi and asked the driver to show us the most beautiful sections of Chicago? He drove us all around the city, including some of the best residential sections. I think that Chicago is even more attractive by night, with all the lights shining, than in the daytime.

MARÍA: I also remember with pleasure our trip to the Chicago museums. What a wealth of good paintings! Almost all the old masters are represented, as well as some of the best contemporary painters.

SALLY: What did you do after Chicago? Did you drive West or did you take the train?

ber sería la frase completa.   *9. dancing:* empleo del gerundio en lugar del infinitivo: fuimos o salimos a bailar.   *10. square dances:* tipo de danza folklórica

José: We had thought of renting a car but decided to travel by train. We headed for the Southwest and the Rockies, by way of Iowa, Nebraska, Colorado and Utah.

María: We admired the Mormon[12] Temple at Salt Lake City.

José: Before that, I remember you were enthusiastic about the Colorado scenery.

María: Yes, everywhere there were mountains, hills, beautiful trees, blue skies, farmers on horseback.

José: We stopped a few days in Colorado and took some trips on horseback. I bought[13] a fishing rod and caught[13] three large trout.[14]

María: And I went shopping and caught—or rather bought— these beautiful silver earrings.

José: I hadn't realized how important mining is for most of the States near the Rockies. Almost everywhere you can see signs of mining, as well as people active in prospecting.

Jim: It used to be silver and gold, but now uranium is what attracts prospectors.

José: They also find copper, iron ore and natural gas. The owner of a small hotel where we stayed in New Mexico had just struck[15] a pocket of oil and natural gas almost in his backyard!

Sally: I didn't realize you were planning to go as far as New Mexico. What made you change your plans?

---

muy popular en Estados Unidos, versión rústica de danzas cortesanas de los siglos XVII y XVIII en que los que participan se colocan frente a frente en hilera formando un cuadrado.   11. *The Loop, lit.,* lazo, bucle: nombre del distrito de teatros y cabarets en Chicago.   12. *Mormon Temple:* los mormones, secta fundada por Brigham Young y otros en el siglo XIX, se establecieron en el Utah, fundando numerosos templos y comunidades, con el centro más importante en Salt Lake City, o Ciudad del Lago Salado.   13. *bought, caught,* son, se recordará, los pretéritos irregulares de *to buy,* comprar, y *to catch,* coger.   14. *three large trout:*

José: We felt like exploring the desert. But let me tell you about our trip to Arizona, since that comes first. We took a bus in Denver[16] and went to Arizona to see the Grand Canyon.

Sally: Is it as impressive and grandiose as we have been told?

María: It certainly is! It was a clear day, and you could see for miles and miles. The Canyon is a deep gorge—in a town we passed through we were told that it is 217 miles long, 8 to 15 miles wide, and over a mile deep. The earth, or rather the rock, has the most striking colors: orange, red and violet.[17] You can see the Colorado River winding at the bottom, and you can even go down if you care to.[18] I didn't dare.

José: It took me several hours riding a mule, but it was worth it.

María: There was sunshine all day and the breeze was invigorating. We decided to go on and explore the desert. We rented a car and drove along the straight roads of Arizona and New Mexico.

varios nombres de animales tienen una sola forma para el singular y para el plural: *two sheep,* dos ovejas. *15. to strike,* golpear, tiene otras acepciones. *To strike a match* es encender un fósforo. *To strike gold:* encontrar oro (en una mina). *A pocket of oil, lit.,* un bolsillo de petróleo, es un depósito de petróleo. *16. Denver* es la capital del Estado de Colorado. *17.* Como en español, *orange*

José: The cactus[19] formations in New Mexico are impressive. We also visited some Indian ruins. And then we headed straight back[20] to Arizona and Nevada. Guess where we went in Nevada?

SALLY: You probably went to Las Vegas.

MARÍA: You are perfectly right. Las Vegas is like an oasis in the middle of the Nevada desert. The hotels and night clubs vie with each other[21] in offering the best entertainment and floor shows.

José: I am not in favor of gambling, but I couldn't stop María. And she won, too.

MARÍA: Not too much, but enough to make it more enjoyable.

JIM: You could have come to Los Angeles from Las Vegas. After all, we are not very far from Nevada.

José: What? And miss San Francisco? We flew to San Francisco after our visit to Las Vegas, and I can still picture the steep snow-covered slopes of the Rockies as we saw them from the air.

MARÍA: It was an exciting trip, and San Francisco was certainly worth while. It is one of the most beautiful cities we have seen in this country, with its steep streets and the wonderful view of the bay.

---

y *violet* tienen una acepción como adjetivos (color naranja, color violeta) y otra como substantivos (la naranja, la violeta).   *18. if you care to: to care* es cuidar, pero *to care to* es desear hacer algo. *He could be a good artist, but he doesn't care to:* podría ser un buen artista, pero no quiere, o no se molesta en serlo.   *19. cactus* es palabra de origen latino, que sigue, para formar el plural, la misma regla que en latín: el plural es *cacti* (cáec-tai). Lo mismo ocurre con *nucleus*, núcleo, *pl.*, *nuclei*; *alumnus*, ex-alumno, *pl.*, *alumni.*   *20. we headed straight back: to head towards* es dirigirse hacia; *straight back,* derecho o directamente hacia atrás.   *21.*

José: We also took a side trip to the rich California valleys where some of the finest vegetables and fruits are grown. We even sampled some of the best California wine on the spot.[22]

María: You had a long conversation with a grower about the qualities of wines. It was at that moment that I realized how much your English had improved.

José: I must say that if we had come to this country without speaking English we would not have enjoyed ourselves half as much.

María: All of California is worth visiting, I think. Although the climate of Southern California is milder and more pleasant, the Northern sections make up [23] for it with the beauty of their scenery.

Jim: How did you travel from San Francisco to Los Angeles? Did you go by bus?

José: No, we took a train. It had an observation car like the ones I saw while traveling through some of the Rocky Mountain states. The railroad line follows the coast, but you can see the ocean only at certain times. Still, it is one of those trips which make you realize[24] how beautiful the American scenery is, and how varied.

Sally: When did you arrive here? I hope you haven't seen much of Los Angeles, because then we can be your guides.

María: As a matter of fact,[25] we have already explored some

---

to vie with each other es rivalizar, competir. 22. on the spot (spot tiene aquí la acepción de lugar, paraje) es en el terreno, en el mismo lugar, allí mismo. 23. to make up es inventar: he made up this story, él inventó este cuento; maquillarse: she was all made up, ella iba muy maquillada; y también compensar, como en este caso. They make up for it with their beauty of scenery: lo compensan con sus bellezas nàturales. 24. make you realize: el you es aquí una forma impersonal, no dirigida a un interlocutor, sino expresión de un sentimiento colectivo: le hacen comprender a uno. 25. as a matter of fact (expresión idiomática): en realidad.

of the main sections downtown, but I have the feeling that this city is so large that we'll never be able to explore it completely.

Jim: It is true that Los Angeles has grown a great deal these last few years. Its area is vaster than what you would expect because so many people prefer to live in individual houses surrounded by small gardens. That, by the way, is a tendency which you will have noticed all over America.

Maria: Yes, we have, Bill, and you can find the same thing in most of the new residential sections of our Latin-American cities—there is nothing like a private home to relax from the noise and the tension of a day's work in the city.

Sally: You must visit the Beverly Hills section, where some of the most famous movie stars live.

José: We haven't gone there yet, and I hope you will be able to come with us. We have managed to visit one of the studios where the Hollywood films are produced.

María: But I haven't seen any film stars yet. I realize, of course, that not everybody in Los Angeles is connected with the film industry.

Jim: That's right, María. It's only one industry among many. We also have aviation factories, electronics laboratories and various light industries. If you are interested in movie actors we'll take you to a night club where you will see several of these celebrities.

---

26. *we are not likely to forget: it is likely,* en forma impersonal, se traduce por: **es** probable. La frase idiomática de este caso es, literalmente, no somos probables que lo olvidemos, es decir, no es probable que lo olvidemos.   27. obsérvese la pronunciación: mé-mo-ra-b'l.   28. rodeo: pron. ró-di-o.   29. *to spend:* Recuér-

José: I was especially interested in seeing one of the beautiful observatories. We took a trip to Mt. Palomar and were amazed at the complicated, delicate telescopes and other machinery for observing and studying the skies.

María: Somehow it seems to me we have managed to see a great deal. We have enriched our experience and gathered memories that we are not likely to forget.[26] It has been a memorable[27] trip.

José: We went to the theater in New York, to the opera in Chicago, and to a rodeo[28] in Arizona. We have seen beautiful white New England churches, stately skyscrapers and sprawling ranch buildings. But I think that what is most interesting about America is the people.

María: It is relatively easy to start a conversation with a perfect stranger, as I did in the train with a lady from Chicago, and to learn about the hopes and ambitions of the average American family.

Jim: Yes, friendliness is supposed to be one of our national characteristics.

José: Everybody tried to be helpful, especially when they knew we had come from another country to see America.

Sally: What are your plans after you leave Los Angeles?

José: We shall go back east as far as New Orleans, and from there we'll take a plane back home.

María: José took enough color pictures to spend[29] the rest of his life showing them to our friends.

José: María bought enough hats and jewelry to fill two new suitcases—which I shall have to carry, of course.

---

dese que este verbo tiene dos acepciones, gastar, y pasar el tiempo. *His friend spends money faster than he makes it:* su amigo gasta el dinero más aprisa que lo gana (*lit.,* hace). *We spent an enjoyable evening with you:* pasamos una velada muy agradable con ustedes.

MARÍA: And as soon as we reach home and take time to rest and see our friends, we shall start making plans.

JIM: Plans? What kind of plans?

MARÍA: Why, to come back for another visit, of course!

Indice Gramatical

AUN CUANDO todas las explicaciones gramaticales necesarias para la comprensión de cada una de las Veinte Lecciones han sido incluídas en las notas de cada lección, proporcionamos aquí un INDICE GRAMATICAL completo para que sirva de referencia y consulta, con el cual puede el estudiante resolver todas sus dudas con respecto a la gramática. Cada parte de la oración (artículo, sustantivo, verbo, etc.) va explicada a fondo en todos sus usos. Por lo tanto, siempre que el estudiante desee completar su información sobre algún punto gramatical, fácilmente hallará la respuesta en este Indice.

Proyecto de Estudio
para el Índice Gramatical

Puesto que el material de este Índice Gramatical no se halla dispuesto según orden de dificultad o de frecuencia, sino que ha sido clasificado por secciones (artículo, nombre, adjetivo, etc.), sugerimos que el estudiante consulte y estudie los siguientes párrafos junto con cada lección, para contar así con una guía para los puntos gramaticales relacionados con cada lección. La forma más sencilla de localizar un párrafo (§) es hojear las páginas de la sección gramatical y buscar el número del § junto al número de la página.

Lección I   El artículo definido §1. El artículo indefinido §2. Los sustantivos §3, §4, §5. Los verbos regulares §29. Uso del verbo en los tiempos simples §35.

Lección II   Los adverbios de modo y su colocación §21, §80. Los pronombres personales §7.

Lección III   Conjugación de *to have* §39. Conjugación de *to be* §40. Conjugación de *may* §44.

Lección IV   El verbo *can* §45. Pronombres posesivos §8. Género y número de los adjetivos §11. Conjugación del verbo *to do* §41.

Lección V   Usos del infinitivo §31. Conjugación de *must* §46.

Lección VI   Relación de posesión §6, §40 (4b). Modelo para la conjugación de verbos reflexivos §52.

Lección VII   Verbos impersonales §58, §59. Adverbios de lugar §19. Los pronombres demostrativos §9.

INDICE GRAMATICAL
Tabla Analítica

Parte I

LAS PARTES NOMINALES DE LA ORACIÓN

Capítulo 1—LOS ARTICULOS

Capítulo 2—LOS SUSTANTIVOS

Parte II

LAS PARTES INVARIABLES DE LA ORACIÓN

Capítulo 5—LOS ADVERBIOS

Capítulo 6—LAS PREPOSICIONES

Capítulo 7—LAS CONJUNCIONES

Capítulo 8—LAS INTERJECCIONES

Parte III

LOS VERBOS

Capítulo 9—DEL VERBO EN GENERAL

Capítulo 10—LOS NOMBRES VERBALES

Capítulo 11—LOS VERBOS REGULARES

Capítulo 12—LOS VERBOS AUXILIARES

Capítulo 13—LOS VERBOS IRREGULARES

Capítulo 14—LOS VERBOS REFLEXIVOS Y LOS VERBOS RECÍPROCOS

Capítulo 15—LOS VERBOS PASIVOS

Capítulo 16—LOS VERBOS IMPERSONALES

Capítulo 17—LOS VERBOS DEFECTIVOS

Parte IV

CLASES DE CONSTRUCCIONES

Capítulo 18—LAS FRASES

Capítulo 19—LAS CLAUSULAS

Capítulo 20—TIPOS DE ORACIONES •
ORDEN DE LAS PALABRAS

PARTE I

LAS PARTES NOMINALES
DE LA ORACION

CAPITULO 1
LOS ARTICULOS

§ 1. El artículo definido

1. **The** es el artículo definido, que es invariable y corresponde a *el, la, los, las.* **The** se coloca delante de nombres ya estén en singular o en plural, como:

the man el hombre	**the woman** la mujer	**the book** el libro	**the table** la mesa
the men los hombres	**the women** las mujeres	**the books** los libros	**the tables** las mesas

2 El artículo definido se emplea para limitar el sentido general de un sustantivo a *una cosa particular.* Una de las ocasiones más importantes en que se exige el empleo del artículo en inglés es con sustantivos concretos que designen objetos determinados y adjetivos que funcionen como sustantivos. Por ejemplo:

The faucet in the kitchen leaks.
La llave de la cocina gotea.

El artículo se emplea también cuando un sustantivo en el singular designa todos los de la misma especie. Por ejemplo:

Do you rent these rooms by the month or by the week?
¿Alquila Ud. estos cuartos por mes o por semana?

El artículo definido se usa algunas veces delante de los números ordinales, especialmente cuando éstos se emplean para designar el orden de sucesión de una familia real, etc. En este caso debe usarse el artículo al hablar, o al leer un texto, aunque el artículo no figure en el texto. Ejemplo:

Charles V and Philip II were great kings.
(Charles the Fifth and Philip the Second were great kings.)
Carlos V y Felipe II fueron grandes reyes.

El artículo definido no se emplea en inglés con tanta frecuencia como en español.

No se usa delante de sustantivos que expresen una idea general. Por ejemplo:

Coffee is a popular beverage in the United States.
El café es una bebida popular en los Estados Unidos.

El artículo definido no se emplea tampoco delante de los sustantivos que ocurran muy frecuentemente. Por ejemplo:

Dinner is ready.
La comida está servida.

En inglés no se aplica el artículo definido a los sustantivos abstractos, como *life* (vida) y *death* (muerte), ni a los siguientes grupos de palabras tomados en sentido indeterminado:

a) Virtudes:
Goodness is its own reward.
La bondad es su propia recompensa.

b) Vicios:
Vice is hateful.[1]
El vicio es odioso.

c) Pasiones:
Anger is a sorry picture.
El enojo es una visión lamentable.

d) Cualidades:
Cleanliness is one of the things I like most.
La limpieza es una de las cosas que más me gustan.

e) Ciencias:
Physics and chemistry are John's favorite subjects.
La física y la química son las materias favoritas de Juan.

f) Artes:
Sculpture requires physical strength.
La escultura exige fuerza física.

g) Colores:
Blue and red are complementary colors.
El azul y el rojo son colores complementarios.

h) Metales:
Aluminum is the metal of the future.
El aluminio es el metal del futuro.

i) Hierbas:
Spices improve the flavor of a meal.
Las especias mejoran el sabor de una comida.

j) Las estaciones del año:
Spring is the season of flowers.
La primavera es la estación de las flores.

k) Los nombres verbales:
Swimming is Charles' greatest joy.
La natación es la mayor felicidad de Carlos.

---

[1] Pero sí se dirá *the vice of drinking* (el vicio de beber); se usa el artículo porque se determina la clase de vicio a que nos referimos.

Tampoco se usan delante del plural de los sustantivos concretos
que designan una clase de cosas o seres y no van precedidos de un
adjetivo. Por ejemplo:

Dogs usually don't like cats.
A los perros no les gustan los gatos por lo general.

El artículo nunca se emplea después del caso posesivo (genitivo)
de los sustantivos o los pronombres. Por ejemplo:

The student's book.
El libro del estudiante.

The student whose mother was my teacher lives here.
El estudiante cuya madre fué mi profesora vive aquí.

El artículo nunca se usa en inglés delante de los nombres propios,
de idiomas y de los nombres de dignidad.

§ 2. El artículo indefinido

1. A y an son los artículos indefinidos del inglés para el singular
y corresponden a un y una. A y an tienen exactamente el mismo
significado. Se emplea el primero (a) delante de las palabras que
empiezan por consonante, como a man (un hombre), a woman (una
mujer). El segundo (an) se emplea delante de las palabras que comienzan por vocal, como an apple (una manzana). An se coloca también delante de palabras que empiezan por h muda, como an hour
(una hora), an honor (una honra); pero, cuando la h se pronuncia,
se usa a, como a horse (un caballo).

2. Some se usa como artículo indefinido para el plural y corresponde a unos y unas. Aunque some está considerado en inglés
como adjetivo, lo incluímos entre los artículos para mayor claridad,
por equivaler al indeterminado español unos o unas, que también
es a menudo un pronombre.

3. A o an se colocan delante de nombres en el singular, y some
en el plural. Ejemplos:

a husband	a wife	a man	a girl
un marido	una esposa	un hombre	una muchacha
some husbands	some wives	some men	some girls
unos maridos	unas esposas	unos hombres	unas muchachas

4. El artículo indefinido se usa:

a) Delante de un sustantivo de sentido general pero definido. Por
ejemplo:

We had a good day.
Tuvimos un buen día.

b) Delante de un sustantivo predicado que designa nacionalidad,
profesión, religión, partido político. Por ejemplo:

He is an American.
El es norteamericano.

c) Delante de una frase apositiva, como:

Philadelphia, a large city,...
Filadelfia, una ciudad grande,...

d) Delante de un sustantivo concreto en el singular que designe una clase entera. Por ejemplo:

A sparrow is a small bird.
El gorrión es un pájaro pequeño.

e) Delante del nombre de ciertas enfermedades. Por ejemplo:

I have a sore throat.	**I have a cold.**
Me duele la garganta.	Tengo un resfriado.

f) En proposiciones exclamativas. Por ejemplo:

What a pity!	**What a man!**
¡Qué lástima!	¡Qué hombre!
Such a thrilling experience!	
¡Qué experiencia tan emocionante!	

g) En descripciones. Por ejemplo:

She has a beautiful face.
Ella tiene una cara hermosa.

CAPITULO 2
LOS SUSTANTIVOS

§ 3. El género de los sustantivos

1. Masculino es el género de los nombres de varones y animales machos:

man	**horse**
hombre	caballo

2. Femenino es el de mujeres y animales hembras:

girl	**mare**
muchacha	yegua

3. Neutro es el de lo inanimado, por no pertenecer a sexo alguno:

garden	**stone**
jardín	piedra
book	**table**
libro	mesa

Nota. Excepción de esta última regla es *the ship* o *vessel* o *boat* (buque, barco) que se considera como femenino:

How fast does the ship go? She goes twenty miles an hour.	¿Con qué velocidad anda el buque? Anda veinte millas por hora.

4. Se distingue el género de los nombres de tres modos:

PRIMERO—Empleando diferentes nombres para el masculino y femenino:

Masculino		*Femenino*	
bachelor	soltero	spinster	soltera
boy	muchacho	girl	muchacha
bridegroom	novio	bride	novia
brother	hermano	sister	hermana
father	padre	mother	madre
gander	ganso	goose	gansa
gentleman	caballero	lady	señora
horse	caballo	mare	yegua
husband	marido	wife	esposa
king	rey	queen	reina
master	amo	mistress	ama
nephew	sobrino	niece	sobrina
sir	señor	madam	señora
son	hijo	daughter	hija
uncle	tío	aunt	tía
widower	viudo	widow	viuda

SEGUNDO—Por la diferencia de terminaciones:

a) El afijo **ess** agregado al masculino forma el femenino.

Masculino		*Femenino*	
baron	barón	baroness	baronesa
count	conde	countess	condesa
duke	duque	duchess	duquesa
heir	heredero	heiress	heredera
lion	león	lioness	leona
patron	patrón	patroness	patrona
priest	sacerdote	priestess	sacerdotisa
prince	príncipe	princess	princesa
prophet	profeta	prophetess	profetisa
shepherd	pastor	shepherdess	pastora
viscount	vizconde	viscountess	vizcondesa

b) El mismo afijo **ess** se combina con la sílaba final de varios sustantivos para formar el femenino. Esto ocurre especialmente en muchos que terminan en **or** o **er**, muy parecidos a los correspondientes españoles, tales como los siguientes:

	Masculino		*Femenino*
actor	actor	actress	actriz
emperor	emperor	empress	emperatriz
enchanter	encantador	enchantress	encantadora
marquis	marqués	marchioness	marquesa
tiger	el tigre	tigress	la tigre

c) Hay otra inflexión, **ine**, para distinguir el femenino del masculino aunque sólo ocurre en:

hero	**heroine**
héroe	heroína

TERCERO—Se emplean ciertos prefijos antepuestos a los sustantivos como otro modo de distinguir el género de los nombres. Estos prefijos son generalmente *he* para el macho y *she* para la hembra, hablando de animales; *man* o *male* para el varón y *female* para la hembra, tratándose de personas; *cock* para el macho y *hen* para la hembra, refiriéndose a aves. En general se emplean *male* para macho y *female* para hembra, cuando se habla indistintamente de personas y animales. Los siguientes son ejemplos:

	Masculino		*Femenino*	
male child	niño	**female child**	niña
cock sparrow	gorrión	**hen sparrow**	gorriona

Nota. En inglés hay muchos nombres comunes para el masculino y femenino, por lo que son necesarios afijos o prefijos que determinen el sexo a que se refieren. *Child* (niño) comprende ambos sexos; *parent* (padre o madre) aunque se emplea generalmente en plural cuando se trata de expresar ambos, equivaliendo a padres; *cousin* expresa tanto el primo como la prima; *friend,* amigo o amiga; *neighbor,* vecino o vecina; *servant,* sirviente o sirvienta, etc.

§ 4.   El número de los sustantivos

Número singular es el que comprende un solo objeto, y plural el que comprende dos o más. En inglés son susceptibles de plural los sustantivos solamente. Los adjetivos carecen de él.

§ 5.   El plural de los sustantivos

1. La regla general para formar el plural es agregar una **s** al singular, como:

book	**sofa**	**tree**
libro	sofá	árbol
books	**sofas**	**trees**

2. Los sustantivos terminados en **s, ss, x, sh, ch** toman **es** en el plural como:

lens	loss	box	brush	church
lente	pérdida	caja	cepillo	iglesia
lenses	losses	boxes	brushes	churches

Nota. Si la ch se pronuncia como la *c* en *vaca,* se sigue la regla general, es decir, se añade s; ejemplos:

monarch	distich
monarca	dístico
monarchs	distichs

3. Los nombres que terminan en o toman generalmente es para formar el plural si la o es precedida por una consonante:

buffalo	cargo	domino	echo	hero
búfalo	carga	dominó	eco	héroe
buffaloes	cargoes	dominoes	echoes	heroes
motto	Negro	potato	tornado	volcano
lema	negro	papa	tornado	volcán
mottoes	Negroes	potatoes	tornadoes	volcanoes

Los sustantivos terminados en o toman sólo s para formar el plural si la o es precedida por una vocal, como:

folio	kangaroo	ratio	zoo
folio	canguro	proporción	zoológico
folios	kangaroos	ratios	zoos

Tambien toman sólo s para formar el plural los sustantivos terminados en o que son palabras eruditas y del origen extranjero, como:

embryo	grotto	piano
embrión	gruta	piano
embryos	grottos	pianos
solo	archipelago	dynamo
solo	archipiélago	dínamo
solos	archipelagos	dynamos

4. Los sustantivos terminados en f hacen el plural convirtiendo la f en v:

calf	elf (o elfe)	half	knife	leaf
ternera	duende	mitad	cuchillo	hoja
calves	elves	halves	knives	leaves
life	loaf	self	myself	shelf
vida	(hogaza o barra	mismo	yo mismo	estante
	de) pan			
lives	loaves	selves	ourselves	shelves
thief	wife	wolf		
ladrón	esposa	lobo		
thieves	wives	wolves		

Nota 1. Muchos sustantivos terminados en f, rf, o oof no convierten la *f* en *v.* Estas palabras siguen la regla general para formar el plural por la adición de una s:

chief	dwarf	grief	gulf
jefe	enano	pesadumbre	golfo
chiefs	dwarfs	griefs	gulfs

handkerchief	proof	roof	safe
pañuelo	prueba	tejado	caja fuerte
handkerchiefs	proofs	roofs	safes

Nota 2. Todos los sustantivos que terminan en *ff* tienen el plural regular, con la única excepción de *staff* (báculo) cuyo plural es *staves;* tales son:

cliff	cuff	muff	puff
despeñadero	puño (de camisa)	manguito	bocanada
sheriff	skiff	staff	stuff
corregidor	botecillo	cuerpo administrativo	material

5. Los sustantivos terminados en **y** precedida de una sola consonante, cambian la **y** en **ies** para formar el plural. Por ejemplo:

beauty	fly	lady	company	secretary
belleza	mosca	señora	compañía	secretaria
beauties	flies	ladies	companies	secretaries

Pero cuando a la *y* precede una vocal siguen la regla general:

attorney	day	key	valley
apoderado	día	llave	valle
attorneys	days	keys	valleys

6. Man y sus compuestos cambian la *a* en *e*:

alderman	gentleman	postman	woman
concejal	caballero	cartero	mujer
aldermen	gentlemen	postmen	women

Nota: Hay algunos nombres que, aunque terminados en *man,* no son compuestos de dicho sustantivo, y el plural es regular; tales son:

German	talisman
alemán	talismán
Germans	talismans

7. Los siguientes nombres tienen irregular el plural:

child	die	foot	goose
niño	dado	pie	ganso
children	dice	feet	geese
louse	mouse	ox	tooth
piojo	ratón	buey	diente
lice	mice	oxen	teeth

8. Algunas palabras, derivadas del latín, griego y hebreo, **toman** el mismo plural que tienen en la lengua original; tales son:

a. DERIVADOS DEL LATÍN

addendum	adición	*addenda*
alumnus	graduado de una universidad o escuela	*alumni*
alumna	graduada de una universidad o escuela	*alumnae*
apparatus	aparato	*apparatus* (o *apparatuses*)

appendix	apéndice	*appendices*
axis	eje	*axes*
datum	dato	*data*
erratum	errato	*errata*
focus	foco	*foci* (o *focuses*)
formula	fórmula	*formulae* (o *formulas*)
index	índice	*indices* (o *indexes*)
medium	medio	*media*
memorandum	memorándum	*memoranda*
radius	radio	*radii*
series	serie	*series*
species	especie	*species*
stratum	estrato	*strata*

b. DERIVADOS DEL GRIEGO

analysis	análisis	*analyses*
antithesis	antítesis	*antitheses*
basis	base	*bases*
crisis	crisis	*crises*
diagnosis	diagnosis	*diagnoses*
dieresis	diéresis	*diereses*
ellipsis	elipsis	*ellipses*
emphasis	énfasis	*emphases*
hypothesis	hipótesis	*hypotheses*
neurosis	neurosis	*neuroses*
oasis	oasis	*oases*
parenthesis	paréntesis	*parentheses*
thesis	tesis	*theses*
criterion	criterio	*criteria*
phenomenon	fenómeno	*phenomena*
stigma	estigma, baldón, llaga	*stigmata*

c. DERIVADOS DEL HEBREO

cherub	querubín	*cherubim* (o *cherubs*)
seraph	serafín	*seraphim* (o *seraphs*)

9. Los nombres propios admiten el plural cuando se habla de varias personas del mismo nombre, como:

The Stuarts **The Campbells**

10. Los siguientes nombres se usan solamente en plural:

alms	ashes	billiards	bowels
limosna	ceniza	billar	intestinos
clothes	drawers	news	politics
ropa o vestidos	calzoncillos	noticias	política
riches	scissors	thanks	trousers
riqueza	tijeras	gracias	pantalones

11. Algunos sustantivos no tienen plural, como:

advice consejo	**asparagus** espárrago	**chess** ajedrez	**eloquence** elocuencia
furniture muebles	**gold** oro	**hose** manguera	**information** información
knowledge conocimiento	**lightning** relampagueo	**pride** orgullo	**progress** progreso
remorse remordimiento	**rubbish** basura	**luggage** equipaje	**spinach** espinaca
strength fuerza	**wealth** riqueza		

Nota. People es singular pero siempre toma un verbo en el plural. Cuando la palabra *people* quiere decir nación puede tener un plural: *the peoples,* las naciones.

La palabra *weakness* (la debilidad), cuando quiere decir debilidad física, no tiene plural, pero cuando significa debilidad moral puede tener un plural, como en *the weaknesses of that man,* las debilidades de aquel hombre.

12. Algunos sustantivos como *deer* (venado) y *sheep* (oveja) tienen la misma forma para el singular y para el plural.

§ 6. La relación de posesión

Puede expresarse poniendo primero el nombre del poseedor seguido de s con un apóstrofe *intermedio,* y luego el del objeto poseído.

John's book
el libro de Juan

Jane's book
el libro de Juana

En caso de que el nombre del poseedor se termine con s o con z, se añade generalmente el apóstrofe *sin la* s.

Strauss' music
la música de Strauss

Mr. Gómez' house
la casa del señor Gómez

CAPITULO 3
LOS PRONOMBRES

§ 7. Los pronombres personales

Los pronombres personales ingleses son los siguientes:

I yo	**me** me, a mí
he él	**him** le, a él
she ella	**her** la, a ella
it él, ella, ello	**it** le, la, a ello, lo
we nosotros, nosotras	**us** nos, a nosotros
you Vd., Vds., tú, vosotros	**you** le, les, os, a Vd., a Vds., a vosotros
they ellos, ellas	**them** les, a ellos, a ellas

1. *I, me, we* y *us* son los pronombres de las primeras personas singular y plural respectivamente. *Thou, thee* y *ye* son los de las segundas personas, que en inglés *no* se usan, porque en el inglés moderno se dice siempre *you* para todas las formas españolas de la segunda persona. Estas formas arcaicas se encuentran, sin embargo, en la poesía o dirigiéndose a Dios o a los santos en la oración. *He, she, him, her, they, them, it,* son los pronombres de las terceras personas.

2. La diferencia del género en los pronombres no existe sino en los de la tercera persona del singular.

3. El pronombre, si es régimen o está en el objetivo, se coloca después del verbo.

§ 8. Los pronombres posesivos

1. Se llaman pronombres posesivos los que denotan posesión o propiedad. Estos son los siguientes:

my mi, mis	**mine** mío, mía, míos, mías
his su, sus (de él)	**his** suyo, suyos, suya, suyas (de él)
her su, sus (de ella)	**hers** suyo, suyos, suya, suyas (de ella)

its	its
su, sus (de él, de ella, de ello)	suyo, etc. (de él, de ella, de ello)
our	ours
nuestro, -a, -os, -as	nuestro, -a, -os, -as
your	yours
vuestro, etc., de Vd., de Vds., tú, tus	vuestro, etc., de Vd., de Vds., tuyo, etc
their	theirs
su, sus (de ellos, de ellas)	suyo, etc. (de ellos, de ellas)

2. *Own* (propio) y *self* (mismo) van como en español, unidos a los pronombres posesivos, y hacen enfática la idea de propiedad, como en *my own father and I myself* (mi propio padre y yo mismo). *Self* se une también a los pronombres personales, como *himself* [*self* y el pronombre forman siempre una sola palabra] (él mismo), *herself* (ella misma), *itself* (lo mismo).

3. La significación de estos pronombres (*my-mine, their-theirs,* etc.) es la misma, con la diferencia de que se emplean *my, their,* etc., cuando se menciona el nombre, como: *this is my (their,* etc.) *hat—* éste es mi sombrero; y *mine, theirs,* etc., cuando el nombre está sobrentendido: *it is mine*—es el mío. Nótese que no se traduce el artículo con estos pronombres, al contrario del español.

4. La diferencia del género sólo existe en la tercera persona del singular, en cuyo caso el pronombre concuerda con el nombre del poseedor, y no con el del objeto poseído (al contrario del español).

I have his books, her pens, and their paper.
Tengo sus libros (de él), sus plumas (de ella), y su papel (de ellos).

5. El pronombre posesivo neutro, *its,* se emplea en frases como la siguiente:

Its location is here.
Su sitio (de una ciudad o de otra cosa inanimada) es aquí.

§ 9.   Los pronombres demostrativos

Son aquellos que demuestran o señalan los objetos:

this	these
éste, éstà, esto	éstos, éstas
that	those
ése, ésa, eso, aquél, aquélla, aquello	ésos, ésas, aquéllos, aquéllas

§ 10. Los adjetivos pronominados

Son los que participan de las propiedades del pronombre y del adjetivo, a saber:

1. **any** alguno, -na, cualquiera	**all** todo
each, every cada, cada uno, cada una	**each other, one another** el uno al otro, la una o la otra
one uno, una	**either** uno u otro
former lo primero	**latter** lo último
other otro, otra	**neither** ni uno ni otro
some algo, algunos, -nas	**such** tal
whichever, whatever cualquiera, sea el que fuere	**whoever** quienquiera, quienesquiera, quienquiera que sea

2. **Any** se usa en el sentido de *uno cualquiera*, como en *give me any* (déme cualquiera). A éste como a **one, other, some,** y **such** se les llama también pronombres indefinidos.

3. **Every** (cada o todo) se refiere a muchas personas y significa cada una de ellas tomadas separadamente.

Every man should be honorable.
Todo (cada) hombre debería ser honrado.

4. **One** tiene el caso posesivo como los sustantivos:

one's
de uno

5. **Either** se refiere a dos personas o cosas tomadas separadamente.

Either one will do.
Cualquiera de los dos servirá.

Cuando es conjunción va en conexión con **or,** y corresponde a las españolas *o . . . o.*

either he or his brother
o él o su hermano

6. **The former** y **the latter** equivalen a los españoles *aquél y éste,* cuando son correlativos.

The book and the letter, the former for you and the latter for your brother.
El libro y la carta, aquél (el primero) para Vd y ésta (la última) para su hermano.

7. **Other** y **another** son adjetivos y pronombres, y ambos pueden traducirse por *otro, otra, otros, otras.* **Other,** como adjetivo, significa *otro, diferente, no el mismo,* y también *opuesto, contrario: the other*

side (el otro lado, el partido opuesto). *The other day* es el otro día, recientemente. Como adjetivo es invariable; como pronombre, no. *This book or the other:* este libro o el otro. *The others:* los otros.

Another se emplea más frecuentemente como adjetivo que como pronombre, y como adjetivo significa otro, diferente, distinto: *It is one thing to promise and another to perform* (una cosa es prometer y otra cumplir). Significa también *uno más: He already owns five suits and has now bought another* (ya posee cinco trajes y ahora se ha comprado uno más [otro]).

8. Neither, conjunción, va seguida del nombre que antecede a **nor,** y corresponde a *ni ... ni.*

neither he nor his brother   ni él ni su hermano

Neither se emplea también en el sentido de *tampoco,* siempre con verbo auxiliar:

neither (do, can, will) I   yo tampoco

9. Ever añadido a los pronombres relativos corresponde al afijo español *quiera:*

whoever	quienquiera	**whichever**	cualquiera
whomever	quienquiera	**whatever**	lo que quiera

Los pronombres relativos introducen cláusulas subordinadas e indican la relación que existe entre el nombre de la cláusula principal a que se refiere y el resto de la cláusula subordinada.

Estos pronombres en inglés son: **who** que solamente se refiere a personas; **which** que se refiere a cosas; **that** que se refiere a ambas personas y cosas. Los pronombres **who, that** y **which** significan *que, el cual, los cuales, la cual, las cuales, quien* y *quienes.* **That** y **which** se usan para expresar ambos el sujeto y el objeto. **Who** se declina:

Caso del sujeto   **who** (que, quien, el cual, etc.)
Caso que denota posesión   **whose** (cuyo, cuya, cuyos, cuyas)
Caso del objeto   **whom** (que, a quien, a quienes, al cual, a los cuales, a la cual, a las cuales)

CAPITULO 4
LOS ADJETIVOS

§ 11.   Género y número de los adjetivos

Los adjetivos en inglés son indeclinables y no necesitan concordar, por consiguiente, en género o número con los nombres, a los que casi siempre preceden.

an intelligent man	un hombre inteligente
an intelligent woman	una mujer inteligente
intelligent men and women	hombres y mujeres inteligentes

§ 12. Colocación de los adjetivos

Los adjetivos preceden casi siempre a los nombres o pronombres que califican. Una excepción es cuando el adjetivo va calificado de **so**, cuando se puede decir de dos maneras:

a house so big   o   so big a house
una casa tan grande

§ 13. Comparativos y superlativos de los adjetivos

1. La terminación **er** añadida a un adjetivo monosílabo o bisílabo terminado en vocal forma el comparativo de superioridad, y equivale a *más* en español.

loud	**louder**	**wealthy**	**wealthier**
ruidoso	más ruidoso	rico	más rico

2. La terminación **est** añadida a un adjetivo monosílabo o bisílabo terminado en vocal, forma el superlativo, y equivale a *el más, la más, lo más* en español.

the loudest	**wealthiest**
lo más ruidoso	el más rico

En los otros casos se utilizan las partículas **more** para el comparativo y **most** para el superlativo.

She is more beautiful.	**She is the most beautiful.**
Ella es más hermosa.	Ella es la más hermosa.

§ 14. Comparativos irregulares de adjetivos

1.

good	**better**	**best**
bueno	mejor	el mejor
bad	**worse**	**worst**
malo	peor	el peor
much	**more**	**most**
mucho	más	el más
little	**less**	**least**
poco	menos	el menos

2. Cuando un adjetivo termina en **y** cambia ésta por **i** en el comparativo y en el superlativo:

lovely	**lovelier**	**loveliest**
encantador	más encantador	el más encantador

§ 15. Sufijos adjetivales

De los adjetivos terminados en **able**, de los cuales hay muchos en inglés, algunos, como *admirable* y *comparable,* son exactamente iguales a sus equivalentes españoles, y otros, como *agreeable* y *amiable,* sufren ligeras variaciones ortográficas. Hay varios que no tienen

semejanza con el español, por derivarse de verbos ingleses, como *eatable* (comestible), pero el sentido se adivina fácilmente.

Nótese que el sufijo adjetival **ous** corresponde al *oso* español, y que generalmente los adjetivos que se terminan en **ous** tienen el mismo sentido del adjetivo correspondiente español.

curious	**populous**
curioso	populoso

PARTE II

LAS PARTES INVARIABLES DE LA ORACION

CAPITULO 5
LOS ADVERBIOS

§ 16. El uso de los adverbios

El adverbio modifica a un verbo, a un adjetivo, o a un sustantivo.

Los adverbios de modo o calidad, que en español se forman añadiendo al adjetivo la terminación *mente,* se forman en inglés por medio de la sílaba **ly** añadida al mismo:

wise—wisely
sabio—sabiamente

dear—dearly
caro—caramente

Si el adjetivo se termina con **y,** éste se cambia a **i** antes de añadir **ly:**

easy—easily
fácil—fácilmente

happy—happily
feliz—felizmente

§ 17. Comparación de los adverbios

Los adverbios admiten los grados de comparación, y los expresan con las mismas letras que los adjetivos:

near, nearer, the nearest
cerca, más cerca, lo más cerca

easily, more easily, the most easily
fácilmente, más fácilmente, lo más fácilmente

§ 18. Adverbios de tiempo

already ya	**always** siempre	**at last** al fin	**afterward** después
again otra vez	**before** antes	**ever** siempre	**forever** para siempre
frequently frecuentemente	**immediately** inmediatamente	**instantly** al instante	**never** nunca
now ahora	**often** a menudo	**once** una vez	**seldom** rara vez
soon pronto	**sometimes** algunas veces	**suddenly** de repente	**today** hoy
while mientras	**yet** todavía		

227

§ 19. Adverbios de lugar

afar lejos	**anywhere** en alguna parte	**around** alrededor	**away** fuera
backward hacia atrás	**below** abajo	**behind** atrás	**elsewhere** en otra parte
far lejos	**forward** adelante	**here** aquí	**in** en
near cerca	**nowhere** en ninguna parte	**off** fuera	**somewhere** en alguna parte
there allí, ahí	**up** arriba	**upward** hacia arriba	**where?** ¿dónde?

§ 20. Adverbios de cantidad

almost casi	**enough** bastante	**entirely** del todo	**little** poco
more más	**mostly** mayormente	**much** mucho	**nearly** por poco
too demasiado	**too much** demasiado	**very** muy	

§ 21. Adverbios de modo

aloud en voz alta	**how** ¿cómo?	**scarcely** apenas	**slowly** despacio	**so** así
softly suavemente	**strictly** en rigor	**thus** así	**truly** de veras	**well** bien

CAPITULO 6
LAS PREPOSICIONES

§ 22. El uso de las preposiciones

Las preposiciones son en inglés, igual que en español, invariables, y sirven para indicar posición, dirección, tiempo, u otra relación abstracta, conectando un nombre o un pronombre con alguna otra palabra. Tiene gran importancia su papel al acompañar ciertos verbos. Hay gran número de verbos ingleses que van acompañados de ciertas preposiciones, las cuales son como parte de ellos, entran en su significación, y la hacen variar. Ejemplo:

to bring	traer
to bring *about*	efectuar
to bring *forth*	dar de sí, producir
to bring *in*	introducir
to bring *out*	presentar
to bring *up*	educar; hacer subir; traer a discusión

§ 23. Lista de las preposiciones principales

about	above	across	after
cerca, sobre	sobre, encima	a través	después
against	**among**	**around**	**at**
contra	entre	alrededor	a, en
before	**behind**	**below**	**beneath**
antes, delante	detrás, atrás	bajo, debajo de	bajo, debajo de
between	**beyond**	**by**	**concerning**
entre	más, allá	por	tocante a
down	**during**	**except, excepting**	**for**
abajo	durante	con excepción	por, para
from	**in**	**into**	**of**
de, desde	en	en, dentro	de
off	**on**	**out**	**over**
fuera	sobre, encima	fuera de	arriba, sobre
regarding	**since**	**through**	**till**
tocante a	desde que	por, a través	hasta
to	**towards**	**under, underneath**	**until**
a, para, hasta	hacia	bajo, debajo	hasta
up	**upon**	**with**	**within**
arriba	sobre	con	dentro, dentro de
without			
sin, fuera			

Notas

1. **Above, on, over, y upon** corresponden a *sobre*. **Above** se usa en sentido de elevación o superioridad, como *the roof is above my room* (el tejado está sobre mi cuarto). **On** como **upon** expresa descanso sobre cualquier objeto: *on the desk* (sobre el escritorio), *upon the table* (sobre la mesa). **Over** significa *sobre* en *he jumps over the chair* (salta sobre [por encima de] la silla).

2. **Among y between** se traducen por *entre*. El segundo hace relación a solamente dos objetos, y el primero a más; v. gr.: *the letter is between two books, and the book is among some other papers* (la carta está entre dos libros y el libro está entre otros papeles).

3. **At, in, y into** equivalen a *en*. **At** se usa refiriéndose a lugares. **In** expresa tiempo, lugar, manera de ser o de obrar. **Into** denota entrar, penetrar. Ejemplos: *I was born in Sevilla* (nací en Sevilla), *he is at the office* (está en la oficina), *I went into the church* (entré en [dentro de] la iglesia).

4. Below, beneath, under, y **underneath** corresponden a *bajo, debajo de.* Below y beneath son sinónimos, y ambos son lo *contrario* de *above.* Under y underneath expresan el contrario de *on, upon.* *My room is below the roof* (mi cuarto está debajo del tejado), *the book is underneath the table* (el libro está debajo de la mesa).

5. By significa *por* y se usa con referencia a causa, agente o medio; debe, pues, emplearse en lugar de *por* o *de* después de los verbos pasivos; ejemplos: *the Alhambra was built by the Moors* (la Alhambra fué edificada por los moros), *I swear by all that is sacred* (juro por todo lo más sagrado). Cuando en español indicamos esta causa o medio con el infinitivo regido de una preposición, se traduce ésta por by y el verbo inglés se pone en gerundio. Lo mismo sucede cuando en vez del infinitivo se usa el gerundio en español; ejemplo: *one learns by reading* (con leer [leyendo] se aprende).

6. For corresponde ordinariamente a *por,* pero puede también significar *para.* Indica causa, motivo: *I did it for you* (lo hice por Vd.).

7. Off (por fuera, a lo lejos), unida a un verbo, denota una idea de alejamiento o abandono: *to leave off* (dejar a un lado, descuidar).

8. Out es lo contrario de *in, into;* significa *fuera: she has gone out* (ella ha ido fuera [ha salido]).

9. Till, to y **until** (hasta), son lo contrario de *from* (desde) y expresan el final de un período de tiempo o una distancia.

10. Within se aplica a lo que está comprendido *dentro* de algun lugar o tiempo: v. gr.: *he is within the house* (está dentro de [en] la casa), *I will be there within an hour* (estaré allí dentro de una hora).

11. Without expresa lo contrario de *with* y *within;* ejemplos: *she can go without me* (ella puede ir sin mí), *he is without (out of) the house* (está fuera de la casa).

CAPITULO 7

LAS CONJUNCIONES

La conjunción es la parte de la oración que sirve para enlazar palabras y frases. Como en español, las conjunciones se dividen en inglés en copulativas, disyuntivas, correlativas y subordinadas.

§ 24. Las conjunciones copulativas o coordinativas juntan cosas de rango igual, como sustantivos y sustantivos, verbos y verbos; adjetivos y adjetivos, frases y frases, cláusulas de rango igual, etc. Por ejemplo:

Charles *and* John are here.
Carlos y Juan están aquí.

Mary *and* Jim went there yesterday.
María y Jaime fueron allá ayer.

§ 25. Las conjunciones disyuntivas sirven no sólo para continuar la oración, sino para expresar oposición en el significado de la misma. Por ejemplo:

I wish to go, *but* I will not go.
Quiero ir, *pero* no iré.

Las más comunes de estas conjunciones son:

although, though	aunque
lest	a no ser que
nevertheless	sin embargo
unless	a menos que
yet, however	sin embargo

Nota 1. **But**, que es la conjunción disyuntiva más común, es la traducción de *pero, mas, sino, que no, no más que* y *sino que*.

Ejemplos:

Don't give me that *but* the other.
No me dé eso, *sino* aquello.

Don't sing, *but* work.
No cante *sino* trabaje.

Nota 2. **Although** y **though** son sinónimos. La primera es más enfática y se elige generalmente para comenzar una oración.

§ 26. Las conjunciones correlativas, que implican alternativa entre dos o más cosas, forman parejas más o menos definitivas con otras palabras. Por ejemplo:

I speak *neither* French *nor* Russian.
No hablo *ni* francés *ni* ruso.

Tales parejas son:

as ... as   tan ... como

He is *as* good *as* John.
El es *tan* bueno *como* Juan.

either ... or   o .,. o

> *Either* he is sick *or* he is tired.
> *O* está enfermo *o* está cansado.

neither ... nor   ni ... ni

> You gave me *neither* your address *nor* your phone number.
> No me dió *ni* su dirección *ni* su teléfono.
>
> I *neither* trust you *nor* believe you.
> *Ni* confío en Vd. *ni* le creo.

not only ... but   no sólo ... sino

> He is *not only* good *but* generous.
> No es *sólo* bueno *sino* también generoso.

so ... that   tan ... que

> She is *so* nice *that* everyone likes her.
> Ella es *tan* simpática *que* la quiere todo el mundo.

(not) so ... as   (no) tan ... como

> He is *not so* hard-working *as* his friend.
> El *no* es *tan* diligente *como* su amigo.

whether ... or   si ... o

> It does not matter *whether* he is here *or* not.
> No importa *si* está aquí *o* no.

Nota. **Whether** va seguida del sujeto y verbo que antecede a **or** y corresponde a *si ... o* o *sea que ... o:*

> *Whether* he speaks *or* not.
> *Sea que* hable *o* no.

Será bueno advertir que esta frase condicional *sea que,* sobrentendida frecuentemente en español, debe expresarse siempre en inglés por **whether.**

§ 27.   Las conjunciones subordinativas juntan una cláusula subordinada a una palabra u otra cláusula de la cual dependen. Estas pueden comprenderse mejor cuando se examinan en relación a las cláusulas subordinadas que introducen; por eso pueden clasificarse en los grupos siguientes, según el tipo de cláusula subordinada que ellas introducen:

1. *Conjunciones de causa*

As, como:

> *As* Andrew was too tall, he had to lower his head in order to enter the room.
> *Como* Andrés era demasiado alto tuvo que bajar la cabeza para entrar al cuarto.

Because, como:

Joseph will learn English *because* he is very diligent.
José aprenderá inglés *porque* es muy diligente.

Since, como:

Since you want to come to see me this month, I cannot leave for Mexico.
Puesto que quiere venir a verme este mes, no puedo partir para México.

That, como:

I am very sorry *that* I was not able to attend the meeting.
Sentí mucho no poder asistir a la reunión.

Whereas (que se usa principalmente en documentos legales), como:

Whereas he disproved the charges against him, the judge dismissed the case.
Considerando que refutó las acusaciones contra él, el juez descartó el proceso.

2. Conjunciones de condición

La conjunción principal de condición, que es probablemente la única conjunción de esta clase que se emplea en el inglés hablado, es **if** (si). Ejemplos de condiciones con varias secuencias de tiempo:

If he comes, I shall tell him about it.
Si viene, yo le informaré sobre ello.

If he came, I would tell him about it.
Si viniere yo le informaría sobre ello.

If he had come, I would have told him about it.
Si hubiera venido yo le habría informado sobre ello.

Provided that, como:

You may say what you wish, *provided that* it is relevant.
Puede decir lo que quiera *con tal* que sea pertinente.

3. Conjunciones de tiempo

Las conjunciones de tiempo forman el grupo más grande y se usan más frecuentemente que cualquier otra de las conjunciones subordinadas. Tales son:

As (que se usa primariamente en el inglés escrito), como:

As he was going away, his wife came home.
A tiempo de irse, su esposa volvió a la casa.

As soon as, como:

I shall send it to you *as soon as* I receive it.
Yo se lo mandaré *tan pronto como* lo reciba.

After, como:

You may go out to play *after* you have done your work.
Puede ir a jugar *después de que* haya hecho su trabajo.

Before, como:
Before the week is out, Dolores will leave.
Antes de que termine la semana, Dolores se irá.

Since, como:
Since Mary went away, her husband has been sad.
Desde que María se fué, el marido ha estado triste.

Till, como:
They had to wait *till* Paul came.
Tuvieron que esperar *hasta que* Pablo vino.

Until, como:
Peter did not want to bother them *until* they decided what they were going to do about it.
Pedro no quiso molestarlos *hasta que* decidieron que era lo que iban a hacer acerca de eso.

When, como:
When I have time, I shall take a trip to New York.
Cuando tenga tiempo, haré un viaje a Nueva York.

Mr. Ramírez said, *when* he had time, he would take a trip to New York.
El Sr. Ramírez dijo que *cuando* tuviera tiempo haría un viaje a Nueva York.

Whenever (que introduce solamente cláusulas adverbiales), como:
Whenever George had the opportunity, he would always try to improve his English.
Cuando Jorge tenía la oportunidad, él siempre trataba de mejorar su inglés.

While, como:
While she was there, John remained in his office.
Mientras ella estaba allá, Juan se quedó en su oficina.

CAPITULO 8
LAS INTERJECCIONES

§ 28. Las interjecciones y sus usos

La interjección es una voz que forma por sí sola una oración con que expresamos alguna impresión súbita, tal como asombro, sorpresa, dolor, molestia, amor, etc., que causa lo que vemos u oímos, sentimos, recordamos, queremos o deseamos. En inglés sirve, como en español, para expresar sentimientos o emociones, o para llamar la atención.

Las que propiamente se llaman interjecciones porque éste es su único oficio y porque constan de una sola palabra, son las siguientes: **Ah!** (¡ah!); **Ha!, Ho!** (¡ea!); **Hush!** (¡chitón!); **Oh!; Pshaw!** (¡bah!).

Nota. **Ah!** y **Oh!** se usan indiferentemente para denotar pena, gozo, mofa, sorpresa, desprecio, ira y admiración.

Hay verbos, sustantivos, y adverbios que funcionan como interjecciones. Se clasifican según las emociones o pasiones que expresan:

1. De *dolor*, como:

Ouch! Ah! Alas!	¡ay!

2. De *alegría*, como:

Cheer up!	¡ánimo!

3. De *admiración*, como:

How beautiful!	¡qué hermosa!
Indeed!	¡de veras!
Look here!	¡mire!
Really!	¡de veras!
Strange!	¡es extraño!
Why!	¡hombre!

4. De *desprecio*, como:

Pshaw!	¡bah!

5. De *disgusto*, como:

Away!	¡Fuera!
Begone!	¡Váyase!
Get out!	¡Fuera de aquí!

Otras sirven para llamar la atención, como:

Beware!	¡cuidado!
Look out!	¡cuidado!

Otras para imponer *silencio*, como: **Silence!** (¡Chitón!).

Otras para *saludar*, como: **Hallo!** (¡hola!), **Welcome!** (¡bienvenido!), y otras para expresar otros sentimientos, como:

Bravo!	¡bravo!
Encore!	¡Repita otra vez!, ¡bis!
Forward!	¡Adelante!
Good heavens!	¡santo cielo!
Hurra!	¡viva!
Indeed!	¡de veras!
Never mind!	¡qué importa!
Nonsense!	¡tontería!
What a pity!	¡qué lástima!

PARTE III

LOS VERBOS

CAPITULO 9
DEL VERBO EN GENERAL

§ 29. Los verbos regulares

1. En inglés hay sólo una conjugación para todos los verbos regulares, los cuales no tienen, como en español, distintas terminaciones para sus diferentes tiempos, sino que se distinguen éstos por medio de auxiliares. El infinitivo de un verbo en inglés se forma anteponiéndole la partícula **to**, como **to wish** (desear), **to eat** (comer), **to live** (vivir).

2. Se llama un verbo regular cuando el participio pasado y el pretérito se forman tomando la terminación **d** o **ed**, como:

> **to love** (amar), **loved** (amado; amaba, etc., o amé, etc.)
> **to fill** (llenar), **filled** (llenado; llenaba, etc., o llené, etc.)

Nota 1. Toman solamente una **d** cuando el verbo termina en **e**, que es muda, y **ed** en cualquier otro caso.

Nota 2. Obsérvese que el participio pasado y el pretérito de los verbos regulares tienen la misma desinencia.

En las siguientes conjugaciones, la segunda persona singular no está en lista, porque nunca es usada en el inglés corriente. La terminación típica es **st** (excepto en el subjuntivo); esto lo hace fácil para reconocer cuando se encuentra en la literatura bíblica y clásica. En el inglés moderno **you** representa *tú, vosotros, usted* y *ustedes.*

§ 30. Modelo para las conjugaciones

1. El *infinitivo* se forma poniendo el signo **to** delante del verbo:

to love, amar   **to treat,** tratar

2. El *participio presente,* o *gerundio,* se forma agregándose la terminación **ing** al verbo:

loving, amando   **treating,** tratando

3. El *participio pasado* se forma añadiendo la terminación **d** o **ed** al verbo:

loved, amado   **treated,** tratado

4. *Modo indicativo*

a) Tiempo presente. Este se forma sin signo y sin variar la terminación, poniendo simplemente el sujeto delante del verbo, con excepción de la tercera persona del singular, que toma **s** en el presente de indicativo.

Nota. Cuando el verbo acaba en *c, s, x, ch* y *sh*, la terminación es **es** en vez de *s*.

Singular		Plural	
I love	yo amo, etc.	we love	nos. amamos, etc.
he loves		you love	
		they love	

Este tiempo se forma también con el empleo del signo o verbo auxiliar **do** (hacer), y así se da más fuerza a la afirmación; ejemplo:

I do love	yo amo, etc.
he does love	
we do love	
you do love	
they do love	

Para la interrogación y negación es indispensable el uso de este signo. Anteponiendo el auxiliar al pronombre (*do I? do you?* etc.) se forma la frase *interrogativa.* Para formar la *negativa* no hay más que incluír la negación entre el auxiliar y el verbo principal: *I do not love, he does not love,* etc.

Otro modo de formar este tiempo es por medio del presente del verbo *to be* (ser), antepuesto al gerundio del verbo principal, como *I am writing* (yo estoy escribiendo) etc. De esta manera se indica que una acción continúa en ejecución. Verbos, sin embargo, que expresan sentimiento o acción mental, tales como *to love* (amar), *to hate* (odiar), *to wish* o *desire* (desear), *to forget* (olvidar), etc., no admiten esta forma de conjugación.

b) Pretérito de indicativo. Este tiempo, que se llama pasado en inglés, se forma por medio de la terminación **d** en este caso por terminar el verbo en *e* muda.

I loved	yo amaba o amé, etc.
he loved, etc.	

(la misma forma para todas las personas)

Nota. De una manera semejante al presente se forma también este tiempo con el empleo del pretérito de *to be,* así: *I was writing, you were writing* (yo estaba o estuve escribiendo, Vd. estaba o estuvo escribiendo), etc.

Del mismo modo que el presente con *do* puede también formarse este tiempo con el signo auxiliar **did,** dando así más fuerza a la afirmación.

I did love	yo amé, etc.
he did love, etc.	él amó, etc.
(la misma forma para todas las personas)	

Nota. Lo mismo que hemos dicho de *do* en el presente de indicativo podemos decir sobre el *pretérito,* para formar las frases *interrogativas* y *negativas: Did I love? I did not love. Did I not love?* etc. (*¿Amé yo? Yo no amé. ¿No amé yo?* etc.).

c) Futuro. Este tiempo se forma por medio de los signos **shall** y **will** que se colocan delante del verbo:

I shall love	yo amaré
he will love	él amará
we shall love	nosotros amaremos
you will love	vosotros amaréis
they will love	ellos amarán

Se emplea **shall** en la primera persona del singular y del plural y **will** en las demás, cuando el futuro no tiene nada de imperioso y denota simplemente una cosa que ha de suceder con posterioridad y viceversa en el caso contrario. En inglés hablado la forma **will,** especialmente abreviada **'ll,** se usa con frecuencia para todas las personas.

Para expresar el futuro en inglés hablado también puede emplearse la expresión verbal con el gerundio de *to go* (ir) y la partícula *to: going to;* por ejemplo: *I am going to eat* (comeré o voy a comer).

Nota. Generalmente **shall** denota *deber* u *obligación;* **will** indica *voluntad.* Estos dos verbos modales retienen estas significaciones cuando *will* se usa en inglés escrito formal en las primeras personas y *shall* en las demás. Por ejemplo, en *You shall write a letter* se expresa la idea de mandato, la orden de que se escriba la carta. La misma forma se empleará refiriéndose a promesa o amenaza.

5. *Modo potencial.* Este modo se llama así porque expresa el poder, la posibilidad, la libertad, o la necesidad de una acción.

a) Presente. Este, que en español es el presente de subjuntivo, pertenece en rigor al modo potencial en inglés y se forma con los auxiliares *may* y *can* (puedo, puede etc.) y **must** (debo, debe, etc.):

I may love	yo ame, etc.
he may love, etc.	
(la misma forma para todas las personas)	

b) Imperfecto. Se forma por medio de los signos **might, could, would, should,** y equivale al condicional futuro en español.

| I should, would love | yo amara, amase, amaría, etc. |
| he should, would love, etc. | |

6. *Modo subjuntivo.* El modo subjuntivo tiene solamente dos tiempos, el presente y el pretérito. Este modo se usa para expresar la condición por la que se asegura una acción futura o suceso:

> **If he persist, he will succeed.**   Si persiste tendrá éxito.

Actualmente el presente de indicativo se emplea en este caso en la conversación: *If he persists he will succeed.* El subjuntivo es casi tan raro en inglés como la segunda persona singular. Mencionamos las formas del subjuntivo aquí solamente para que la gramática sea completa.

La única diferencia entre este tiempo y el presente de indicativo es que el primero no toma **s** para la tercera persona del singular.

En el pretérito, las formas del subjuntivo en inglés son idénticas a las del pretérito del indicativo.

7. *Modo imperativo.* Este se forma con el signo **let** (permitir, dejar) seguido del pronombre que le corresponda en el objetivo, excepto en la segunda persona, en que no se hace uso del signo.

let him love	que ame él
let her love	que ame ella
let us love	amemos nosotros
love	ame Vd., amen Vds.
let them love	que amen ellos (ellas)

Nótese que el imperativo carece de la primera persona singular. En su forma más usada—la de la segunda persona—el imperativo consiste en el verbo sin pronombre y sin terminación especial.

CAPITULO 10
LOS NOMBRES VERBALES

§ 31. Uso del infinitivo

El modo infinitivo expresa el significado del verbo de una manera general e ilimitada, es decir, indefinida, por no hacer distinción de número ni de persona, y va generalmente gobernado en inglés por la partícula **to:**

> **I have to study languages so as to be able to speak and understand in foreign countries.**
>
> Tengo que estudiar idiomas para poder hablar y comprender en los países extranjeros.

Nota. Ciertos verbos, sin embargo, determinan la supresión del signo **to** del infinitivo del verbo que les sigue (con tal de que estén en forma activa). Tales son: *to dare* (atreverse), *to feel* (sentir), *to hear* (oír), *to let* (permitir), *to make* (hacer) y *to see* (ver).

I hear him speak.	**I feel the wind blow.**
Le oigo hablar.	Siento soplar el viento.
Do not make me laugh.	**Let me go.**
No me haga Vd. reír.	Déjeme ir.

1. Casi todas los verbos que en español rigen a otros en infinitivo, siguen la misma regla en inglés; pero los que expresan *voluntad, poder, resolución y contrariedad,* que en español rigen al verbo en subjuntivo, requieren el infinitivo inglés:

I want you *to do* it.	Quiero que lo *haga* Vd.
I tell you *to go* away.	Le digo a Vd. que se *vaya.*

Nota. Téngase presente que los verbos querer *que,* desear *que* y decir *que* se traducen respectivamente por *to want* **to,** *to wish* **to** y to *tell* **to.**

2. Cuando el sujeto del verbo determinado español va regido por *que,* estando dicho verbo en subjuntivo, al *que* español lo sustituye la preposición **for,** y al subjuntivo el infinitivo inglés:

It is time *for you to come.*	Es tiempo de *que Vd. venga.*
It is better *for you not to try it.*	Es mejor *que no* lo *intente Vd.*

3. Cuando los verbos españoles *ver, oir* y *sentir* van seguidos de un infinitivo, éste se traduce en inglés de dos modos distintos después de los correspondientes *to see, to hear* y *to feel.* Si el sustantivo es agente o sujeto del segundo verbo, y la acción de éste no es dilatada, y se ejecuta en el mismo momento en que se habla, se emplea el infinitivo sin el signo **to;** el gerundio, si la acción es dilatada:

I hear the lady *sing.*	*Oigo cantar* a la señora.
I feel my heart *beating.*	*Siento latir* mi corazón.

Nota. En todos los casos el nombre o pronombre, ya sea objeto, ya sujeto, se coloca entre los verbos.

4. Cuando un infinitivo español es sujeto de una frase, puede traducirse en inglés por el infinitivo o por el gerundio:

To marry (marrying) a cousin is not advisable.	*Casarse* con una prima no es aconsejable.

5. Debe ser empleado el infinitivo, como en español, después de las frases impersonales *it is necessary, it is possible, it is impossible, it is difficult,* etc., cuando no vayan seguidas de la conjunción *that,* en cuyo caso hemos visto que se emplea el signo *should* del potencial:

It is necessary to go at once.	*Es necesario ir* en seguida.
It is possible to avoid it.	*Es posible evitar*lo.
It is difficult to believe it.	*Es difícil creer*lo.

6. Cuando un verbo que denota movimiento rige a otro en infinitivo, la conjunción *and* reemplaza con frecuencia a la preposición española *a*:

> *I* will go and walk for a while. Iré *a andar* un rato.

7. La partícula *to* delante del infinitivo reemplaza a la española *de* después de nombres y adjetivos gobernando al genitivo:

> Do me the *favor to come*. Hágame Vd. *el favor de venir*.
> I am *glad to speak* to her. Me *alegro de hablar* con ella.

8. Cuando usamos las preposiciones *para* o *por* delante de un infinitivo, con objeto de expresar intención o propósito, se traducen aquéllas por **so as, in order to**, o simplemente por **to**:

> I study *in order to learn*. Estudio *para aprender*.
> He invites him *to please you*. Le invita *para complacer* a Vd.

Nota 1. El infinitivo español precedido de *a* o *al*, como *al entrar*, *al no haber*, etc., se cambia en inglés por el gerundio precedido de una conjunción de tiempo:

> when entering the house al entrar en la casa

Nota 2. Tampoco se emplea el infinitivo sino el gerundio, después de las preposiciones equivalentes a las españolas *antes de, después de*, etc.:

> before eating antes de comer

§ 32. Los participios

1. El participio es una forma del verbo llamada así porque participa de las propiedades del verbo y del adjetivo; v. gr.:

> **Having been admired, he became vain.**
> *Habiendo sido admirado*, se envaneció.

Los participios son tres: el activo o presente, o *gerundio* por otro nombre; el pasado, pasivo o perfecto; y el perfecto compuesto.

2. El *participio presente* envuelve la continuación de la acción o estado significado por el verbo, e implica, por lo tanto, una acción comenzada y no acabada:

> *I am writing* a book. *Estoy escribiendo* un libro.

3. El *participio pasado* expresa el complemento de dicha acción, pasión o estado, y da, por consiguiente, la idea de una acción consumada o perfeccionada:

> *I have written* a book. *He escrito* un libro.

4. Cuando el participio pasado está unido con el verbo *to have*, se llama propiamente perfecto, y cuando en conexión con *to be*, expreso o sobrentendido, se llama participio pasivo.

§ 33. Participio presente o gerundio

Sabemos que el gerundio se forma agregando al verbo la terminación *ing*, excepto aquellos que terminan en *e* (simple) y en *ie*, que pierden la vocal *e* en el primer caso, y cambian la *ie* por *y* antes de la agregación en el segundo:

| To have | *haber o tener* | having | *habiendo o teniendo* |
| To lie | *mentir* | lying | *mintiendo* |

1. Cuando la acción de un verbo es dilatada y no momentánea, ya por emplearse en ella bastante tiempo, ya por la sucesiva repetición de los actos, se usa el gerundio precedido del auxiliar *be*, como pasa en español:

I am speaking.	*Estoy hablando.*
We shall be dining.	*Estaremos comiendo.*
It is raining.	*Está lloviendo.*

2. El gerundio denota el estado del sujeto:

She sings while *sewing*.	Ella canta mientras *cose*.
I left them *sleeping*.	Los dejé *durmiendo*.
He said so *laughing*.	Dijo eso *riendo*.

3. Hemos dicho que la terminación *ing* se emplea con mucha frecuencia para hacer un sustantivo de un verbo, o, lo que es lo mismo, que el gerundio se emplea sustantivamente:

| a good *beginning* | un buen *principio* |
| a good *understanding* | una buena *inteligencia* |

4. Se ha visto al tratar del infinitivo, que cuando los verbos ingleses *to hear, to feel* y *to see* van seguidos de este modo, determinan ordinariamente la supresión del signo *to,* y también que el segundo verbo puede traducirse por el participio pasado. Esto sucede si el sustantivo que sigue al segundo verbo es el término de su acción; pero si es agente del segundo verbo, y la acción de éste es dilatada, y se ejecuta en el momento que se habla, se emplea el gerundio:

| I *hear* my friend *talking*. | Oigo hablar a mi amigo. |
| I *see* him coming. | Le *veo venir*. |

5. Hemos dicho que las preposiciones inglesas, a excepción de *to*, no rigen al infinitivo del verbo determinado, sino al gerundio, y cuando aquél es *have*, en conexión con un participio pasado, se omite a menudo, por abreviación, y se cambia por el gerundio el participio pasado, como sucede en español con el infinitivo:

After finishing (having finished) *one I began the other.*
Después de acabar (haber acabado) uno comencé el otro.

6. Cuando un infinitivo español es sujeto de una frase, puede traducirse en inglés por el infinitivo o por el gerundio:

Eating (to eat), drinking (to drink) and *sleeping (to sleep)* are necessary for life.
El *comer, beber* y *dormir* son cosas necesarias para la vida.

7. Si está regido por el verbo *ser* sin preposición, se pone en gerundio:

That *was speaking* with justice.
Eso *fué hablar* con justicia.

8. El gerundio inglés de un verbo determinado reemplaza a veces al infinitivo español, por considerársele como sustantivo:

He preferred *going* to the country to *remaining* here.
El prefirió *irse* al campo a *permanecer aquí.*

Nota. Se ve que la partícula *to,* aunque es signo del infinitivo, rige también al gerundio.

9. Se emplea el gerundio pospuesto a los adverbios de tiempo **when** (cuando), **while** (mientras), **as** (como), etc., en lugar del infinitivo español precedido de *al*:

When *entering* the house I met my friend.
Al entrar en casa me encontré con mi amigo.

10. El gerundio se emplea también como adjetivo, delante de un nombre de cosa, para expresar el uso que se hace de ella, o la acción para que sirve. Delante de *room* (cuarto), por ejemplo, el adjetivo verbal designa el destino que se le da, como:

dressing-room	cuarto de vestirse, guardarropa
reading-room	salón de lectura

§ 34. El participio pasado

1. El *participio pasado* de los verbos regulares se forma con las terminaciones ed, d o t.

Los verbos que tienen el participio pasado en **t** son muy pocos relativamente. La siguiente es la lista de los principales:

Infinitivo		*Participio pasado*
to bend	doblar	**bent**
to build	edificar	**built**
to burn	quemar	**burnt**
to deal	traficar	**dealt**
to gild	dorar	**gilt**
to lend	prestar	**lent**
to lose	perder	**lost**
to mean	significar, querer decir	**meant**
to send	enviar	**sent**

2. Hay unos cincuenta verbos irregulares cuyos participios pasados se forman agregando en o n unas veces al infinitivo y otras al pretérito, según queda explicado al tratar de los verbos irregulares:

Infinitivo		*Pretérito*	*Participio pasado*
break	romper	broke	broken
fall	caer	fell	fallen
take	tomar	took	taken

3. Los verbos con participios anómalos son *siete,* a saber:

Infinitivo		*Presente*	*Pretérito*	*Participio pasado*
be	ser	am	was	been
do	hacer	do	did	done
fly	volar	fly	flew	flown
go	ir	go	went	gone
have	tener	have	had	had
lie	tenderse	lie	lay	lain
make	hacer	make	made	made

4. Hay otros que tienen dos participios, como acontece en español; uno regular, que es el que se usa para formar los tiempos compuestos y las sentencias pasivas, y otro irregular que se emplea como adjetivo. Estos verbos se denominan **redundants** y son aquellos cuya lista hemos dado en § 50.

5. Hay muchos verbos compuestos de prefijos y de otros verbos, y forman los participios con la misma irregularidad que tienen los primitivos. Ejemplos:

Infinitivo		*Participio pasado*	
to withdraw	retirar	withdrawn	withdrawn
to forbid	prohibir	forbidden	forbidden
to foretell	predecir		foretold

CAPITULO 11
LOS VERBOS REGULARES

§ 35.   Usos del verbo en los tiempos simples

1. *Modo indicativo*

El *modo indicativo* es la forma del verbo que indica o declara una cosa *real* y *cierta,* positiva o negativa:

You *shall speak*	Vd. *hablará.*
I *do not see*	*No veo.*

o que interroga acerca de esa cosa, como:

Do you know?   ¿*Sabe* usted?
Do you not hear?   ¿*No oye* usted?

a) Presente. Este tiempo expresa una acción *presente* o que se refiere a *época actual.* Ejemplos:

I *hear* a noise.   *Oigo* ruido.
While I *dictate*, she *writes*. Mientras yo *dicto*, ella *escribe*.

Se usa también hablando de obras de hombres célebres de época pasada, cuyos trabajos existen o se recuerdan:

Seneca *reasons* well.   Séneca *razona* bien.

Reemplaza al *futuro* y *condicional* en español, para expresar *duda, posibilidad* o *conveniencia.* Ejemplos:

Is *there* such happiness? ¿*Habrá* felicidad semejante?
Is what I *heard* true?   ¿*Sería* cierto lo que oí?

b) Pretérito. Este tiempo denota una acción *pasada,* ya sea una hora antes, una semana, un mes, años o edades.

I *was* at the theater *last night*. *Estuve* en el teatro *anoche*.
I *saw* him *two weeks* ago. *Le vi* hace *dos semanas*.
Caesar *died* in Rome.   Cesar *murió* en Roma.

Se emplea este tiempo para expresar una acción o suceso que *acontecía* o *existía* mientras otro hecho tenía lugar. Ejemplos:

I *was* in my room when you *called* on me.
Estaba en mi cuarto cuando Vd. *me visitó*.

It *rained* hard yesterday when I *went* out.
Llovía mucho ayer cuando yo *salí*.

Nota. Ya hemos explicado que se forma también anteponiendo al verbo el signo *did,* pretérito del verbo *to do* (hacer), especialmente para formar las sentencias interrogativas y negativas.

Cuando se denota haber tenido *costumbre* o *hábito* de hacer una cosa se expresa anteponiendo al verbo la fórmula **used to,** *usaba* o *acostumbraba a:*

I *used to* like to dance when I *was* younger.
Me *gustaba* bailar cuando *era* más joven.

c) Futuro. Este tiempo, como lo dice su apelativo, es el contrario del pasado, y denota una acción futura o que está por ocurrir:

I shall *write* tomorrow. *Escribiré* mañana.
They *will* see.   Ellos *verán*.

2. *Modo imperativo*

a) El *modo imperativo* sólo admite el tiempo presente, porque la voz con que se expresa el mandato o el ruego está en dicho tiempo, aunque lo mandado o lo rogado haya de ejecutarse después:

Come now.	*Venga* Vd. *ahora.*
Come tomorrow.	*Venga* Vd. *mañana.*

Nota. Por los ejemplos precedentes puede observarse que con esta forma se omite el pronombre, cuando se usa el verbo en la segunda persona de plural.

b) La primera (plural) y tercera personas se forman con el auxiliar **let** (dejar), que se coloca inmediatamente delante del objetivo, y que corresponde a la conjunción española *que*:

let him (her) *speak*	que hable él (ella)
let us *see*	veamos
let them *hear*	que oigan ellos (ellas)

c) Para suplicar con este modo se emplea el auxiliar **do** delante del verbo, que va seguido del pronombre objetivo, y en este caso dicho auxiliar equivale a **please** (*sírvase* o *si Vd. gusta*):

do tell me	le ruego que me diga

d) Para formar las sentencias negativas se antepone a todas las formas explicadas el auxiliar **do** seguido de la negación **not:**

do not *come*	no *venga* usted
do not *let him eat*	que no *coma* él
do not *let them hear*	que no *oigan ellos*

§ 36. Usos del verbo en los tiempos compuestos

1. *Modo indicativo*

a) Presente. Los tiempos formados con *to be* y el participio presente de otro verbo denotan que aquello a que se refiere éste *está* o *estuvo* ocurriendo en el momento en que se habla, y determinan, por lo tanto, una acción incompleta o imperfecta, comenzada y no acabada. Ejemplos:

I *am reading* a newspaper.
Estoy leyendo un periódico.

He *was writing* to us when we arrived.
Nos estaba escribiendo cuando nosotros llegamos.

I would *be ending* my work now if . . .
Estaría concluyendo mi trabajo ahora si . . .

Nota. Este presente de la forma progresiva se usa sin excepción en inglés para expresar la estricta actualidad:

Where *are* you *going?*	¿A dónde *va* Vd.?
What *are* they *doing* here?	¿Que *hacen* ellos aquí?

También reemplaza al futuro muy a menudo en conexión con verbos que denotan movimiento:

I *am going* **to Europe within a year.**
Iré a Europa dentro de un año.

Mr. Jones *is coming* **tomorrow to see you.**
El Sr. Jones *vendrá* a verle mañana.

b) Perfecto. Este tiempo, contrario al anterior, da la idea de una acción consumada o perfeccionada, aunque sin determinar período preciso. Ejemplos:

I *have sold* **the goods.**
He vendido los efectos.

Italy *has produced* **great musicians.**
Italia *ha producido* grandes músicos.

Nota. Cuando se especifica el tiempo en que pasa la acción o suceso expresado por el verbo, no se debe emplear este tiempo. "He vendido los efectos ayer," por ejemplo, sería, *I sold the goods yesterday.*

Denota también una acción pasada perteneciente a un período de tiempo *no enteramente transcurrido,* como:

I *have been* **at home all day.**
He estado en casa todo el día.

We *have been* **in New York since March.**
Hemos estado en Nueva York desde marzo.

c) Pluscuamperfecto. Este tiempo denota que no solamente es pasado, sino que se refiere también a otra acción *pasada,* expresada o comprendida:

I *had written* **you when I** *received* **your letter.**
Le *había escrito* a Vd. cuando *recibí* su carta.

He *had seen* **the pianist in Europe** *before* **he** *came* **here.**
El *había visto* al pianista en Europa *antes* de *venir* aquí.

d) Futuro perfecto. Este, como su correspondiente en español, es el que menciona una acción que ha de suceder después, al mismo tiempo o antes que ocurra otra, también futura:

We *shall have arrived* **tomorrow at this time.**
Mañana a estas horas habremos llegado.

I *shall have finished* **the book** *in September.*
Habré acabado el libro *en septiembre.*

2. *Modo potencial*

Se llama así porque expresa como idea principal el *poder* de ejecutar una acción.

El *modo potencial* es la forma del verbo que designa posibilidad o libertad, poder, voluntad u obligación:

We *may (can) read*	*Podemos* leer
They *might (could, would) learn*	Ellos aprenderían (*podrían, deberían* aprender)

o que interroga esa posibilidad, libertad, etc., como:

May (can) I read?	¿*Puedo* leer?
Should (might, could) we know?	¿*Deberíamos* nosotros saber?

a) Presente. Se designa por los auxiliares *may, can, must,* que preceden al verbo:

I *can (may)* walk.	*Puedo* andar.
He *must* go.	El *debe* ir.

b) Pretérito. Anteceden al verbo en este tiempo los auxiliares **might, could, would** o **should,** y equivalen al condicional español:

If I *knew* English, I *would go* to the United States.
Si supiera (supiese) inglés, *iría* a los Estados Unidos.

Despues de la conjunción **if** puede también usarse este tiempo en lugar del pretérito de subjuntivo, lo que no ocurre con el futuro condicional español:

If you *would allow* me, I *would prefer* to go alone.
Si Vd. me *permitiera, preferiría* ir solo.

Del mismo modo puede emplearse el potencial, suprimiendo la conjunción:

Should they *come*[1] before night, I would leave at once.
Si ellos *vinieran* antes de la noche, yo partiría en seguida.

Expresa también este tiempo deseo o súplica:

We *would like* to go to Europe next year.
Desearíamos ir a Europa el año próximo.

I *would be* glad if you *would come* to see me.
Me *alegraría* que (*si*) *viniera* Vd. a verme.

c) Perfecto. La locución correspondiente a este tiempo es **may, can** o **must have,** que corresponden a la española *haya, hayas,* etc., y también a *pueda haber,* etc., frase que aunque no se usa como equivalente de la inglesa, es la que la traduce literalmente, porque *may* significa *poder* moralmente, del mismo modo que *can* denota *poder* físicamente y *must* tiene la misma acepción en el sentido de *deber.* Este tiempo expresa proximidad de un acontecimiento:

It *must have been (may have been)* two o'clock when the noise awakened me.
Podrían haber sido (serían) las dos cuando me despertó el ruido.

d) Pluscuamperfecto. **Might, could, would** y **should have** son las expresiones correspondientes a este tiempo, que literalmente tradu-

---

[1] Equivalente a *If they should come.*

cidas al español son: *pudiera, podría,* etc. (moralmente), *pudiera,* etc. (físicamente), *quisiera,* etc., *debiera,* etc., *haber,* y que corresponden a *hubiera, habría* o *hubiese,* etc.

Nota. **Might, could, would** y **should have** corresponden con el español del modo siguiente: **might** y **could** equivalen a *podría, pudiera* o *pudiese:*

I *might* have spoken	yo podría, etc., haber hablado

Should y **would** corresponden a la forma condicional española:

I *should (would)* have spoken	yo habría, etc., hablado

Téngase presente que cuando se quiere significar la idea de *deber* **se** usa siempre **should:**

I *should* have spoken	yo debería haber hablado

Este tiempo, como el pretérito, forma la conclusión de las sentencias condicionales, mientras que el pluscuamperfecto de indicativo con una conjunción hace la condición:

I *might (could)* have gone to the United States if I *had known* English.
Habría (podría) ido a los Estados Unidos si *hubiera sabido* inglés.

If I *had known* he *had done* that, I *would have* scolded him.
Si *hubiera sabido* que *hubiese hecho* eso, le *habría reñido.*

3. *Modo subjuntivo*

Como hemos indicado anteriormente, el subjuntivo es actualmente un tiempo casi totalmente en desuso; lo incluimos sobre todo a título de referencia, para ciertos textos literarios, pero el estudiante procurará substituirlo por el indicativo o por el infinitivo, tal como se indicará en la sección siguiente.

4. *Notas sobre el modo subjuntivo español, comparado con el inglés*

a) Los verbos que expresan *deseo, mandato, permiso, miedo, gozo, dolor, sorpresa, súplica, esperanza* y *contrariedad* rigen al infinitivo inglés precedido del pronombre en objetivo o del sujeto, o al futuro pospuesto al pronombre personal:

I *wish them to come.*   *Deseo* que *vengan.*
Will *you allow me to go out?*   ¿Me *permite* Vd. que *salga?*

b) Después de expresiones impersonales en presente, como asimismo de los verbos *creer, decir* y *pensar,* en sentencias interrogativas y negativas, se usa el modo indicativo:

It is too bad *that he will not come.*
Es una lástima que *no venga (vendrá).*

It is important *that you see him.*
Es importante que Vd. le *vea.*

Do you think **he will come?**
¿Cree Vd. que *venga?*
Don't you believe **that she will leave to-morrow?**
¿No cree Vd. que ella *salga* mañana?

c) Cuando en español se emplea el subjuntivo en vez de las formas negativas del imperativo, se usan éstas en inglés:

Let her not write. Que no *escriba* ella.

d) Cuando se expresa designio futuro, posible o casual, el indicativo o infinitivo inglés son usados en vez del subjuntivo español:

If you see our friend tell him to come to see me.
Si ve Vd. a nuestro amigo dígale que *venga* a verme.

§ 37. Lista de los verbos regulares más importantes

absorb	absorber	**assure**	asegurar
abuse	abusar, insultar	**attempt**	intentar
accept	aceptar	**attend**	concurrir
accommodate	acomodar	**auction**	subastar
accompany	acompañar	**augment**	aumentar
accomplish	cumplir	**avoid**	evitar
accustom	acostumbrar	**await**	aguardar
ache	doler	**bake**	cocer en horno,
acknowledge	reconocer		hornear
add	añadir	**bathe**	bañar (se)
admire	admirar	**behave**	conducir (se)
admit	admitir	**believe**	creer
adore	adorar	**belong**	pertenecer
adorn	adornar	**better**	mejorar
advance	adelantar	**bless**	bendecir
advertise	anunciar	**blot**	borrar
advise	aconsejar	**boast**	jactarse
affect	afectar	**boil**	hervir
aid	ayudar	**bore**	taladrar
alternate	alternar	**bother**	fastidiar
amuse	divertir	**breathe**	respirar
announce	anunciar	**brush**	cepillar
annoy	incomodar	**burn**	quemar
answer	contestar	**bury**	enterrar
appeal	apelar	**button**	abotonar
appreciate	apreciar	**call**	llamar
arrange	arreglar	**care**	cuidar
arrest	arrestar	**carry**	llevar
arrive	llegar	**cease**	cesar
ask	preguntar	**challenge**	desafiar
assist	asistir	**change**	cambiar

cheer	aplaudir	deliberate	deliberar
chew	mascar	deliver	entregar
clean	limpiar	demonstrate	demostrar
climb	trepar	deny	negar
close	cerrar	deposit	depositar
collect	cobrar	deprive	privar
comb	peinar	derive	derivar
command	mandar	descend	descender
comment	comentar	desert	desertar
compare	comparar	deserve	merecer
compel	obligar	desire	desear
compensate	compensar	despair	desesperar
complain	quejar (se)	despise	despreciar
compliment	cumplimentar	despoil	despojar
conceal	ocultar	destroy	destruir
confide	confiar	detain	detener
confuse	confundir	detest	detestar
correspond	corresponder	develop	desarrollar
consent	consentir	die	morir
consume	consumir	differ	diferir
content	contentar	diminish	disminuir
cook	guisar	dine	cenar
cough	toser	direct	dirigir
count	contar	dirty	ensuciar
counterfeit	falsificar	disappear	desaparecer
cover	cubrir	disconcert	desconcertar
cross	cruzar	disguise	disfrazar
crush	aplastar	dismiss	despedir
cry	llorar	disobey	desobedecer
cure	curar	dispose	disponer
curl	rizar	distinguish	distinguir
curse	maldecir	distract	distraer
dance	bailar	distribute	distribuir
dare	atrever (se)	distrust	desconfiar
darken	oscurecer	divide	dividir
dawn	amanecer	doubt	dudar
deceive	engañar	dream[1]	soñar
decide	decidir	dress	vestir
declare	declarar	drizzle	lloviznar
decrease	decrecer	drop	gotear
deepen	profundizar	drown	ahogar
defeat	vencer	dry	secar
defend	defender	dye	teñir
defer	diferir	effect	efectuar
delay	dilatar	elect	elegir

[1] Puede ser también irregular.

embalm	embalsamar	greet	saludar
embrace	abrazar	groan	gemir
emit	emitir	hail	granizar
emphasize	acentuar	hand	entregar
employ	emplear	happen	acontecer
empty	vaciar	hate	aborrecer
endure	sufrir	heal	sanar
enjoy	disfrutar	heat	calentar
enter	entrar	help	ayudar
entreat	implorar	hire	alquilar
envy	envidiar	humor	complacer
erase	borrar	hunt	cazar
escape	escapar	imitate	imitar
estimate	estimar	import	importar
excuse	dispensar	improve	mejorar
exercise	ejercitar	include	incluir
exhibit	exhibir	increase	aumentar
exist	existir	infer	inferir
expel	expulsar	infest	infestar
fail	faltar	inform	informar
faint	desmayarse	inhabit	habitar
fancy	imaginar	initiate	iniciar
fear	temer	innovate	innovar
fill	llenar	inquire	averiguar
finish	acabar	insert	insertar
fire	disparar	insist	insistir
fish	pescar	inspire	inspirar
fix	fijar	instruct	instruir
flatter	lisonjear	interpret	interpretar
flood	inundar	interrogate	interrogar
fold	doblar	interrupt	interrumpir
follow	seguir	introduce	introducir
free	libertar	inundate	inundar
fret	afligir (se)	invent	inventar
fry	freir	invert	invertir
furnish	proveer	iron	planchar
gain	ganar	itch	picar
gamble	jugar	jest	bromear
gather	recoger	join	juntar
gaze	contemplar	joke	chancearse
gild	dorar	judge	juzgar
glitter	relucir	jump	brincar
glue	encolar	kick	patear
govern	gobernar	kill	matar
grant	conceder	kiss	besar
grasp	agarrar	knock	golpear

knot	anudar	obstruct	obstruir
lack	carecer	obtain	obtener
land	desembarcar	occur	ocurrir
last	durar	occupy	ocupar
laugh	reir	offend	ofender
learn	aprender	offer	ofrecer
lick	lamer	omit	omitir
lie	mentir	open	abrir
light	encender	oppose	oponer
like	agradar	oppress	oprimir
limp	cojear	order	ordenar
line	forrar	owe	deber
listen	escuchar	pain	doler
live	vivir	paint	pintar
load	cargar	pardon	perdonar
lodge	alojar	participate	participar
look	mirar	pass	pasar
love	amar	pave	empedrar
maintain	mantener	pawn	empeñar
manage	gobernar, administrar	pay	pagar
		peep	asomar
match	parear	perform	representar
mediate	mediar	perish	perecer
meditate	meditar	permit	permitir
melt	derretir	persecute	perseguir
mend	componer	perspire	sudar
milk	ordeñar	pervert	pervertir
miss	echar de menos	pet	acariciar
mix	mezclar	pierce	agujerear
mock	burlar (se)	pinch	pellizcar
moisten	humedecer	place	colocar
molest	molestar	plant	plantar
mortgage	hipotecar	play	jugar
mount	montar	please	agradar
mourn	condoler	plough, plow	arar
move	mover	plot	tramar
multiply	multiplicar	populate	poblar
nail	clavar	possess	poseer
name	nombrar	post	poner en el correo
navigate	navegar	postpone	posponer
need	necesitar	pound	machacar
neglect	descuidar	praise	alabar
nod	cabecear	pray	rezar, rogar
nourish	alimentar	preach	predicar
obey	obedecer	predict	predecir
observe	observar	prefer	preferir

prepare	preparar	resist	resistir
present	regalar	resolve	resolver
press	prensar	respect	respetar
pretend	pretender	rest	descansar
print	imprimir	retire	retirar
proceed	proceder	return	volver
procure	procurar	revolve	girar
produce	producir	reward	recompensar
profess	profesar	ripen	madurar
prohibit	prohibir	roast	asar
project	proyectar	rock	mecer
promise	prometer	roll	rodar
propose	proponer	rot	pudrir
protest	protestar	row	remar
prove	probar	rule	gobernar
provide	abastecer	salt	salar
publish	publicar	save	salvar
pull	arrancar	scatter	desparramar
punish	castigar	scold	reconvenir
push	empujar	scratch	rascar
rage	rabiar	scream	chillar
rain	llover	scrub	restregar
raise	levantar	seal	sellar
rave	delirar	season	sazonar
reach	alcanzar	separate	separar
reap	segar	serve	servir
recite	recitar	settle	establecer (se)
recommend	recomendar	shake	sacudir
refer	referir	shame	avergonzar
reflect	reflejar	sharpen	aguzar
refresh	refrescar	shave	afeitar
reign	reinar	shelter	cobijar
rejoice	gozar	ship	embarcar
relate	relatar	shiver	tiritar
relieve	aliviar	shock	chocar
remain	permanecer	show	mostrar
remember	acordarse	sigh	suspirar
remind	recordar	sign	firmar
remove	remover	silence	enmudecer
rent	arrendar	sin	pecar
repeat	repetir	sip	sorber
repel	rechazar	skate	patinar
repent	arrepentirse	sketch	bosquejar
request	suplicar	slip	resbalar
resent	resentir	smile	sonreir
resemble	asemejar	smooth	allanar

smoke	fumar, humear	tend	tender
smother	ahogar	thank	dar gracias
sneeze	estornudar	threaten	amenazar
snore	roncar	thunder	tronar
snow	nevar	tickle	hacer cosquillas
soak	empapar	tie	atar
sob	sollozar	tighten	ajustar
soil	ensuciar	tire	cansar
solve	resolver	toast	brindar; tostar
sound	sonar	touch	tocar
sow	segar	trace	trazar
spatter	salpicar	trade	comerciar
speculate	especular	transfer	transferir
spell	deletrear	translate	traducir
spin	hilar	travel	viajar
split	rajar	treat	tratar; festejar
spoil	estropear	tremble	temblar
sprinkle	rociar	trip	tropezar
squeeze	estrujar	trust	confiar
stain	manchar	try	probar; tratar de
step	andar	tune	templar
stoop	agacharse	twist	torcer
stop	parar	unite	unir
straighten	enderezar	use	usar
stretch	extender	value	avaluar, apreciar
struggle	luchar	vanquish	vencer
study	estudiar	varnish	barnizar
stumble	tropezar	vary	variar
stutter	tartamudear	venerate	venerar
subdue	subyugar	ventilate	ventilar
submerge	sumergir	verify	comprobar
subtract	sustraer	vex	vejar
suffer	sufrir	vie	rivalizar
suggest	sugerir	violate	violar
supply	suministrar	visit	visitar
support	soportar	wail	deplorar
suppose	suponer	wait	aguardar
surprise	sorprender	walk	andar
suspect	sospechar	waltz	valsar
suspend	suspender	wander	vagar
swallow	tragar	want	querer
swindle	estafar	warn	prevenir
talk	hablar	wash	lavar
tame	amansar	waste	desperdiciar
taste	probar	watch	vigilar
tempt	tentar	weigh	pesar

wet	mojar	worry	preocupar
whisper	susurrar	wound	herir
whistle	silbar	wrap	envolver
wish	desear	wreck	naufragar
wonder	maravillarse	wrinkle	arrugar
work	trabajar	yawn	bostezar

CAPITULO 12
LOS VERBOS AUXILIARES

§ 38. **Los verbos auxiliares** se llaman así porque auxilian a los demás verbos en sus conjugaciones, sin lo cual no podrían conjugarse ciertos tiempos. Hay ocho de éstos en inglés:

to have haber, tener	**to be** ser, estar	**to do** hacer	**shall** deber
will querer	**may** poder	**can** poder	**must** deber

Los verbos auxiliares son defectivos, con excepción de *have, be* y *do,* que por ser también verbos principales, son completos en sus conjugaciones. Los dos últimos, como auxiliares, carecen de participio pasado.

§ 39. **Conjugación del verbo *to have***

1. Tiempos simples de *to have*

to have haber, tener	**having** habiendo, teniendo	**had** habido, tenido

INDICATIVO

Presente

I have	yo he, tengo, etc.
he has	
we have	
you have	
they have	

Pretérito

I had, *etc.* yo hube, tuve, había, tenía, etc.
(la misma forma para todas las personas)

Futuro

I shall, will have, *etc.* yo habré, tendré, etc.
(la misma forma para todas las personas)

MODO POTENCIAL

Presente

I may have, *etc.* yo haya o tenga, etc.
I can have, *etc.* yo puedo haber o tener, etc.
(la misma forma para todas las personas)

Pretérito

I might, could, should, would have, *etc.*
yo habría, hubiera, hubiese, tendría, tuviera, tuviese, podría, pudiera o
pudiese tener o haber, etc.
(la misma forma para todas las personas)

MODO IMPERATIVO

let him have que tenga él
let us have tengamos nosotros
have tenga Vd., tengan Vds.
let them have que tengan ellos

2. Tiempos compuestos con *to have*

to have had having had
haber tenido habiendo tenido

INDICATIVO

Perfecto

I have had yo he habido o tenido, etc.
he has had
we have had
you have had
they have had

Pluscuamperfecto

I had had, *etc.* yo había, hube habido o tenido
(la misma forma para todas las personas)

Futuro perfecto

I shall, will have had, *etc.* yo habré habido o tenido, etc.

MODO POTENCIAL

Perfecto

I may, can have had, *etc.*
yo haya habido, tenido; yo pueda haber habido, tenido

Pluscuamperfecto

I might, could, should, would have had, *etc.*
yo habría, hubiera, hubiese habido; podría, debiera, etc., haber habido, tenido

3. Contracciones negativas de *to have*

Presente		Pretérito
I haven't	por *I have not*	I hadn't, *etc.* por *I had not*
he hasn't	por *he has not*	(la misma forma para todas las personas)
we haven't	por *we have not*	
you haven't	por *you have not*	
they haven't	por *they have not*	

4. Notas sobre el uso del verbo auxiliar *to have*

a) En inglés hay, según ya hemos dicho, un solo verbo, **to have,** correspondiente a los españoles *haber* y *tener.* Se emplea, por lo tanto, como verbo activo y como auxiliar, precediendo siempre, en este último caso, al participio pasado del verbo principal:

I have a pen.	*Tengo* una pluma.
Mr. So and So¹ had money.	Don Fulano de Tal *tuvo* dinero.
We *have spoken* Spanish.	*Hemos hablado* español.

b) En las sentencias interrogativas se coloca siempre el auxiliar delante del sujeto, y a éste le sigue el verbo principal; en las interrogativas negativas la negación va entre el sujeto y el verbo principal, pospuesto todo al auxiliar. Ejemplos:

With whom *have you spoken?*	¿Con quién *ha hablado Vd.?*
Have you not (*haven't you*) *read* it?	¿*No lo ha leído Vd.?*

Nota. Obsérvese que en caso de usar la contracción del auxiliar y la negación, ésta va antepuesta al sujeto, y, por supuesto, unida al auxiliar, como, por ejemplo, *Haven't you written it?*

c) En las respuestas negativas, se pone siempre la negación delante del infinitivo, gerundio o participio pasado, como sucede en español, pero después de todos los demás tiempos cuando no hay auxiliar:

Not to have a house	*No tener* casa
I *have no* paper.	*No tengo (ningún)* papel.

Habiendo auxiliar la negación va después de éste:

I *shall not have* that.	*No tendré* eso.
I *have not had* it.	*No lo he tenido.*

---

¹ *Mr. So and So* ("Sr. Así y Así") equivale a nuestro "don Fulano de Tal."

d) Si **to have** va seguido de **to** rige al infinitivo del verbo principal que se coloca inmediatamente después, equivaliendo entonces a *haber de* o *tener que:*

> We *have to go* there.
> *Tenemos que ir* allí.

> I *would have to learn* English if I *had to speak* it.
> *Habría de aprender* el inglés si *tuviera que hablarlo.*

Nota. *Haber* en español, usado como verbo impersonal, *hay, había, hubo,* etc., corresponde a **to be** en inglés, precedido del adverbio **there.**

e) **To have** no se emplea en conexión con palabras que **expresan** sensaciones físicas, como *hambre, sed, sueño, miedo,* etc., ni tampoco cuando nos referimos a edad o dimensiones, usándose en su lugar el verbo **to be,** al tratar del cual nos ocuparemos de dichos casos.

§ 40.   Conjugación del verbo *to be*

1. Tiempos simples de *to be*

to be	**being**	**been**
ser, estar	siendo, estando	sido, estado

INDICATIVO

Presente

I am	yo soy, estoy
he is	él es, está
we are	nos. somos, estamos
you are	Vd. es, está, Vds. son, están
they are	ellos son, están

Pretérito

I was, used to be	yo era, fuí, estaba, estuve, etc.
he was, used to be	
we were, used to be	
you were, used to be	
they were, used to be	

Futuro

I shall, will be	yo seré, estaré
he will, shall be, *etc.*	él será, estará, etc.

(la misma forma para todas las personas)

MODO POTENCIAL

Presente

I may, can be, *etc.*   yo sea, esté, etc.

Pretérito

I might, could, should, would be
he might, could, should, would be, *etc.*
yo sería, fuera *o* fuese, *o* estaría, etc.; *o* yo podría, pudiera, etc., ser *o* estar;
o yo querría, etc., ser *o* estar; *o* debería, etc., ser o estar, etc.

IMPERATIVO

let him be	que sea *o* esté él
let us be	seamos, estemos
be	sea, esté Vd., sean, estén Vds.
let them be	que sean, estén ellos

2. Tiempos compuestos con *to be*

Se forman como en español, anteponiendo el correspondiente tiempo de *haber* al participio pasado del verbo principal:

to have been	having been
haber sido, estado	habiendo sido, estado

INDICATIVO

Perfecto

I have been   yo he sido, etc.
he has been
we have been
you have been
they have been

Pluscuamperfecto

I had been, *etc.*   yo había, hube sido *o* estado, etc.

Futuro perfecto

I shall, will have been, *etc.*   yo habré sido *o* estado

POTENCIAL

Perfecto

I may, can have been, *etc.*
yo haya sido *o* estado, yo pueda haber sido *o* estado, etc.

Pluscuamperfecto

I might, could, should, would have been, *etc.*
yo hubiera, habría, hubiese sido *o* estado; yo podría, debiese, haber sido *o* estado.

3. Contracciones de *to be*

Presente de indicativo

Afirmativo			Negativo		
I'm	por	*I am*	**I'm not**	por	*I am not*
he's, she's	por	*he is, she is*	**he's not,**	por	*he is not,*
we're	por	*we are*	**she's not**		*she is not*
you're	por	*you are*	**we're not**	por	*we are not*
they're	por	*they are*	**you're not**	por	*you are not*
			they're not	por	*they are not*

Interrogativo negativo

isn't he? isn't she?	por	*is he not? is she not?*
aren't we?	por	*are we not?*
aren't you?	por	*are you not?*
aren't they?	por	*are they not?*

Pretérito

Negativo			Interrogativo negativo		
I wasn't	por	*I was not*	**wasn't I?**	por	*was I not?*
he (she) wasn't	por	*he was not*	**wasn't he?**	por	*was he not?*
we weren't	por	*we were not*	**weren't we?**	por	*were we not?*
you weren't	por	*you were not*	**weren't you?**	por	*were you not?*
they weren't	por	*they were not*	**weren't they?**	por	*were they not?*

4. Notas sobre el uso del verbo auxiliar *to be*.

a) Habiendo en inglés sólo un verbo, **to be,** para los dos españoles *ser* y *estar,* es claro que han de traducirse por aquél ambos de sus equivalentes. Ejemplos:

My room *is* large.	Mi cuarto *es* grande.
Mr. Smith *is* a banker.	El Sr. Smith *es* banquero.
This bread *is* hot.	Este pan *está* caliente.
How *are* you?	¿Cómo *está* usted?

b) Cuando en español necesitamos la preposición *de* después de *ser,* para indicar posesión, se suple aquella usando el sustantivo en el caso posesivo:

This *is* my *brother's* book.	Este *es* el libro *de* mi hermano.
She *is* my *friend's wife's* sister.	Ella *es* la hermana *de* la esposa *de* mi amigo.

Nota. Adviértase que este caso posesivo, empleando el apóstrofe, ocurre sólo con los seres animados. Una excepción de esta regla es cuando se habla del tiempo, en cuyo caso se admite el apóstrofe:

It is a few hours' flight from New York to Miami.
El vuelo de New York a Miami es de pocas horas.

c) Se usa *to be* hablando de la hora y en expresiones adverbiales que se refieren al tiempo:

What time is it?	¿Qué hora *es?*
It is one o'clock.	*Es* la una.

d) Es asimismo empleado para la formación de la voz pasiva. Ejemplos:

I am loved by my parents.	Soy amado de mis padres.

e) *Estar para* y *estar por* se traducen respectivamente por *to be about* y *to have the intention of:*

I am about to finish the second book.
Estoy para acabar el libro segundo.

He has the intention of reading Shakespeare.
El *está por* leer a Shakespeare.

f) *To be* se usa para la forma progresiva en **ing** (*ando o iendo*), con la cual se denota que una acción continúa en ejecución:

I am going to the theater.	*Voy* al teatro.
I am reading.	*Estoy leyendo.*

Nota. Aunque en inglés se emplea mucho esta forma, siendo en muchas ocasiones preferible a la simple, debe tenerse presente que no puede usarse con aquellos verbos que indican continuación por sí mismos, y así se dice: *I love her;* no: *I am loving her.* Tampoco admiten esta forma de conjugación los verbos que expresan sentimiento o acción mental.

g) *To be* se emplea en algunos casos en que se hace uso de los verbos *tener* y *hacer* en español. Ejemplos:

Cuando se denota sensaciones físicas:

They were very warm.	*Tuvieron* mucho *calor.*
He is angry.	El *tiene rabia* (está enfadado).
I am hungry (thirsty).	*Tengo hambre (sed).*

Para denotar las condiciones atmosféricas:

It is very cold.	*Hace* mucho *frío.*
It is very bad weather.	*Hace* muy mal *tiempo.*

También se emplea en las frases siguientes:

Am I right or not?	¿Tengo razón o no?
You are wrong.	Vd. no *tiene razón.*

Refiriéndose a *edad* o a *dimensiones:*

How old are you?	¿Cuántos años *tiene* Vd.?
I am thirty-three.	*Tengo* treinta y tres años.

I think it is about twenty-five feet long.
Creo que *tendrá (será de)* unos veinticinco pies de *largo.*

5. El verbo impersonal *haber* se traduce por *to be* pospuesto al adverbio **there.**[1]

a) Tiempos simples

INDICATIVO

there is, there are	hay
there will, shall be	habrá
there was, there were	había, hubo
there should, would be	habría

POTENCIAL

there may, can be	haya
there might, should, would, could be	hubiera, hubiese

IMPERATIVO

let there be	haya

Ejemplos:

There is a man in the street.   *Are there* two thousand men?
Hay un hombre en la calle.   ¿*Hay* dos mil hombres?

There would be a ball if *there were* money to pay for the music.
Habría un baile si *hubiera* dinero para pagar la música.

b) Tiempos compuestos

Los tiempos compuestos se forman, lo mismo que las terceras personas de los correspondientes, con *to be*, agregándoles el adverbio **there.** Ejemplos:

there has been	there might have been
ha habido	hubiera habido

§ 41. Conjugación del verbo auxiliar *to do*

to do	doing	done
hacer	haciendo	hecho

INDICATIVO

Presente

I do	yo hago
he does	él hace, etc.
we do	
you do	
they do	

Pretérito

I did	yo hacía, hice, etc.
he did, *etc.*	

---

[1] La forma infinitiva *there to be* no se usa casi nunca. Las formas participales son aun más raras.

Contracciones

don't por *do not*   doesn't por *does not*   didn't por *did not*

§ 42. Conjugación del verbo auxiliar *shall*

Presente

I shall   yo debo, etc.
he shall, *etc.*

Pretérito

I should   yo debía, debí debería,
he should, *etc.*   debiera *o* debiese, etc.

Contracciones

shan't por *shall not*   shouldn't por *should not*

§ 43. Conjugación del verbo auxiliar *will*

Presente

I will   yo quiero
he will, *etc.*   él quiere, etc.

Pretérito

I would   yo quería, quise, quisiera o quisiese, etc.
he would, *etc.*

Contracciones

won't por *will not*   wouldn't por *would not*

§ 44. Conjugación del verbo auxiliar *may*

Presente

I may   yo puedo, etc.
he may, *etc.*

Pretérito

I might   yo podía, pude, podría, pudiera,
he might, *etc.*   pudiese, etc.

Nota 1. **May** difiere de **can** (poder) en que denota *libertad, derecho, autorización,* o bien *posibilidad de una cosa incierta:*

It *may* rain.
Puede llover.

Como auxiliar corresponde al presente de subjuntivo español.

Nota 2. En el inglés moderno no hay contracciones de **may**.

§ 45. Conjugación del verbo auxiliar *can*

Presente

I can	yo puedo
he can, etc.	él puede, etc.

Pretérito

I could	yo podía, pude, podría, pudiera o
he could, etc.	pudiese, etc.

Contracciones

can't por *cannot*	**couldn't** por *could not*

Nota. **Can** indica poder material o físico, o facultad. Carece de los demás tiempos que no se mencionan en el texto. Seguido de otro verbo se le omite a éste el signo *to:*

Now he can speak better than he could last year.
Ahora *puede* hablar mejor que lo que *podía* el año pasado.

§ 46. Conjugación del verbo auxiliar *must*

Presente

I must	yo debo
he must, etc.	él debe, etc.

Contracción

mustn't por *must not*

Nota. **Must** indica deber por necesidad:

We must go to the office.
Debemos ir a la oficina.

Carece de otro tiempo que el presente, y rige al verbo siguiente en infinitivo sin el signo *to.*

CAPITULO 13
LOS VERBOS IRREGULARES

§ 47. **Verbos irregulares** se llaman los que no forman el participio pasado y pretérito añadiendo *d* o *ed* al infinitivo, tales como los siguientes:

1. to know	knew	known
conocer	conocía, conocí	conocido
2. to sell	sold	sold
vender	vendía, vendí	vendido
3. to come	came	come
venir	venía, vine	venido
4. to put	put	put
poner	ponía, puse	puesto

de donde se puede observar que hay cuatro clases de verbos irregulares, a saber:

1. Los que tienen diferentes tanto el infinitivo y presente de indicativo, como el pretérito del mismo modo y el participio pasado.

Nota. Para saber cuándo es el participio pasado y cuándo el pretérito de los verbos que tienen dichos tiempos iguales, no hay más que fijarse en el sentido de la oración: si el verbo va acompañado de los auxiliares *to have* o *to be* es participio, como en *where have you put the book?* (¿dónde ha puesto Vd. el libro?), *they are sold here* (son vendidos [se venden] aquí). Si el verbo va solo es pretérito, como en *I sold the goods you told me to sell* (vendí los efectos que me dijo Vd. que vendiera).

2. Los que tienen semejantes el pretérito y el participio pasado, pero diferentes el infinitivo y presente de indicativo.

3. Los que tienen iguales el infinitivo, el presente y el participio pasado, pero distinto el pretérito.

4. Los que tienen iguales los cuatro tiempos de que estamos haciendo mención.

§ 48. Lista de los verbos irregulares más importantes

Nota. Damos en la lista los dos únicos tiempos irregulares que pueden ocurrir, o sean el pretérito y el participio pasado, además del infinitivo. Sabemos que el gerundio termina siempre en **ing,** y que los otros tiempos no mencionados se forman con los verbos auxiliares.

1. PRIMERA CLASE

Infinitivo y presente de indicativo		Pretérito	Participio pasado
arise	levantarse	arose	arisen
awake	despertar	awoke	awaked
be	ser, estar	was	been
begin	empezar	began	begun
bite	morder	bit	bitten
blow	soplar	blew	blown

Infinitivo y presente de indicativo		*Pretérito*	*Participio pasado*
break	romper	broke	broken
choose	elegir	chose	chosen
die	morir	died	died, dead[1]
do	hacer	did	done
draw	dibujar, tirar	drew	drawn
drink	beber	drank	drunk
drive	guiar	drove	driven
eat	comer	ate	eaten
fall	caer	fell	fallen
fly	volar	flew	flown
forget	olvidar	forgot	forgotten
forsake	abandonar	forsook	forsaken
freeze	helar	froze	frozen
give	dar	gave	given
go	ir	went	gone
grow	crecer	grew	grown
hide	esconder (se)	hid	hidden
know	saber, conocer	knew	known
lie[2]	yacer	lay	lain
ride	cabalgar	rode	ridden
ring	tocar la campanilla	rang	rung
rise	levantarse	rose	risen
see	ver	saw	seen
shake	sacudir	shook	shaken
sing	cantar	sang	sung
sink	hundirse	sank	sunk
speak	hablar	spoke	spoken
spring	brotar	sprang	sprung
steal	hurtar	stole	stolen
swear	jurar	swore	sworn
swim	nadar	swam	swum
take	tomar	took	taken
tear	rasgar	tore	torn
throw	arrojar	threw	thrown
wear	usar	wore	worn
weave	tejer	wove	woven
write	escribir	wrote	written

---

[1] *Dead* y *died* se usan como participios pasados de *to die*. El primero se emplea en conexión con *to be*, y con *to have* el segundo: *I am almost dead with fatigue* (estoy casi muerto de cansancio); *he has died* (ha muerto).

[2] *To lie* en la acepción de *mentir* es regular: *She lied about her age* (ella mintió al dar su edad).

2. SEGUNDA CLASE

Infinitivo y presente de indicativo		Pretérito y participio pasado
bend	encorvar, doblar	bent
bind	encuadernar	bound
bleed	sangrar	bled
breed	criar	bred
bring	traer	brought
build	construir	built
buy	comprar	bought
catch	coger	caught
cling	agarrarse	clung
dig	cavar	dug
feed	alimentar	fed
fight	pelear	fought
find	hallar	found
flee	huir	fled
fling	arrojar	flung
get	adquirir	got
grind	moler	ground
hang	colgar	hung
have	haber, tener	had
hear	oir	heard
hold	asir, caber	held
keep	guardar	kept
lay	poner	laid
lead	conducir	led
leave	dejar	left
lend	prestar	lent
lose	perder	lost
make	hacer	made
mean	significar	meant
meet	encontrar	met
pay	pagar	paid
read[1]	leer	read
say	decir	said
seek	buscar	sought
sell	vender	sold
send	enviar	sent
shoot	tirar	shot
shrink	encogerse	shrunk
sit	sentarse	sat
sleep	dormir	slept

[1] Aunque se escriben del mismo modo el infinitivo y el presente de indicativo, el pretérito y el participio pasado, se pronuncia "rid" en el primer caso y "red" en el segundo.

Infinitivo y presente de indicativo		Pretérito y participio pasado
slide	resbalar	slid
spend	gastar	spent
stand	estar en pie	stood
stick	pegar	stuck
sting	picar	stung
strike	golpear	struck
swing	columpiarse	swung
teach	enseñar	taught
tell	referir	told
think	pensar	thought
tread	pisar, hollar	trod
weep	llorar	wept
win	ganar	won
wind	atar, enrolar	wound
wring	retorcer	wrung

3. TERCERA CLASE

Infinitivo; presente, y participio pasado		Pretérito
come	venir	came
run	correr	ran

Nota. Todos los verbos compuestos de los de las listas tienen la misma irregularidad que los primitivos, con excepción de *welcome* (dar la bienvenida) que es regular aunque su original, *come,* no lo sea. *Welcomed* es el participio pasado y pretérito.

4. CUARTA CLASE

Inf., pres., pret., y part. pas.		Inf., pres., pret., y part. pas.	
bid	pujar precio	rid	librarse
burst	reventar	set	plantar, poner
cast	fundir	shut	cerrar
cost	costar	shred	desmenuzar
cut	cortar	slit	rajar
hit	dar en el blanco	split	dividir
hurt	hacer daño	spread	esparcir
let	permitir	thrust	empujar
put	poner		

§ 49. Los verbos "redundantes"

Se llama así aquellos que forman de dos o más modos el pretérito y el participio pasado. Con sólo poquísimas excepciones el participio pasado y el pretérito de estos verbos son idénticos.

§ 50. Lista de los verbos "redundantes" más importantes

Infinitivo y presente de indicativo		Pretérito y participio pasado
bear	soportar	bore, borne, born[1]
bereave	despojar	bereft, bereaved
bet	apostar	bet, betted
bless	bendecir	blessed, blest
burn	quemar	burned, burnt
clothe	vestir	clothed
deal	traficar	dealt[2], dealed
dive	sumergirse	dove, dived
dream	sonar	dreamed, dreamt
dress	vestir	dressed
dwell	habitar	dwelt, dwelled
gild	dorar	gilded, gilt
kneel	arrodillarse	kneeled, knelt
knit	hacer media o malla	knit, knitted
leap	saltar	leaped, leapt
light	encender	lighted, lit
mow	segar	mowed, mown
plead[3]	abogar	pleaded, plead
prove	probar	proved, proven[4]
shave	afeitarse	shaved, shaven
shear	trasquilar	sheared, shorn
shine	brillar	shined, shone
show	mostrar	showed, shown
smell	oler	smelled
sow	sembrar	sowed, sown
speed	acelerar	sped, speeded
spell	deletrear	spelled
spill	verter	spilled
swell	hinchar	swelled, swollen
wed	casarse	wedded, wed
work	trabajar	worked

---

[1] *Born,* usado en la formación de la voz pasiva, *to be born,* equivale a *nacer: She was born blind* (ella nació ciega). *Borne,* como participio pasado con *to have,* equivale a *dar nacimiento: She has borne two children* (ella ha dado nacimiento a dos niños).

[2] El primero es pretérito, y participio pasado el segundo.

[3] *To plead* significa abogar en un tribunal de justicia, defender, interceder. *To plead guilty* (considerarse [un reo] convicto); *to plead not guilty* (negar la acusación).

[4] El primero se usa sólo como pretérito y ambos como participio pasado.

CAPITULO 14
LOS VERBOS REFLEXIVOS
Y LOS VERBOS RECIPROCOS

§ 51. Verbos reflexivos

Verbos reflexivos son aquellos cuya acción recae o vuelve a la misma persona o cosa que los rige, representada o suplida por un pronombre personal, como en las locuciones *he hurts himself* (el se hace daño); *you hurt yourselves* (Vds. se hacen daño), etc.

El verbo se coloca *entre el pronombre personal y el reflexivo.*

Los verbos reflexivos se conjugan, por lo tanto, con dos pronombres; el primero es el sujeto y el segundo el objeto. Estos pronombres son los siguientes:

Singular		*Plural*	
I myself	yo me, yo mismo, etc.	we ourselves	nosotros nos,
you yourself		you yourselves	nosotros mismos,
he himself		they themselves	etc.
she herself			
itself (neutro)			
oneself			

§ 52. Modelo para la conjugación de los verbos reflexivos

1. Tiempos simples

to see oneself	seeing oneself
verse	viéndose

INDICATIVO

Presente

I see myself	yo me veo
he sees himself	él se ve, etc.
she sees herself	
we see ourselves	
you see yourself (yourselves)	
they see themselves	

Pretérito

I saw myself, etc.   yo me veía, me vi, etc.

Futuro

I shall, will see myself, etc.   yo me veré, etc.

MODO POTENCIAL

Presente

I may, can see myself   yo me vea, etc.

Pretérito

I might, could, should, would see myself, etc.
yo me vería, viera o viese, etc.

IMPERATIVO

let him see himself   véase él
let us see ourselves   veámonos, etc.
see yourself, yourselves
let them see themselves

2. Tiempos compuestos

to have seen oneself   having seen oneself
haberse visto   habiéndose visto

INDICATIVO

Perfecto

I have seen myself, etc.   yo me he visto, etc.

Futuro perfecto

I shall, will have seen myself   yo me habré visto, etc.

MODO POTENCIAL

Perfecto

I may, can have seen myself   yo me haya visto, etc.

Pluscuamperfecto

I might, could, should, would have seen myself
yo me habría, hubiera o hubiese visto, etc.

§ 53. Verbos recíprocos

Se llaman así porque denotan reciprocidad o cambio mutuo de acción entre dos personas.

La conjugación de estos verbos es la misma que la de los activos,

posponiendo invariablemente a cada persona **each other** o **one another** (el uno y el otro):

    Peter and Mary love *each other*.   Pedro y María *se* aman *(uno al otro)*

El verbo aquí no es reflexivo en inglés, pues para que lo fuera sería necesario que la acción recayese en el mismo sujeto que la ejecuta. *Peter and Mary love themselves,* traducción literal del español, significaría en inglés que Pedro y María se aman *a sí mismos.* En español se construye de igual modo la forma recíproca, aunque se deja sobrentendida la expresión *uno al otro.*

§ 54. Notas sobre los verbos reflexivos y recíprocos

1. Los verbos reflexivos y recíprocos lo son *accidentalmente* en inglés, es decir, se forman de verbos activos, como *to burn* **oneself** (quemarse), de *to burn* (quemar); *to love* **each other** (amarse [*entre sí*]), de *to love* (amar). Su número es ilimitado, puesto que en una como en otra lengua, casi todos los verbos pueden ser usados en estas formas.

Nota. Para saber cuándo el verbo que tiene la forma recíproca o reflexiva en español puede o no admitir los pronombres reflexivos en inglés, examínese si aquél es activo o neutro, esto es, si se puede o no usar sin el pronombre reflexivo. *Me arrepiento, me muero,* etc., por ejemplo, se ve fácilmente que no aceptan la forma activa, o sea, que no pueden usarse sin los pronombres reflexivos, no pudiendo decirse *yo arrepiento a Vd., yo muero a él;* en inglés, por consiguiente, no se les aplican los pronombres reflexivos, y no se puede decir *I repent myself, I die myself;* sino *I repent, I die.* Se tendrá, pues, presente que en español hay muchos verbos que tienen la forma recíproca y no son ni recíprocos ni reflexivos; en tal caso se consideran en inglés como neutros; v. gr.: *William repents* (Guillermo *se* arrepiente).

2. Los verbos *esencialmente* reflexivos en español son activos en inglés cuando denotan movimiento, y pasivos cuando el sujeto recibe la acción sin obrar por sí mismo; ejemplos:

to rise	levantar*se*	**to be called**	llamar*se*
to go to bed	acostar*se*	**to be mistaken**	equivocar*se*
to dress	vestir*se*	**to be seated**	sentar*se*
to go away	ir*se*	**to be frightened**	asustar*se*
to take a walk	pasear*se*	**to be displeased**	disgustar*se*

Nota. Las puertas *se abren,* por ejemplo, debe traducirse *the doors are opened,* y no *the doors open themselves,* porque las puertas no se abren por sí mismas, sino que *son abiertas* por alguien. Algunas veces se suele emplear la forma activa, o más bien la neutra, en vez de la pasiva, diciéndose *the doors open;* y así, hablando del teatro se

dice: *at what time do the doors open?* (¿a qué hora se abren **las** puertas?); *At what time do they shut?* (¿a qué hora *se cierran?*).

3. Cuando el verbo español indica *obtener, adquirir o coger,* **en** lugar de la forma pasiva se usa muy comúnmente en inglés **el adjetivo** pospuesto a *get*:

to get rich	enriquecerse	**to get cold**	resfriarse
to get sick	enfermarse	**to get warm**	calentarse

4. Los verbos españoles *accidentalmente* reflexivos, que tienen **dos** significaciones, según estén en forma reflexiva o activa, se traducen en inglés por voces diferentes. Los siguientes son los más **importantes** de ellos:

apoyarse	**to lean**	*apoyar*	**to support**
despertarse	**to awake**	*despertar*	**to wake**
echarse	**to lie down**	*echar*	**to throw out**
levantarse	**to get up**	*levantar*	**to raise**
precipitarse	**to rush**	*precipitar*	**to precipitate**
retirarse	**to retire**	*retirar*	**to withdraw**
sentarse	**to sit down**	*sentar*	**to put down**
embarcarse	**to embark**	*embarcar*	**to ship**

5. Los siguientes verbos, que se usan en español en formas **activa** y recíproca, tienen en inglés una sola traducción:

to hasten	*apresurarse o apresurar*
to feel	*sentirse o sentir*
to marry	*casarse o casar*
to get rid	*desembarazarse o desembarazar*
to get drunk	*emborracharse o emborrachar*
to surrender	*rendirse o rendir*

6. De lo dicho se infiere que, cuando el objeto del verbo **es una** parte del cuerpo, o se refiere a prenda de vestido, no puede **emplearse** en inglés, como sucede en español, la forma reflexiva, sino el **verbo** activo equivalente:

Take off your overcoat.	*Quítese Vd. el sobretodo.*
Won't you put on your hat?	*¿No se pone Vd. el sombrero?*
I wash my hands.	*Me lavo las manos.*

CAPITULO 15
LOS VERBOS PASIVOS

§ 55. De la voz pasiva de los verbos

En inglés esta voz se forma anteponiendo **to be** (ser) al participio pasado de dichos verbos. Sólo los verbos activos, o sean aquellos capaces de gobernar a un objeto directo, pueden usarse en forma pasiva:

The children *are punished.*	Los niños *son castigados.*
The house *was sold.*	La casa *fué vendida.*
I *shall be called.*	Yo *seré llamado.*

§ 56. Modelo para la conjugación de los verbos pasivos

1. Tiempos simples

to be loved	**being loved**	**been loved**
ser amado	siendo amado	sido amado

INDICATIVO

Presente

I am loved	yo soy amado, amada, etc.
he is loved	él es amado
she is loved	ella es amada
we are loved	nos. somos amados
you are loved	vos. sois amados
they are loved	ellos son amados

Pretérito

I was, used to be loved	yo era, fuí amado, etc.
he was, used to be loved, *etc.*	

Futuro

I shall, will be loved, *etc.*	yo seré amado, etc.

POTENCIAL

Presente

I may, can be loved, *etc.*	yo sea amado, etc.

Pretérito

I might, could, should, would be loved, *etc.*
yo sería. fuera, fuese amado, etc.

IMPERATIVO

let him be loved	sea amado
let us be loved	seamos nosotros amados, etc.
be loved	
let them be loved	

2. Tiempos compuestos

to have been loved   having been loved
haber sido amado   habiendo sido amado

INDICATIVO

Perfecto

I have been loved, etc.   yo he sido amado, etc.

Pluscuamperfecto

I had been loved, etc.   yo había, hube sido amado, etc.

Futuro perfecto

I shall, will have been loved, etc.   yo habré sido amado, etc.

POTENCIAL

Perfecto

I may, can have been loved, etc.   yo haya sido amado, etc.

Pluscuamperfecto

I might, could, should, would have been loved, etc.
yo habría, hubiera, hubiese sido amado, etc.

§ 57. Notas sobre los verbos pasivos

1. Hemos dicho que cuando no se menciona el agente de quien procede la acción, y el sujeto no es una persona, se usa en inglés la forma pasiva reemplazando a la activa española con el pronombre se; ejemplos:

The honest man is loved.
Se ama al hombre-de bien.

What language is spoken in North America?
¿Qué lengua se habla en la América del Norte?

2. Cuando en español usamos la forma activa pospuesta al pronombre se, en las oraciones que tienen un régimen directo y otro indirecto, por ejemplo, en se me dice, se le ve, se nos habla, etc., se emplea la forma pasiva, en inglés, invirtiendo el orden del sujeto y del régimen indirecto, o sea, sustituyendo éste a aquél y vice versa, y se dice: I am told (yo soy dicho), he is seen (él es visto), we are

spoken to (nosotros somos hablados). Lo mismo sucede en español, aunque sólo cuando es directo el régimen del verbo, en nosotros somos vistos, por ejemplo.

INFINITIVO

Inflexión personal		*Inflexión impersonal*	
to be told[1]	decirse	**to be said**	decirse
being told	diciéndose	**being said**	diciéndose

INDICATIVO

Singular

| **I am told** | se me dice | **they say to me** | me dicen |
| **he is told** | etc. | **they say to him** | etc. |

Plural

| **we are told** | se nos dice | **they say to us** | nos dicen |
| **etc.** | | **etc.** | |

3. Después de los verbos pasivos la preposición *by* reemplaza a las españolas *por* o *de:*

The speech *will be made by* a great orator.
El discurso *será pronunciado por* un gran orador.

Hamlet *and* Romeo and Juliet *were written by* Shakespeare.
"Hamlet" y "Romeo y Julieta" *fueron escritos por* Shakespeare.

CAPITULO 16
LOS VERBOS IMPERSONALES

§ 58. **Verbos impersonales** llámanse los que por no tener sujeto definido no pueden usarse sino en el *infinitivo* (presente y participios presente y pasado) y en la tercera persona singular de todos sus tiempos, pospuestos al pronombre neutro **it,** el cual se usa siempre como sujeto o nominativo.

---

[1] Para que se comprenda la diferencia en el uso de ambos verbos, obsérvese que *to tell* rige al acusativo en inglés, mientras que *to say* rige al dativo: *Walter told me what he said to you* (Gualterio *me* dijo a *mí* lo que *le* dijo a Vd.).

1. Ejemplos

It is raining	It is going to rain
Está lloviendo	Va a llover
It was freezing	It froze
Helaba	Heló

2. Lista de los verbos impersonales más importantes

to dawn	amanecer	to rain	llover
to drizzle	lloviznar	to snow	nevar
to freeze	helar	to thaw	deshelar
to grow dark	anochecer	to thunder	tronar
to hail	granizar		

§ 59. Notas sobre el uso de los verbos impersonales

1. Hay verbos que, además del pronombre neutro *it*, necesitan un objeto después del verbo; por ejemplo:

It did not suit *him*.
No *le* convenía.

2. Las locuciones impersonales *it is proper that* (es conveniente o propio que), *it is good that* (es bueno que), *it is necessary that* (es necesario que), *it is possible, impossible, easy, difficult, important, indispensable*, etc., *that* (es posible, imposible, fácil, difícil, importante, indispensable, etc., que), las cuales envuelven una idea de *deber*, gobiernan al auxiliar **should**, que, junto con el verbo principal, corresponde al subjuntivo español. Ejemplos:

It is important that I should study my English lesson.
Es importante que estudie mi lección de inglés.

It is proper that they should be careful.
Es adecuado que sean cuidadosos.

3. Cuando la locución impersonal no implica la idea de *deber*, la preposición *for*, que sustituye a *that*, rige al sujeto del verbo determinado, cuyo verbo se pone en infinitivo:

It is time *for you to come*.	Es tiempo que Vd. venga.
It was impossible *for me to go*.	Me fué imposible ir.
It is difficult *for John to write*.	A Juan le es difícil escribir.

4. Como sucede en español, muchos verbos que no son impersonales se usan impersonalmente; los más importantes de ellos son los siguientes:

to appear	parecer	to matter	importar
to belong	pertenecer	to please	gustar
to delight	deleitar	to suit	convenir
to happen	suceder	to tire	cansar

Ejemplos:

It appears to me¹ that the child is sick.
Me *parece* que el niño está enfermo.

It belongs to me.   Me *pertenece.*
It happens that I am poor.   *Sucede* que soy pobre.

5. Otros tienen carácter de tales en algunas acepciones, como **to be,** hablando de la hora, en las frases que se refieren al tiempo:

It is six o'clock.   *Son las seis.*
It is very late.   *Es* muy *tarde.*
It is not yet night.   No *es* de *noche* todavía.

6. La mayor parte de los verbos pueden ser usados como impersonales en la tercera persona, singular o plural, precedidos de los pronombres *one* (uno) o *they* (ellos), que en tal caso son indeterminados y corresponden al español *se; v. gr.:

What will *they* say?   ¡Que *se* dirá!
One cannot go there.   No *se* puede ir allá.

7. Las expresiones españolas *soy yo, es él, somos nosotros,* etc., se traducen al inglés por las impersonales *it is I, it is he, it is we,* etc.; es decir, la tercera persona singular del tiempo correspondiente, pospuesta al pronombre neutro **it** y seguida del pronombre personal. Ejemplos:

It is I.   **It is he.**   **It is they.**   **It was I.**
Soy yo.   Es él.   Son ellos.   Era (fuí) yo.

Is it *you* (pl.) *who are* knocking at the door?
¿Son Vds. quienes *llaman* a la puerta?

If *it were she,* what would you say?
Si *fuera ella,* ¿qué diría Vd.?

CAPITULO 17
LOS VERBOS DEFECTIVOS

§ 60. **Verbos defectivos** son aquellos que sólo se emplean en algunas personas, modos y tiempos. Tales son los siguientes:

---

¹ La frase española *me parece* puede traducirse de cuatro modos distintos; v. gr.: *it appears to me, it looks to me, it seems to me, I think that it is going to rain* (me parece [creo] que va a llover).

Presente de indicativo

can	puedo
may	puedo
must	debo
ought	debo
shall	(aux. del futuro)
will	quiero

Pretérito y modo potencial

could	podía, pude, pudiera, etc.
might	podía, pude, pudiera, etc.
	(Carece de otros tiempos)[1]
ought	debía, debí, debiera, etc.
should	debía, debí, debiera, etc.
would	quería, quise, quisiera

Nota. Todo verbo tiene cuatro partes principales, a saber: el presente, el pretérito, el participio presente y el participio pasado, y al que carece de cualquiera de ellas se le llama defectivo, siendo tales, por consiguiente, casi todos los auxiliares.

§ 61. Modelos para las conjugaciones de los verbos defectivos

INFINITIVOS

Para expresar los infinitivos *poder* y *deber* en inglés, no se pueden utilizar los verbos *may, must* y *should,* que carecen de infinitivo. Por lo tanto, hay que decir:

to be able to por *poder*   **to have to** por *deber*

INDICATIVO

Presente

I, he, she, we, you, they $\left\{ \begin{array}{l} \text{may} \\ \text{must} \\ \text{should} \end{array} \right\}$ do it   yo, él, etc. $\left\{ \begin{array}{l} \text{puedo} \\ \text{debo} \\ \text{debiera} \end{array} \right\}$ hacerlo

Pretérito

I, etc., might do it   yo, etc. pudiera hacerlo

Perfecto

I, etc., $\left\{ \begin{array}{l} \text{may} \\ \text{must} \\ \text{should} \end{array} \right\}$ have done it   yo, etc. $\left\{ \begin{array}{l} \text{puedo} \\ \text{debo} \\ \text{debiera} \end{array} \right\}$ haberlo hecho

Pluscuamperfecto

I might have done it, *etc.*   yo pudiera, etc., haberlo hecho

§ 62. Conjugación del verbo defectivo *ought*

Presente, Pretérito

I ought to do it, *etc.*   yo debo, debía, debí,
                    debería, etc., hacerlo

---

[1] Los tiempos que faltan, tanto a este verbo como a *may,* se suplen por medio de *to be* antepuesto al adjetivo *able,* capaz, así: *to be able, lit.,* ser capaz, y que corresponde a poder. Hemos dicho que cuando *can* está seguido de otro verbo en infinitivo se omite en éste la partícula *to.*

PARTE IV

CLASES DE
CONSTRUCCIONES

CAPITULO 18
FRASES

§ 63. De la frase en general

En los capítulos precedentes tratábamos de las formas y usos de las varias partes de la oración refiriéndonos a ellas como unidades individuales. En esta sección estudiaremos la combinación de las palabras como unidades de construcción, así como también el orden, la colocación y los arreglos necesarios cuando hacen parte de tales grupos.

El término *frase* se emplea en general para cualquier grupo de palabras relacionadas que no forman una cláusula porque no incluyen una forma del verbo con inflexión verbal. Son frases los grupos de palabras relacionadas entre sí, como *a large book* (un libro grande), *running water* (agua corriente) y *moving slowly* (moviendo[se] lentamente). Las frases se clasifican conforme a la naturaleza de las palabras que funcionan como signos de introducción de las frases.

§ 64. Frases con preposición

Las frases con preposición constan de una preposicion y su objeto (ya sea un sustantivo o un pronombre). Los sustantivos de las frases con preposición pueden ser precedidos de algunos modificantes que son considerados como parte de la frase preposicional. Por ejemplo: *of the large beautiful white house* (de la grande hermosa casa blanca).

Algunas de las frases con preposición llegan a ser expresiones estereotipadas que siempre se usan del mismo modo. Así, vienen a aumentar los modismos del inglés. Por ejemplo: *by all means* (sin falta).

§ 65. Frases con infinitivo o participio

Estas frases que son introducidas por nombres verbales (sustantivos o adjetivos) ocurren muy frecuentemente en inglés y funcionan sea como sustantivos (gerundios o infinitivos) o como adjetivos (gerundios o participios). Por ejemplo: *playing continuously* (el constante tocar), *imported products* (productos importados).

Los infinitivos, participios y gerundios se derivan de temas verbales y por esto son considerados como parte del sistema del verbo. Pueden tomar cada uno de los complementos del verbo, tales como un complemento directo o indirecto o un adverbio, porque retienen algunas de las características básicas de los verbos de los cuales son derivados. Los gerundios, a causa del elemento nominal que está presente en ellos, pueden ser modificados por un adjetivo. Por ejemplo: *careful planning* (el planear cuidadosamente).

Los complementos principales que emplean los verbos se emplean también con los infinitivos, participios y gerundios. Estos complementos son:

1. Complemento directo:

He wanted *to find A GOOD RESTAURANT.*
El quiso (o quería) *hallar* (o UN BUEN RESTAURANTE.

The man *carrying THE BOX* was hit.
El hombre *que llevaba* LA CAJA fué atropellado.

Reading *THE SUNDAY NEWSPAPER* takes most of the day.
La lectura DEL PERIÓDICO DOMINICAL consume casi todo el día.

2. Complemento indirecto:

To send *THE COMMANDING OFFICER this reply* required courage.
Enviar esta respuesta AL COMANDANTE exigió valor.

The man *bringing YOU the news* is my cousin.
El hombre que LE *trajo la noticia* es mi primo.

Giving *THEIR TEACHER a present* was a pleasant experience.
Darle A SU MAESTRO *un regalo* fué una grata experiencia.

3. Sustantivo predicado:

John wanted *to be AN ENGINEER.*
Juan quería *ser* INGENIERO.

4. Adjetivo predicado:

To be *DILIGENT* is a requirement for success.
El ser DILIGENTE es un requisito para tener éxito.

Being *SICK*, Thomas did not go to visit his friends.
Como estaba ENFERMO, Tomás no fué a visitar a sus amigos.

5. Adverbio:

He wants *to go AT ONCE.*
El quiere *ir* INMEDIATAMENTE.

Turning *SUDDENLY*, Louise opened the door.
Volteándose DE REPENTE Luisa abrió la puerta.

6. Frase:

Henry told me *to wait for him at the station.*
Enrique me dijo *que lo esperara en la estación.*

7. Cláusula:

To play *when you should be working* is not a good habit.
El jugar *cuando debiera Vd. estar trabajando* no es una buena costumbre.

§ 66.   Los empleos de las frases

Las frases se emplean como partes individuales de la oración, como sustantivos, adjetivos o adverbios:

1. Como *sustantivo:*

   a) sujeto del verbo:

   Driving carefully promotes traffic safety.
   El manejar cuidadosamente promueve la seguridad del tráfico.

   b) sustantivo predicado:

   His aim is *to play good music.*
   Su objeto es *tocar buena música.*

   c) complemento directo del verbo:

   We would like *to have a cup of coffee with milk, bread and butter.*
   Deseamos *tomar una taza de café con leche, pan y mantequilla.*

   d) complemento de preposición:

   He succeeded in *becoming a good pianist.*
   El logró *ser buen pianista.*

   e) como aposición:

   Her chief ambition, *learning English,* **has been realized.**
   Su ambición principal, *el aprender inglés,* se realizó.

2. Como *adjetivo:*

   The man *from Spain* **has arrived.**
   El español ha llegado.

Nota. La oración anterior equivale a *The Spaniard has arrived;* como *The man* FROM ENGLAND *came* equivale a *The Englishman came* (el inglés vino).

3. Como *adverbio:*

   He went out *in the evening.*
   El salió *en la tarde.*

Nota. La frase con infinitivo es el único tipo que puede hacer el papel de estas dos partes de la oración: sustantivo y adverbio. El gerundio o participio presente puede emplearse como sustantivo o adjetivo. La forma en -*ing* que se emplea en ciertos tipos de frase tiene una función doble. Al mismo tiempo que introduce la frase, funciona por sí misma como adjetivo que modifica al verbo de la proposición. Por ejemplo: Jim, *seeing the danger,* shouted a warning (Jim, *al ver el peligro,* grito para avisarle). En esta oración el gerundio *seeing* modifica a *Jim* (una forma diminutiva del nombre James), pero la frase *seeing the danger,* al ver el peligro, modifica el verbo *shouted,* gritó.

§ 67.   Tipos especiales de frases

Hay algunos tipos de frases que son diferentes en su estructura general de los descritos anteriormente.

§ 68. Frases verbales

El término *frase verbal* conviene para describir todos los tipos de construcción que incluyen un verbo auxiliar. Por ejemplo: *have been found* (han sido hallados), *should have been found* (debían haber sido hallados), *is coming* (viene), etc.

§ 69. La frase con nominativo absoluto

Este tipo de frase no ocurre frecuentemente en inglés hablado pero se encuentra en inglés escrito. Esta construcción consta de un sustantivo y un participio que se emplean como en las proposiciones:

The war finished, **they signed the peace treaty.**
Terminada la guerra, se firmó la paz.

The paper written, **they printed it.**
Escrito el periódico, se imprimió.

She sat quietly, *her face buried in her hands.*
Ella estaba sentada tranquilamente *con la cabeza sepultada entre las manos.*

A veces el participio se omite en estas frases absolutas. Por ejemplo:

Dinner over, **we went to the living room.**
Después de la comida, nos fuimos a la sala.

§ 70. La frase con infinitivo y su sujeto

El infinitivo se emplea algunas veces con un sustantivo o un pronombre como su sujeto. Por ejemplo:

We knew *George to be friendly.*
Nosotros conocimos a Jorge como una persona amigable.

We knew *him to be friendly.*
Le conocimos a él como una persona amigable.

En estas oraciones la frase infinitiva con sustantivo o pronombre que funciona como el sujeto del infinitivo es el complemento del verbo de la cláusula principal.

Nota. A veces el signo del infinitivo *to* se omite. Por ejemplo:

I heard *him say this to Carmen* **yesterday night.**
Yo le oí decir esto a Carmen anoche.

Se omite el signo del infinitivo *to* después de los verbos *let* (dejar), *dare* (osar), *do* (hacer), *bid* (ofrecer), *make* (hacer), *see* (ver), *hear* (oir), *need* (necesitar), *please* (gustar).

Algunas de estas frases infinitivas con el sujeto no funcionan como el complemento directo de la cláusula principal. La frase con infinitivo funciona aquí como el complemento directo del verbo de la cláusula principal, y el sustantivo o pronombre que la precede hace el papel de complemento indirecto del verbo de la cláusula principal. Por ejemplo:

He told *us to stay here.*
El nos dijo que permaneciéramos aquí.

Nota 1. El sujeto de un infinitivo va en el caso de acusativo (u objetivo) pero el sujeto del verbo va siempre en el caso nominativo. Por ejemplo:

She told them to speak to the manager.
Ella les dijo que hablaran con el gerente.

En esta oración *she* es el sujeto del verbo y *them* el sujeto del infinitivo.

Nota 2. Las frases con infinitivo precedido por *how* se emplean como sustitutos para sustantivos en expresiones como:

He did not know how to play the violin.
El no sabía tocar el violín.

The problem of how to get food for poor people was a serious one.
El problema de cómo conseguir comida para los pobres era muy serio.

Las frases infinitivas se emplean también después de *whether.* Por ejemplo:

We have not yet decided whether to go or stay.
No hemos decidido aún si nos vamos o nos quedamos.

§ 71. Frases exclamativas

A las oraciones exclamativas les falta el verbo a menudo; por esto preferimos llamarlas frases. Estas frases, que están puntuadas al fin por un punto de admiración, expresan sentimientos o emociones fuertes tales como alegría, miedo o sorpresa. Ejemplos:

How beautiful the day is!
¡Qué hermoso está el día!

What a time we had!
¡Cómo nos divertimos!

How kind that man is!
¡Qué bondadoso es este hombre!

How beautiful that woman is!
¡Qué hermosa es esta mujer!

CAPITULO 19
LAS CLAUSULAS

§ 72. Tipos de cláusulas

La cláusula es un grupo de palabras que forma parte de una oración e incluye un sujeto y un verbo (el predicado). Hay dos clases de cláusulas:

1. *Cláusulas principales,* que son la parte principal de la oración. Estas cláusulas contienen la declaración principal y son completas en sí mismas. Se llaman también cláusulas independientes. Cuando dos o más de estas cláusulas van enlazadas por conjunciones copulativas se llaman cláusulas coordinadas. Por ejemplo:

I have traveled in many countries, and I have noticed that English is spoken in many of these countries.
He viajado por muchos países y he notado que el inglés se habla en muchos de ellos.

2. *Cláusulas subordinadas,* que dependen de las cláusulas principales; se emplean como parte singular de la oración en la cláusula, como sustantivo, adjetivo o adverbio. Estas se llaman también *cláusulas dependientes.* En una oración como *He came home after I called him up* (El volvió a casa después que yo le había llamado) la cláusula principal, *he came home,* forma la declaración principal y es completa en sí misma, mientras que la cláusula subordinada, *after I called him up,* se emplea como un adverbio que modifica el verbo *came* refiriéndose al tiempo.

Nota 1. La cláusula principal puede colocarse después de la cláusula subordinada de la cual depende. Ejemplo:

When he came home, I spoke to him.
Cuando él vino a casa, le hablé.

Nota 2. En cualquiera oración que consta de dos o más cláusulas una de ellas por lo menos debe ser principal.

Nota 3. Cuando hay dos o más cláusulas principales en una oración, las declaraciones que ellas hacen deben tener una relación definida y lógica. Sus relaciones se clasifican así:

a) Concordancia de ideas (en este caso la conjunción que enlaza dos o más cláusulas es la conjunción copulativa *and*);

b) Contraste de ideas (la conjunción disyuntiva *but* se emplea en estos casos);

c) Selección (las conjunciones que se usan aquí son las correlativas *either . . . or, neither . . . nor,* etc.);

d) Consecuencia (la conjunción que se usa en estos casos es *therefore,* por eso, por consiguiente).

§ 73. Cláusulas subordinadas

Las cláusulas subordinadas pueden dividirse según su empleo en las siguientes clases:

1. *Cláusulas que funcionan como sustantivos.* Sus usos principales son:

a) Como sujeto del verbo:

That she will succeed as an artist is certain.
Que ella tendrá éxito como una artista es seguro.

b) Como un sustantivo predicado:

The truth is that the students are not prepared for the examination.
La verdad es que los estudiantes no están preparados para el examen.

c) Como complemento directo de un verbo:

He said that he was a doctor.
El dijo que era médico.

d) Como complemento de una preposición:

I was frightened by what he said to Ann.
Lo que dijo a Ana me asustó.

e) Como complemento indirecto de un verbo:

They gave whoever came a beautiful book as a present.
Dieron un libro bello como regalo a todos los que vinieron.

f) En aposición de un sustantivo:

The statement that gold can be found very easily is not true.
La aserción que el oro puede hallarse fácilmente no es verdad.

g) Como complemento objetivo:

He will make the price whatever you think is reasonable.
Hará que el precio sea lo que a Vd. le parezca razonable.

h) En discurso directo:

Whoever said that, come here.
Quienquiera dijo eso, que venga aquí.

2. *Cláusulas adjetivales,* que modifican sustantivos o pronombres.

She lost the ring which you gave her.
Ella perdió el anillo que Vd. le dió.

Nota. La mayoría de las cláusulas adjetivales son introducidas por pronombres relativos, pero algunas tienen otras palabras como signos de introducción. Tales palabras son las conjunciones subordinadas de tiempo, de razón y de lugar. Ejemplos:

He did not know the hour when we came and the reason why we came.
No sabía ni cuando ni porqué vinimos.

The mansion where George Washington lived is now a museum.
La casa en donde vivió George Washington es ahora un museo.

3. *Cláusulas adverbiales,* que se usan más frecuentemente que cualquier otro tipo de cláusulas. Generalmente funcionan como modificantes del verbo de la cláusula principal.

Estas cláusulas se dividen en nueve clases generales según la clase de relación que expresan:

a) Cláusulas de tiempo, que son introducidas por conjunciones temporales y pueden preceder o seguir a la cláusula principal. Cuando la preceden, son separadas por una coma. Estas cláusulas en general contestan a preguntas introducidas por *when.*

b) Cláusulas de lugar, que son introducidas por conjunciones de lugar y pueden preceder o seguir a la cláusula principal. Contestan a preguntas introducidas por *where*.

c) Cláusulas de manera, que son introducidas por conjunciones subordinadas y contestan a preguntas introducidas por *how*.

d) Cláusulas de grado, que son introducidas por *than* (que), *as . . . as* (tan . . . como), y contestan a preguntas introducidas por *how little, how much* (cuánto), *how many* (cuántos), *how far?* (¿a qué distancia?, ¿hasta dónde?), *how early* (¿cuándo?, ¿a más tardar?), *how long?* (¿cuánto tiempo?).

e) Cláusulas de causa o razón, que son introducidas por las conjunciones *because* (porque), *since* (puesto que), *for* (porque) y contestan a preguntas introducidas por *why*.

f) Cláusulas de intención, que son introducidas por *in order that, so that* (para que, a fin de que) o sencillamente *that*. Contestan a preguntas introducidas por *why* como las cláusulas que expresan causa o razón. El rasgo que distingue estas dos clases de cláusulas es el hecho de que una cláusula de intención expresa la idea que la acción definitivamente fué planeada con anticipación o con un fin particular en vista.

g) Cláusulas de condición, que son introducidas por *if* (si) o por alguna otra palabra que equivale a *if* y constituye la prótasis o la cláusula de *if* de la condición. La cláusula principal de la condición es la apódosis. La cláusula de *if* puede preceder o seguir a la cláusula principal. Las cláusulas de condición describen las circunstancias o condiciones bajo las cuales cierta cosa tendrá lugar o es posible.

h) Cláusulas de concesión, que son introducidas by *although* (aunque, si bien, bien que) o algunas otras conjunciones equivalentes.

i) Cláusulas complementarias, que son introducidas por *that* y usualmente modifican adjetivos. Por ejemplo:

I am sure that you are right.
Estoy seguro de que Vd. tiene razón.

Este grupo consta de cláusulas que se emplean después de ciertos adjetivos para completar el sentido de los adjetivos como *sure* (seguro).

CAPITULO 20

TIPOS DE ORACIONES
ORDEN DE LAS PALABRAS

§ 74. Tipos de oraciones

Las oraciones por lo general se clasifican en tres clases:

1. *Oraciones sencillas,* que constan de una cláusula principal. Por ejemplo:

> John ran away.
> Juan se fué corriendo.

2. *Oraciones compuestas,* que constan de dos o más cláusulas principales. Por ejemplo:

> Nothing is the matter with me, but Mary has a headache.
> A mí no me pasa nada pero María tiene dolor de cabeza.

3. *Oraciones complejas,* que constan de una cláusula principal y una o más cláusulas subordinadas. Por ejemplo:

> If I had known she was not here, I would not have come.
> De haber yo sabido que ella no estaba aquí no habría venido.

§ 75. Clases de oraciones

Las oraciones pueden dividirse en cuatro clases según la manera en que se expresan las ideas:

1. La proposición *afirmativa* es una oración que expresa un hecho. Por ejemplo:

> They love each other like brothers.
> Se quieren como hermanos.

2. La proposición *interrogativa* es una oración en la que se hace una pregunta. Por ejemplo:

> How long have you been in this country?
> ¿Cuánto tiempo hace que está Vd. en este país?

3. La proposición *imperativa* es una oración en que se hace un mandamiento, una exhortación, o se da una orden. Por ejemplo:

> Do not get angry.
> No se enfade Vd.

4. La proposición *exclamatoria* o *exclamativa* es una oración que expresa un sentimiento o emoción fuerte. Por ejemplo:

How lovely that girl is!
¡Qué encantadora es esa muchacha!

§ 76. Las oraciones elípticas

En inglés se emplean frecuentemente expresiones en las cuales algunas palabras que no aparecen en la oración deben ser sobrentendidas. Por ejemplo: *Congratulations* (felicitaciones) en vez de *I offer you my congratulations* (le ofrezco mi enhorabuena), *Fire!* (¡Incendio!) en lugar de *The building is on fire* (el edificio está incendiado), *Hands up!* (¡arriba las manos!) en vez de *Put your hands up!* (¡alce las manos!), *Thank you* (gracias) en vez de *I thank you* (le agradezco).

Se encuentran muchas veces proposiciones elípticas en los titulares de los periódicos.

§ 77. Los modismos

Cada lengua tiene sus modismos. El inglés tiene muchos modismos que se emplean muy a menudo, sobre todo en el inglés hablado. Éstos modismos muchas veces son contrarios a la disposición lógica de las palabras y no siguen las reglas gramaticales con exactitud. Se debe prestar atención al empleo de los modismos porque son importantes para aprender a hablar inglés con naturalidad. Dan al inglés hablado su carácter especial y sus características básicas. Deben aprenderse por medio del ejercicio y la repetición. En los textos de las *veinte lecciones* aparecen muchos de los modismos ingleses, especialmente los que se usan lo más frecuentemente. En los apéndices hay también una lista de modismos (véase p. 304).

Los modismos—o mejor dicho las construcciones con idiotismos— que son más difíciles de emplear correctamente son los que emplean preposiciones. Ejemplos:

I agree with you.
Estoy de acuerdo con Vd.

I agreed to that proposal.
Estuve de acuerdo con esa proposición.

I agreed upon the plan proposed by you.
Quedé de acuerdo con el plan que Vd. propuso.

§ 78. Orden de las palabras

El orden de la colocación de las palabras en frases, cláusulas u oraciones en inglés tiene menos flexibilidad que en español por lo mismo que la flexión de los verbos es mucho más completa en español

que en inglés. En cuanto a los sustantivos la flexión en inglés distingue sólo el singular del plural y el caso posesivo mientras en español el *a* personal podría señalar la función sintáctica del sustantivo en la oración. El oficio que desempeña el sustantivo en inglés lo determina su posición en la oración o cláusula.

En oraciones afirmativas el verbo viene siempre precedido del sujeto y lo siguen el objeto y los complementos. El objeto indirecto se coloca siempre delante del objeto directo cuando ambos son sustantivos, como en el caso de *I gave John the book* (yo dí el libro a Juan).

Pero, según los usos del inglés normal, cuando el complemento directo es pronombre entonces lo sigue el complemento indirecto, sea éste sustantivo o pronombre, precedido de la preposición *to*, v. gr.: *I ga~ it to him* (se lo dí), *I gave it to John* (se lo dí a Juan).

Cuando el complemento indirecto y el directo son ambos sustantivos, el mismo orden puede seguirse, v. gr.: *I gave the book to John* (yo dí el libro a Juan).

En proposiciones interrogativas el sujeto, sea éste sustantivo o pronombre, es precedido de un verbo auxiliar (por lo común el verbo *do*). En proposiciones negativas la partícula de negación se coloca entre el verbo auxiliar y el principal, por ejemplo: *I did not go there* (yo no fuí allá).

En proposiciones interrogativas y negativas la partícula de negación se coloca después del auxiliar y del sujeto sólo cuando la partícula de negación no se contrae con el auxiliar, por ejemplo: *Did you not go there?* (¿No fué Vd. allá).

Pero cuando se contrae, que es lo más común en el inglés hablado, la partícula de negación se coloca entre el auxiliar y el sujeto; por ejemplo: *Didn't you go there?* (¿No fué Vd. allá?).

El verbo se coloca delante del sujeto en proposiciones interrogativas introducidas por adverbios o pronombres interrogativos, por ejemplo: *Where is John?* (¿Dónde está Juan?)

§ 79. **La posición de los modificantes o determinativos es** mucho más difícil de presentar, sobre todo los del verbo, porque en ciertos casos pueden ir en una de dos posiciones diferentes prestando un énfasis diferente en cada caso a la oración que determinan. Los modificantes de los sustantivos preceden a éstos últimos por lo general y no los siguen como es el caso general en español. Los adjetivos descriptivos de calidad preceden inmediatamente a los sustantivos que modifican. Los adjetivos pueden ser modificados por otros adjetivos y adverbios que los preceden. Los adjetivos determinativos como los artículos definido e indefinido y los adjetivos pronominales

siempre preceden a todos los demás modificadores de los sustantivos y limitan (como su nombre en inglés *"limiting adjectives"* lo indica) la posibilidad de añadir otros modificadores delante de ellos.

Por ejemplo en *This exceptionally beautiful Spanish girl* (esta excepcionalmente hermosa muchacha española) el adjetivo *Spanish* modifica el sustantivo *girl;* el adjetivo *beautiful* modifica *Spanish girl* lo cual forma una unidad sustantival, como puede verse por el hecho que en español puede expresarse por medio de una sola palabra, *española.* El adverbio *exceptionally* modifica la frase *beautiful Spanish girl,* y *this* modifica y limita la frase entera, *exceptionally beautiful Spanish girl.*

§ 80. **Los modificadores adverbiales** se colocan generalmente lo más cerca posible de la palabra que modifican cuando a ésta siguen objetos y complementos. Una cierta variación en la posición de los modificadores adverbiales es permitida. Ciertos adverbios de tiempo que modifican la oración entera pueden estar al principio o al fin de ésta; por ejemplo: *We saw them yesterday* (los vimos ayer) o bien *Yesterday we saw them* (ayer los vimos).

APENDICES

FORM OF ENGLISH BUSINESS LETTER

JOHNSON FREIGHT CO., INC.
3 WALL STREET
NEW YORK 38, N. Y.

September 1, 1956

Burnwell Coal Company
51 Broadway
New York 5, N. Y.

Gentlemen:

Regarding your inquiry of August 24, we are happy to say that we will be able to arrange your coal shipment to Canada at the rate of $0.08 per ton.

We would like to take this occasion to inform you that at the end of the fiscal year our rates per ton to Canada will be increased 5 per cent. You will want to take this into consideration in planning your future shipments abroad.

Our representative will call on you at your earliest convenience to arrange all further details.

We are delighted to have this opportunity to cooperate with your organization.

Yours very truly,

JOHNSON FREIGHT CO., INC.

(*Signature*)

William E. Vanderwilk, Manager

WEV:bk

FORMA DE CARTA COMERCIAL EN INGLES
(*Traducción*)

JOHNSON FREIGHT CO., INC.
3 WALL STREET
NEW YORK 38, N. Y.

1 de septiembre de 1956

Burnwell Coal Company
51 Broadway
New York 5, N. Y.

Muy señores nuestros:

Refiriéndonos a su solicitud del 24 de
agosto, nos complace informarle que podemos
arreglar su despacho de carbón al Canadá a razón
de $0.08 por tonelada.

Aprovechamos esta oportunidad para informarle
que, al término del año fiscal, nuestras tarifas
por tonelada al Canadá serán aumentadas el 5 por
ciento. Ustedes lo tendrán en cuenta, sin duda,
al planear sus próximos despachos al extranjero.

Nuestro representante se pondrá en contacto
con ustedes a su más pronta conveniencia para
arreglar todos los detalles.

Estamos encantados de tener esta oportunidad
de cooperar con su organización.

Sin otro motivo por el momento, somos,

Attos. y SS. SS.,

JOHNSON FREIGHT CO., INC.
(*Firma*)

William E. Vanderwilk, Gerente

WEV:bk

HOMONIMOS

Homónimos son palabras cuya pronunciación es igual a la de otras de un sentido diferente.

(to) ail, adolecer	ale, clase de cerveza
aisle, pasillo	isle, isla
(to) be, ser, estar	bee, abeja
(to) bear, soportar, llevar	{ bare, desnudo / bear (sust.), oso, osa
(to) break, romper(se)	brake, freno
(to) buy, comprar	by (prep.), por
can (verbo), poder	can (sust.), lata
fair (adj.), justo, rubio, bello; (sust.) feria	fare, pasaje
for (prep.), para	{ four, cuatro / fore, delante; delantero
great, grande	grate, enrejar; reja
(to) hear, oir	here, aquí
hour, hora	our, nuestro, nuestra
in, en; dentro de	inn, posada
its (pos. neutro), su	it's (contracción de it is), es
knew, pretérito de to know, saber	new, nuevo, nueva
knot, nudo, lazo; anudar(se)	not, no
(to) know, conocer; saber	no, no
(to) lean, inclinar(se)	lean (adj.), magro; flaco
led, pretérito de to lead, guiar	lead, plomo
left, pretérito de to leave, dejar	left, izquierdo
mail, correo; echar al correo	male, macho; varón; masculino
may (verbo), poder; tener permiso para	May (sust.), mayo
(to) meet, encontrar(se)	meat, carne
mine (sust.), mina	mine (pron. pos.), mío, mía, míos, mías

peak, pico; punto máximo
(to) raise, levantar
(to) read, leer
read, pretérito de to read, leer
real, real, verdadero
road, camino
(to) see, ver
there, allí, allá, ahí
(to) train, amaestrar(se), ejercitar(se)

to (prep.), a

(to) watch, mirar, observar
weak, débil
whether, si, (ya) sea que
(to) write, escribir
whose (pron. pos.), cuyo; cuya, cuyos, cuyas

peek, atisbo; atisbar
(to) raze, arrasar, asolar
reed, caña
red, rojo, roja
reel, carrete; cinta cinematográfica
rode, monté
sea, mar
their (pos. pron. plur.), su, sus
train, tren

$\begin{cases} \textbf{two,} \text{ dos} \\ \textbf{too,} \text{ también} \end{cases}$

watch, reloj
week, semana
weather, tiempo
right, derecho, diestro
who's (contracción de who is), quien es.

MODISMOS INGLESES

above all	sobre todo
a great deal	muchísimo
a hard time	un rato desagradable
all at once	de buenas a primeras
all right	está bien
as soon as	luego que
at any rate	de todos modos
at home	en su casa
at once	inmediatamente
by all means	sin falta
by no means	de ningún modo
cut it out!	¡no hable más de eso!
excuse me!	¡dispense Vd.!
for good	de una vez
how are you?	¿cómo está Vd.?
how long since?	¿cuánto tiempo hace?
if at all	si acaso
I had better go	es mejor que yo vaya
it strikes me	me parece
in the American way	a la americana
I would rather not	prefiero que no
long ago	hace mucho tiempo
never mind	no importa
not at all	nada absolutamente
nothing of the sort	nada de eso
once more	otra vez
on the contrary	al contrario
rather late	algo tarde
so far	hasta ahí
so much the better	tanto mejor
someone or other	uno u otro
this will do	así está bien

to be aware of	estar al corriente de
to be disappointed	llevarse chasco
to be in order	estar arreglado
to be in the habit of	estar acostumbrado a
to catch on	comprender
to be lucky	tener suerte
to be on good terms with	acordar con
to carry out	llevar adelante
to give it up	darlo por abandonado
to have the blues	estar triste
to hit the mark	acertar
to lose sight of	perder de vista
to make an appointment	dar una cita
to make good	indemnizar; tener buen éxito
to make up for	recompensar
to make up with	hacer las paces
to put on airs	darse tono
to put the cart before the horse	tomar el rábano por las hojas
to take it easy	tomarlo con calma
to take leave	ausentarse, despedirse
to take one's part	tomar la defensa de alguno
to take to	tomar afición
to take up a study	comenzar un estudio
to tip	dar propina
very willingly	de buena gana
what are you driving at?	¿qué me cuenta Vd.?
what do you mean?	¿qué quiere Vd. decir?
what is the matter with you?	¿qué le pasa a Vd.?
what time is it?	¿qué hora es?
within a week	dentro de una semana
without fail	sin falta
without question	sin disputa
you're welcome	no hay de qué

PROVERBIOS
Y DICHOS INGLESES

A bird in the hand is worth two in the bush.
Más vale pájaro en mano que ciento volando.
A burnt child dreads the fire.
Gato escaldado del agua fría huye.
A friend in need is a friend indeed.
Amigo en la adversidad es amigo de verdad.
All is not gold that glitters.
No es oro todo lo que reluce.
All's fair in love and war.
En la guerra y en el amor todo es permitido.
All's well that ends well.
Todo es bueno si concluye bien.
A man's home is his castle.
Mientras que en mi casa estoy rey soy.
A new broom sweeps clean.
Escoba nueva barre bien.
A rolling stone gathers no moss.
Piedra movediza no cría moho.
A stitch in time saves nine.
Una puntada a tiempo salva ciento.
Appearances are often deceitful.
Las apariencias engañan.
As one sows so must he reap.
Según siembres así cosecharás.
At night all cats are gray.
De noche todos los gatos son pardos.
Better late than never.
Más vale tarde que nunca.
Birds of a feather flock together.
Dios los cría y ellos se juntan.
Business before pleasure.
La obligación es antes que la devoción.
Charity begins at home.
La caridad bien ordenada empieza por uno mismo.

God helps those who help themselves.
Cuídate y te cuidaré.

He laughs best who laughs last.
Hasta el fin nadie es dichoso.

Hunger is the best sauce.
A buen hambre no hay pan duro.

Look before you leap.
Antes que te cases mira lo que haces.

Love me, love my dog.
Quien quiere a Beltrán, quiere a su can.

Never look a gift horse in the mouth.
A caballo regalado no hay que mirarle el diente.

No gains without pains.
No hay atajo sin trabajo.

Nothing ventured, nothing gained.
El que no se arriesga no pasa la mar.

Old oak gives good shade.
Quien a buen árbol se arrima, buena sombra le cobija.

Rome wasn't built in a day.
No se ganó Zamora en una hora.

Show me your company and I will tell you who you are.
Dime con quién andas y te diré quién eres.

Silence is golden.
El silencio es oro.

Strike while the iron is hot.
Al hierro caliente batir de repente.

Talk of the devil and he will appear.
Hablando del ruín de Roma por la puerta asoma.

The dress does not make the man.
El hábito no hace al monje.

The pot can't call the kettle black.
Dijo la sartén al cazo, "quítate allá, que me tiznas."

There's no rose without thorns.
No hay rosa sin espinas.

To kill two birds with one stone.
Matar dos pájaros de un tiro.

When in Rome do as the Romans do.
A donde fueres haz lo que vieres.

Where there's a will there's a way.
Querer es poder.

Where there's smoke there's a fire.
Cuando el río suena agua lleva.

NOMBRES PROPIOS

Nombres masculinos[1]

Aaron	Aarón	Cecil	Cecilio
Abraham	Abrahán	Charles	Carlos
Adam	Adán	Chester	
Adlai		Christian	Cristiano
Adolph	Adolfo	Christopher	Cristóbal
Adrian	Adrián	Clarence	
Albert	Alberto	Claudius	Claudio
Alexander	Alejandro	Clement	Clemente
Alexis	Alejo	Clifford	
Alfred	Alfredo	Conrad	Conrado
Allan (Alan)		Constantine	Constantino
Alphonse	Alfonso	Cornelius	Cornelio
Alvin	Aluino	Cyril	Cirilo
Ambrose	Ambrosio	Daniel	Daniel
Andrew	Andrés	David	David
Anthony	Antonio	Demetrius	Demetrio
Archibald	Archibaldo	Dennis	Dionisio
Arnold	Arnaldo	Dexter	
Arthur	Arturo	Dick (Richard)	Ricardo
Augustin	Agustín	Dominic	Domingo
Bartholomew	Bartolomé	Donald	
Basil	Basilio	Douglas	
Benedict	Benedicto,	Dwight	
	Benito	Earl	
Benjamin	Benjamín	Edgar	Edgar
Bernard	Bernardo	Edmund	Edmundo
Bertram	Bertrán	Edward	Eduardo
Bill (William)	Guillermo	Elbert	
Bob (Robert)	Roberto	Eldred	
Bruce		Elias	Elías
Bruno	Bruno	Elliott	Helio, Elio
Bryant		Elisha	
Calvin	Calvino	Elmer	
Caspar	Gaspar		

[1] Los nombres que no están traducidos no tienen equivalente en español.

Emery	
Emil	Emilio
Emmanuel	Manuel
Erasmus	Erasmo
Eric	Enrique
Ernest	Ernesto
Erwin	
Eugene	Eugenio
Eustace	Eustaquio
Ezra	Esdras
Felix	Félix
Ferdinand	Fernando
Francis	Francisco
Franklin	
Frederick	Federico
Gabriel	Gabriel
Gary	
Geoffrey	Geofredo
George	Jorge
Gerald	Gerardo
Gilbert	Gilberto
Glenn	
Godfrey	Godofredo
Gordon	
Gregory	Gregorio
Griffith	
Gustave	Gustavo
Guy	Guido
Harold	Haraldo
Harvey	
Hector	Héctor
Henry (Harry)	Enrique
Herbert	Heriberto
Herman	
Hilary	Hilario
Hiram	
Hobart	
Homer	Homero
Horace,	
Horatio	Horacio
Howard	
Howell	
Hubert	Huberto, Umberto
Hugh	Hugo
Humphr(e)y	

Ira	
Irving	
Irwin	
Isaac	Isaac
Isaiah	Isaías
Isidor(e)	Isidoro
Jack	Juanito
Jacob	Jacobo
James, Jim	Jaime
Jasper	Gaspar
Jeffrey	Geofredo
Jerome, Jerry	Jerónimo
Jesse	Jaime
Joachim	Joaquín
Joe	Pepe
John	Juan
Jonathan	Jonatán
Joseph	José
Julian	Julián
Julius, Jules	Julio
Keith	
Kenneth	
Lambert	Lamberto
Lancelot	Lanzarote
Laurence	Lorenzo
Lee, Leigh	
Leo	León
Leonard	Leonardo
Leopold	Leopoldo
Leroy	
Leslie	
Lester	
Lionel	
Lloyd	
Louis	Luis
Lucius	Lucio
Luke	Lucas
Luther	Lutero
Marcus, Mark	Marco
Martin	Martín
Matthew	Mateo
Maurice	Mauricio
Michael	Miguel
Miles	
Milton	
Mitchell	

Mortimer	
Moses	Moisés
Murray	
Nathan	Natán
Nathaniel	Nataniel
Neal, Neil	
Nelson	
Nicholas	Nicolás
Noah	Noé
Noel	Noel
Norman	
Oliver	Oliverio
Orlando	Orlando
Oscar	Oscar
Oswald	Oswaldo
Otto	Otón
Owen	
Patrick	Patricio
Paul	Pablo
Percival (Percy)	
Peter	Pedro
Philip	Felipe
Quintin, Quentin	Quintín
Ralph	Rafael
Randolph	Randolfo
Raphael	Rafael
Raymond	Raimundo, Ramón
Reginald	
Reuben	Rubén
Reynold	Reinaldo
Richard	Ricardo
Robert	Roberto
Roderic	Rodrigo
Roger	Rogelio
Roland	Rolando, Orlando

Roy	
Rudolph	Rodolfo
Rufus	Rufo
Rupert	Ruperto
Russell	
Samuel	Samuel
Saul	Saúl
Sebastian	Sebastián
Sydney	
Silvester	Silvestre
Simon	Simón
Solomon	Salomón
Stanley	
Stephen	Esteban
Stewart	Estuardo
Terence	Terencio
Thaddeus	Tadeo
Theobald	Teobaldo
Theodore, Ted	Teodoro
Thomas	Tomás
Timothy	Timoteo
Titus	Tito
Tobias	Tobías
Tony (Anthony)	Antonio
Valentine	Valentín
Vergil, Virgil	Virgilio
Vernon	
Victor	Víctor
Vincent	Vicente
Walter	Gualterio
Wilbur	
Wilfred	Wilfredo
Willard	
William	Guillermo
Zachariah, Zachary	Zacarías

Nombres femeninos[1]

Adelaide (Adeline)	Adelaide	Alberta	Alberta
		Alice	Alicia
Agnes	Inés	Alma	Alma
Aileen	Elena	Amanda	Amanda

[1] Los nombres que no están traducidos no tienen equivalente en español.

Amelia	Amalia	Elizabeth	Isabel, Elisa
Amy		Ella	
Angela	Angela,	Ellen	Elena
(Angeline)	Angelina	Eloise	Eloisa
Ann (Anna)	Ana	Elsa	Elsa
Antoinette	Antonia	Elvira	Elvira
Arlene		Emily	Emilia
Audrey		Emma	Ema
Barbara	Bárbara	Esther	Ester
Beatrice	Beatriz	Ethel	
Bertha	Berta	Eugenia	Eugenia
Betsy (Betty)	Isabel	(Eugenie)	
Blanche	Blanca	Eva (Eve)	Eva
Camille	Camila	Evelyn	
Carmen	Carmen	Faith	
Caroline	Carolina	Fay(e)	
(Carolyn)		Felicia	Felisa
Catherine	Catalina	Flora	Flora
(Cathy)		Florence	Florencia
Cecilia (Cecily)	Cecilia	Frances	Francisca
Celeste	Celeste	Freda (Frieda)	
Celia	Celia	Genevieve	Genoveva
Charlotte	Carlota	Georgia	Georgina
Christine	Cristina	Geraldine	Geraldina
Clara (Clare,	Clara	Gertrude	Gertrudis
Clarice,		Gilda	
Clarissa)		Ginger	
Claudia	Claudia	Gladys	Gladys
Clementine	Clementina	Gloria	Gloria
Cleo	Cleopatra	Grace	Engracia
Colleen		Greta	Margarita
Connie	Constanza	Harriet	
Cornelia	Cornelia	Hazel	
Cynthia		Helen(a)	Elena
Daisy		Henrietta	Enriqueta
Daphne		(Henriette)	
Deborah	Débora	Hilda	Hilda
Dianna (Diane)	Diana	Hildegarde	
Dora	Dora	Hope	Esperanza
Doris		Hortense	Hortencia
Dorothea	Dorotea	Ida	
(Dorothy)		Irene	Irene
Edith	Edith	Iris	Iris
Edna		Irma	Irma
Eileen	Elena	Jacqueline	Jacoba
Eleanor	Eleanora	Jane(t)	Juana

Jeanette, Jennie	Juanita
Jess(ie)	
Joan(ne)	Juana
Josephine	Josefina
Joyce	
Judith (Judy)	Judit
Julie (Julia)	Julia
Juliette	Julieta
June	
Justine	Justina
Katherine, Kate,	
Kathryn, Kay,	Catalina
Kathy, Kitty	
Laura	Laura
Lena (dim. de	Elena
Helena o	
Magdalena)	
Leonora	Leonor
Lillian	Lilian
Lily	Lilí
Linda	Linda
Lisa (dim. de	Isabel
Elizabeth)	
Lois	
Lola	Lola
Loretta	Loreta
Lorna	
Lorraine	
Louise	Luisa
Lucia (Lucille,	Lucía
Lucy)	
Luella	
Mae (May)	
(contr. de	
Mary)	
Magdalen	Magdalena
Marcella	Marcela
Margaret,	Margarita
Margie,	
Margo,	
Marguerite	
Marion	Mariana
Marilyn	María
(Marjory)	
Marlene	Marlene
Martha	Marta

Mary	María
Matilda	Matilde
Maude	
Melissa	
Mercedes	Mercedes
Minerva	
Miriam	Miriam
Mollie (Molly)	Mariquita,
	Maruja
Mona, Monica	Mónica
Muriel	
Myra	
Myrna	
Myrtle	
Nadine	
Nancy	Nancy
Naomi	Noemí
Natalie	Natalia
Nellie	Nelly
Nina	Nina
Nora	Nora
Norma	Norma
Olga	Olga
Olive	Oliva
Pamela	Pamela
Pat(ricia)	Patricia
Paula, Pauline	Paula, Paulina
Pearl	Perla
Peggy (dim. de	
Margaret)	
Penelope	Penélope
Phoebe	
Phyllis	Filis
Pilar	Pilar
Priscilla	Priscila
Prudence	Prudencia
Rachel	Raquel
Ramona	Ramona
Rebecca	Rebeca
Regina	Regina
Rhoda	
Rita	Rita
Roberta	Roberta
Rosalie	Rosalía, Rosana
(Rosalyn,	
Rosanne)	

Rose	Rosa	**Theodora**	Teodora
Rosemary	Rosa María	**T(h)eresa**	Teresa
Ruby		**Ursula**	Ursula
Ruth	Ruth	**Valerie**	Valeria
Sabrina	Sabrina	**Veronica**	Verónica
Sarah (Sally)	Sara	**Victoria**	Victoria
Shirley		**Viola, Violet**	Violeta
Sophia, Sophie	Sofía	**Virginia**	Virginia
Stella	Estela	**Vivian**	Viviana
Susan(na)	Susana	**Yvonne**	
Sylvia	Silvia		

ABREVIATURAS INGLESAS

A.	Answer	*Respuesta*
A.D. (del latín *Anno Domini*)	Year of our Lord	*Año del Señor*
Ad.	Advertisement	*Anuncio*
Ad lib. (del latín *ad libitum*)	At pleasure, at will	*A libertad*
Adm.	Admiral	*Almirante*
Agt.	Agent	*Agente*
A.M.	Master of Arts	*Maestro en artes*
A.m. (del latín *ante meridiem*)	Before noon	*La mañana*
Amt.	Amount	*Importe*
Apr.	April	*Abril*
Ass., Ass'n	Association	*Asociación*
Asst.	Assistant	*Auxiliar, ayudante*
Atty. Gen.	Attorney General	*Procurador General*
Aug.	August	*Agosto*
Ave.	Avenue	*Avenida, calzada*
B.A.	Bachelor of Arts	*Bachiller en artes*
Bal.	Balance	*Balance, saldo*
Bbl(s).	Barrel(s)	*Barriles o barricas, que contienen 36 galones o 163 litros.*
B.C.	Before Christ	*Antes de Cristo*
B/L	Bill of lading	*Conocimiento de embarque*
B.pay.	Bills payable	*Obligaciones a pagar*
B.rec.	Bill receivable	*Obligaciones a cobrar*
Bro(s).	Brother(s)	*Hermano(s), o Cofrade(s)*
B.S.	Bachelor of Science	*Bachiller en ciencias*
Calif.	California	*California*
Cap.	Capital	*Capital*
Capt.	Captain	*Capitán*

c/o	Care of	*Al cargo de, suplicado*
Co.	Company	*Compañía*
C.O.D.	Cash on delivery	*Cóbrese al entregar,*
		contra reembolso
Cr.	Credit, creditor	*Crédito, acreedor*
Cts.	Cents	*Centavos*
D.D.	Doctor of Divinity	*Doctor en divinidad*
D.D.S.	Doctor of Dental Surgery	*Cirujano dentista*
Dec.	December	*Diciembre*
Dept.	Department	*Departamento*
Doz.	Dozen	*Docena*
Dr.	Doctor	*Doctor*
E.	East	*Este*
Ed.	Editor, edition	*Redactor, edición*
E.g. (del latín	For example	*Por ejemplo*
exempli gratia)		
Enc.	Enclosure	*Incluso*
Engr.	Engineer	*Ingeniero, maquinista*
Esq.	Esquire	*Señor*
Etc.	Et cetera	*Etcétera*
Ex.	Example	*Ejemplo*
Exc.	Excellency	*Excelencia*
Exch.	Exchange	*Cambio, giro*
Feb.	February	*Febrero*
F.O.B.	Free on board	*Franco a bordo*
Fri.	Friday	*Viernes*
Gal.	Gallon	*Galón* (medida norte-
		americana, aproxima-
		damente cuatro litros)
Gen.	General	*General*
G.I. (de *General*	Soldier	*Soldado* (locución
Issue)		familiar)
Gov.	Governor	*Gobernador*
Gov't	Government	*Gobierno*
Gro	Gross	*Gruesa*
Gro. wt.	Gross weight	*Peso bruto*
Hhd.	Hogshead	*Tonel*
Hon.	Honorable	*Honorable*
Id. (del latín *idem)*	The same	*Idem*
I.e. (del latín	That is	*Esto es*
id est)		
In(s).	Inch(es)	*Pulgada(s)*

Inc.	Incorporated	*(Compañía) incorporada* (sociedad anónima)
Ins.	Insurance	*Seguro*
Inst.	Instant	*Corriente* (mes)
Insp.	Inspector	*Inspector*
Inv'ty.	Inventory	*Inventario*
I.O.U.	I owe you	*Vale, abonaré*
Jan.	January	*Enero*
J.C.	Jesus Christ	*Jesucristo*
Jr.	Junior	*Menor, hijo*
Lb(s).	Pound(s)	*Libra(s)*
L.L.D.	Doctor of Laws	*Doctor en Leyes*
Ltd.	Limited Liability Company	*Compañía de responsabilidad limitada* (Gran Bretaña)
M.	One thousand, mile	*Mil, milla*
Mar.	March	*Marzo*
M.D.	Doctor of Medicine	*Doctor en Medicina*
Messrs. (del francés *Messieurs*)	Gentlemen	*Señores, caballeros*
Mgr.	Manager	*Gerente, administrador*
Mon.	Monday	*Lunes*
Mr.	Mister	*Señor*
Mrs.	Mistress, madam	*Señora*
Ms(s).	Manuscript(s)	*Manuscrito(s)*
Mt.	Mount, mountain	*Montaña*
N.	North	*Norte*
N.A.	North America	*América del Norte*
Nat.	National	*Nacional*
N.B. (del latín *nota bene*)	Take notice	*Tome nota*
N.E.	Northeast	*Nordeste*
N.G.	National guard; no good	*Guardia nacional; no responsable*
No.	Number	*Número*
ᵥ.	November	*Noviembre*
	Northwest	*Noroeste*
	New York	*Nueva York*
	October	*Octubre*
	All correct	*Conforme, visto bueno*
	Ounce(s)	*Onza(s)*

P.	Page	*Página*
Par. (§)	Paragraph	*Párrafo*
Pcs.	Pieces	*Piezas*
Pd.	Paid	*Pagado*
Per an. (del latín *per annum*)	Per year	*Por año*
Ph.D.	Doctor of Philosophy	*Doctor en filosofía*
Pkg.	Package	*Bulto, paquete*
P.m.	Afternoon	*Tarde*
P.O.	Post-office	*Oficina de correo*
P.O.B.	Post-office box	*Apartado postal*
Pr.	Pair	*Par*
Prem.	Premium	*Premio*
Pres.	President	*Presidente*
P.S.	Postscript	*Posdata, postcripto*
Pt.	Pint	*Pinta*
Pub.	Publisher	*Editor, publicista*
Q.	Question	*Pregunta*
Qt.	Quart	*Cuarto de galón*
Rec'd	Received	*Recibido*
R.	River	*Río*
Rev.	Reverend	*Reverendo*
R.(F.)D.	Rural (free) delivery	*Distribución (gratuita) del correo en regiones rurales*
R.R.	Railroad	*Ferrocarril*
R.S.V.P. (del francés *Répondez, s'il vous plaît*)	Please answer	*Sírvase responder*
Rt. Hon.	Right Honorable	*Excelencia ilustrísima, muy esclarecido*
S.	South	*Sur*
S.A.	South America	*Sudamérica*
Sat.	Saturday	*Sábado*
S.E.	Southeast	*Sudeste*
Sec., sec'y	Secretary	*Secretario*
Sen.	Senator	*Senador*
Sept.	September	*Septiembre*
Soc.	Society	*Sociedad*
Sq.	Square	*Plaza, cuadra*
Sr.	Senior	*Mayor, padre*
S.S.	Steamship	*Buque de vapor*

St.	Street	*Calle*
Sun.	Sunday	*Domingo*
Supt.	Superintendent	*Superintendente*
S.W.	Southwest	*Sudoeste*
Thur.	Thursday	*Jueves*
Treas.	Treasure(r)	*Tesoro; tesorero*
Tues.	Tuesday	*Martes*
U.S.(A).	United States (of America)	*Estados Unidos (de América)*
U.S.A.F.	United States Air Force	*Fuerzas Aéreas de los Estados Unidos*
U.S.M.	United States Mail	*Correo de los Estados Unidos*
Viz. (del latín *videlicet*)	Namely	*A saber*
Vol.	Volume	*Volumen, tomo*
Vs.	Against; versus	*Contra*
V.P.	Vice-president	*Vicepresidente*
W.	West	*Oeste*
Wed.	Wednesday	*Miércoles*
Wt.	Weight	*Peso*
Xmas	Christmas	*Navidades*
Yd.	Yard	*Yarda*
Yr.	Year	*Año*
Yrs.	Yours	*De usted, suyo*
@	At	*A*
©	Copyright	*Derecho o patente de propiedad (literaria)*
®	Registered trade mark	*Marca registrada de fábrica*
℞	Recipe (doctor's prescription)	*Receta* (de médico)
§	Paragraph	*Párrafo*
$	Dollar(s)	*Dólares*
¢	Cent(s)	*Centavo(s)*
£.s.d.	Pounds, shillings and pence	*Libras, chelines y penique*
&	And	*Y*
#	Number	*Número*
%	Per cent	*Por ciento*
"	Inch(es)	*Pulgada(s)*
'	Foot, feet	*Pie(s)*

LETREROS DEL CAMINO Y OTRAS SEÑAS

Alarm Signal	Señal de alarma
Apartments	Apartamentos; pisos
Avenue	Avenida
Bathroom	Cuarto de baño
Boulevard	Bulevar
Brake with Motor	Bajada—frene con motor
Bridge	Puente
Caution	Cuidado; peligro
Check Room	Consigna
City Hall	Ayuntamiento
Closed	Cerrado
Cold	Frío
Crossing	Cruce
Crossroad	Cruce de caminos
Curve	Curva
Danger	Peligro
Dangerous Crossroad	Encrucijada peligrosa
Dead End	Vía muerta; calle mocha
Detour	Desvío; desviación
Dining Room	Comedor
Dip	Depresión; columpio; bajada
Double Curve	Curva doble
Entrance	Entrada
Exit	Salida
Express	Expreso
Falling Rocks	Cuidado de derrumbes
First-aid Station	Servicio de emergencia
Forbidden	Se prohibe; prohibido
Free	Libre
Full Stop	Parada obligatoria
Furnished Rooms	Habitaciones o cuartos amueblados
Gas(oline) Station	Bomba de gasolina
Go	Adelante

319

Go Slowly	Vaya despacio
Grade Crossing	Paso a nivel
High-tension Lines	Cables de alta tensión
Inquire Within	Información dentro
Junction	Empalme; camino lateral
Keep Out	Prohibido el paso
Keep (to the) Right	Conserve su derecha
Ladies	Damas
Lavatory	W.C., lavabo, lavatorio
Letter Box	Buzón
Level Crossing	Paso a nivel
Look Out	Cuidado
Maximum Speed	Velocidad máxima
Maximum Weight	Peso máximo
Men	Caballeros
Men Working (at Work)	Trabajadores
Narrow Bridge	Puente angosto
No Admittance	Se prohibe la entrada
No Left (Right) Turn	Prohibida vuelta a la izquierda (derecha)
No Parking	Prohibido el estacionamiento
No Stopping	Prohibido parar
No Thoroughfare	No pase
No Trespassing	Prohibida la entrada
Obstruction	Obstáculo; obstrucción
Occupied	Ocupado
One Way (Street)	Dirección única, una vía
Open	Abierto
Parking	Estacionamiento
Pavement Ends	Fin del pavimento
Police Station	Estación de policía
Populated Area	Zona poblada
Post no Bills	Prohibido fijar anuncios
Post-office	Casa de correos
Private	Privado
Proceed	Adelante
Pull	Tire; tirar
Push	Empuje; empujar
Railroad	Ferrocarril
Ring	Toque el timbre
Road Crossing	Cruce del camino
Road Intersection } Road Junction	Camino lateral

Road Repairs	Camino en reparación
R.R. (v. *Railroad*)	
School	Escuela
Secondary Road	Carretera secundaria
Sharp Corner	Curva cerrada
Sharp Turn	Codo
Slow	Despacio
Slow Down	Modere su velocidad
Soft Shoulders	Bordes flojos
Speed Limit	Velocidad máxima (permitida)
Speedway	Vía de tráfico rápido
Steep Grade	Bajada
Stop	Alto; pare; parada
Stop, Look and Listen	Pare, mire y escuche
Subway	Metro, ferrocarril subterráneo
Temporary Bridge	Puente provisional
Underpass	Paso inferior
Under Repair	En reparación
Uneven Road	Camino accidentado
U-Turn	Vuelta en forma de U
Waiting Room	Sala de espera
Wet Paint	Recién pintado
Warm	Caliente
Warning	Aviso; cuidado; peligro
Winding Road	Camino sinuoso
Work in Progress	En reparación; trabajadores

MEDIDAS Y PESOS NORTEAMERICANOS Y BRITANICOS

MEDIDAS DE LONGITUD *(linear measures)*

1 inch (1 in. o 1") = 2,54 centímetros

1 foot (1 ft. o 1') = 12 inches = 30,48 cm

1 yard (1 yd.) = 3 feet = 91,44 cm

1 furlong (1 fur.) = 220 yards = 201,17 metros

1 (statute) mile (1 mi. o 1 m.) = 5280 feet = 1609,34 m = 8 furlongs

1 nautical mile (1 knot) = 6080 feet = 1853,18 m

Nota. Para obtener una conversión aproximada de millas *(statute miles)* a kilómetros, multiplique el número de millas por 8 y divida por 5.

1 cm = 0,39371 inch

1 m = 1,0936 yards

1 km = 0,62138 statute mile

MEDIDAS DE SUPERFICIE *(square measures)*

1 square inch (1 sq. in.) = 6,45 cm^2

1 square foot (1 sq. ft.) = 144 sq. in. = 929,03 cm^2

1 square yard (1 sq. yd.) = 9 sq. ft. = 0,8361 m^2

1 acre (1 a.) = 40,47 áreas

1 square mile (1 sq. mi.) = 640 acres = 259 hectáreas

1 m^2 = 1,1960 sq. yd. = 10,7641 sq. ft.

1 ha = 2,4711 acres

MEDIDAS DE PESO *(weights)*

1 ounce (1 oz.) = 28,25 gramos

1 pound (1 lb.) = 16 ounces = 453,59 g

1 stone (1 st.) = 14 pounds (14 lbs.) = 6,35 kilogramos

1 **hundredweight** (1 cwt.):
  (EE.UU.) = 100 lbs. = 45,36 kg
  (Gr. B.) = 112 lbs. = 50,8 kg

1 **ton** (1 t.):
  (EE.UU.) = 2000 lbs. = 907,18 kg *("short ton")*
  (Gr. B.) = 20 cwt. = 2240 lbs. = 1016 kg *("long ton")*

1 **g** = 0,036 oz.

1 **kg** = 2,2046 lbs.

1 **t** = 1000 kg = 1,1023 t. *(EE.UU.)* = 0,984 t. *(Gr. B.)*

MEDIDAS PARA LIQUIDOS *(liquid measures)*

1 **pint** (1 pt.):
  (EE.UU.) = 16 oz. = 0,473 litros
  (Gr. B.) = 0,568 l

1 **quart** (1 qt.):
  (EE.UU.) = 2 pts. = 0,946 l
  (Gr. B.) = 1,136 l

1 **gallon** (1 gal.):
  (EE.UU.) = 8 pints = 3,785 l
  (Gr. B.) = 4,544 l

1 **litro** = 1,0567 qts. *(EE.UU.)* = 0,8804 qt. *(Gr. B.)*

MONEDAS NORTEAMERICANAS
Y BRITANICAS

La unidad monetaria en los Estados Unidos es el dólar *(dollar).*

1 *dollar* ($1.00) = 100 *cents* (100¢)

Hay monedas de un dólar, medio dólar *(half-dollar)*, 25¢ *(quarter)*, 10¢ *(dime)*, 5¢ *(nickel)* y 1¢ *(penny).*

En Gran Bretaña la unidad monetaria es la libra esterlina *(pound sterling).*

1 *pound* (£1) = 20 shillings

1 *shilling* (1 s.) = 12 *pence* o *pennies*[1] (12 d.)

8 pounds, 17 shillings y 9 pence se escribe £8.17/9.

Hay monedas de cinco chelines *(crown:* 5/-), dos chelines y medio *(half-crown:* 2/6), dos chelines *(florin* o *two-shilling piece:* 2/-), un chelín *(shilling:* 1/-), seis peniques *(sixpence:* 6 d.), tres peniques *(thrippence:* 3 d.), un penique *(penny:* 1 d.), medio penique *(halfpenny)* y (antiguamente) cuarto de penique *(farthing).*

El *sovereign* (sá-vrin: soberano) es una moneda de oro cuyo valor es una libra esterlina.

La *guinea* (g[u]í-ni) es una moneda, hoy día imaginaria, que vale 21 chelines (£1.1/-).

---

[1] La palabra *penny* tiene dos plurales: *pennies* indica las piezas de moneda, *pence* su valor. Por ejemplo, para pagar 3 *pence*, puede dar 3 *pennies* o un "three-penny bit" o una combinación de *pennies* y *half-pennies.*

LOS 50 ESTADOS UNIDOS

Nombre del estado	*Abreviatura*	*Capital*
Alabama	Ala.	Montgomery
Alaska	Ak.	Anchorage
Arizona	Ariz.	Phoenix
Arkansas	Ark.	Little Rock
California	Calif. (*o* Cal.)	Sacramento
Colorado	Colo.	Denver
Connecticut	Conn. (*o* Ct.)	Hartford
Delaware	Del.	Dover
Florida	Fla.	Tallahassee
Georgia	Ga.	Atlanta
Hawaii	Hi.	Honolulu
Idaho	Idaho	Boise
Illinois	Ill.	Springfield
Indiana	Ind.	Indianapolis
Iowa	Iowa	Des Moines
Kansas	Kan.	Topeka
Kentucky	Ky.	Frankfort
Louisiana	La.	Baton Rouge
Maine	Me.	Augusta
Maryland	Md.	Annapolis
Massachusetts	Mass.	Boston
Michigan	Mich.	Lansing
Minnesota	Minn.	St. Paul
Mississippi	Miss.	Jackson
Missouri	Mo.	Jefferson City
Montana	Mont.	Helena
Nebraska	Neb.	Lincoln
Nevada	Nev.	Carson City
New Hampshire	N.H.	Concord
New Jersey	N.J.	Trenton
New Mexico	N.M.	Santa Fe
New York	N.Y.	Albany
North Carolina	N.C.	Raleigh

Nombre del estado	*Abreviatura*	*Capital*
North Dakota	N. Dak. (*o* N.D.)	Bismarck
Ohio	Ohio	Columbus
Oklahoma	Okla.	Oklahoma City
Oregon	Ore.	Salem
Pennsylvania	Pa. (*o* Penna.)	Harrisburg
Rhode Island	R.I.	Providence
South Carolina	S.C.	Columbia
South Dakota	S. Dak. (*o* S.D.)	Pierre
Tennessee	Tenn.	Nashville
Texas	Tex.	Austin
Utah	Utah	Salt Lake City
Vermont	Vt.	Montpellier
Virginia	Va.	Richmond
Washington	Wash.	Olympia
West Virginia	W. Va.	Charleston
Wisconsin	Wis.	Madison
Wyoming	Wyo.	Cheyenne

DISTRITOS Y TERRITORIOS

District of Columbia	D.C.	Washington[1]
Commonwealth of Puerto Rico	P.R.	San Juan

---

[1] Washington es también la capital federal de los Estados Unidos.

PROVINCIAS Y TERRITORIOS DEL CANADA

PROVINCIAS

	Capital
Alberta	Edmonton
British Columbia	Victoria
Manitoba	Winnipeg
New Brunswick	Fredericton
Newfoundland	St. John's
Nova Scotia	Halifax
Ontario	Toronto
Prince Edward Island	Charlottetown
Quebec	Quebec
Saskatchewan	Regina

TERRITORIOS

Northwest Territories	Ottawa[1]
Yukon	Dawson

---

[1] Ottawa es también la capital federal del *Dominion* del Canadá.

LOS PAISES DEL MUNDO

Nombre del país	Adjetivo y nombre[1] de nacionalidad	Capital
Afghanistan	Afghan	Kabul
Albania	Albanian	Tirana
Argentina	Argentinean	Buenos Aires
Australia	Australian	Canberra
Austria	Austrian	Vienna
Belgium	Belgian	Brussels
Bhutan	Bhutanese	Punakha
Bolivia	Bolivian	La Paz
Brazil	Brazilian	Rio de Janeiro
Bulgaria	Bulgarian	Sofia
Burma	Burmese	Rangoon
Cambodia	Cambodgian	Phnom-penh
Canada	Canadian	Ottawa
Ceylon	Ceylonese	Colombo
Chile	Chilean	Santiago
China	Chinese	Peking (o Peiping)
Colombia	Colombian	Bogotá
Costa Rica	Costa Rican	San José
Cuba	Cuban	Havana
Czechoslovakia	Czech	Prague
Denmark	Danish (Dane)	Copenhagen
Dominican Republic	Dominican	Ciudad Trujillo
Ecuador	Ecuadorian	Quito
Egypt	Egyptian	Cairo
England (Inglaterra)	English (Englishman)	London
Estonia	Estonian	Tallinn
Ethiopia	Ethiopian	Addis Ababa
Finland	Finnish (Finn)	Helsinki

[1] En inglés el nombre de nacionalidad y su correspondiente adjetivo son generalmente idénticos. Cuando el nombre de nacionalidad es diferente de su adjetivo se escribe entre paréntesis.

Nombre del país	Adjetivo y nombre de nacionalidad	Capital
France	French (Frenchman)	Paris
Germany (Alemania)	German	Bonn, Berlin
Greece	Greek	Athens
Guatemala	Guatemalan	Guatemala
Haiti	Haitian	Port-au-Prince
Holland (v. *The Netherlands*)		
Honduras	Honduran	Tegucigalpa
Hungary	Hungarian	Budapest
Iceland	Icelandic (Icelander)	Reykjavik
India	Indian (*o* Hindu)	New Delhi
Indonesia	Indonesian	Jakarta
Iran	Iranian	Teheran
Iraq	Iraqi	Baghdad
Ireland (Eire)	Irish (Irishman)	Dublin
Israel	Israeli	Jerusalem
Italy	Italian	Rome
Japan	Japanese	Tokyo
Jordan	Jordanian	Amman
Korea	Korean	Seoul; Pyongyang
Laos	Laotian	Vien-tiane
Latvia	Latvian	Riga
Lebanon	Lebanese	Beirut
Liberia	Liberian	Monrovia
Libya	Libyan	Tripoli y Bengasi
Liechtenstein	Liechtensteiner	Vaduz
Lithuania	Lithuanian	Vilnius (*o* Vilna)
Luxemburg	Luxemburgian (Luxemburger)	Luxemburg
Mexico	Mexican	Mexico City
Monaco	Monegasque	Monaco
Mongolia	Mongolian	Ulan Bator Khoto (*o* Urga)
Morocco	Moroccan	Rabat
Nepal	Nepalese	Katmandu
The Netherlands (Países Bajos)	Dutch (Dutchman)	Amsterdam y The Hague
New Zealand	New Zealand (New Zealander)	Wellington

Nombre del país	*Adjetivo y nombre de nacionalidad*	*Capital*
Nicaragua	Nicaraguan	Managua
Northern Ireland	Ulster (Ulsterman)	Belfast
Norway (Noruega)	Norwegian	Oslo
Pakistan	Pakistani	Karachi
Panama	Panamanian	Panama City
Paraguay	Paraguayan	Asunción
Peru	Peruvian	Lima
The Philippines	Philippine (Filipino)	Manila
Poland (Polonia)	Polish (Pole)	Warsaw
Portugal	Portuguese	Lisbon
Rumania	Rumanian	Bucharest
Russia	Russian	Moscow
El Salvador	Salvadoran o Salvadorian	San Salvador
San Marino	San Marinan	San Marino
Saudi Arabia	Arab o Arabian	Er-Riad
Scotland	Scottish (Scot)	Edinburgh
South Africa	South African	Pretoria
Spain (España)	Spanish (Spaniard)	Madrid
Surinam	Surinam (Surinamian)	Paramaribo
Sweden (Suecia)	Swedish (Swede)	Stockholm
Switzerland (Suiza)	Swiss	Bern
Syria	Syrian	Damascus
Thailand (Siam)	Thailand (Thailandese)	Krung Thep (Bangkok)
Turkey (Turquía)	Turkish (Turk)	Ankara
United States	American	Washington
Uruguay	Uruguayan	Montevideo
U. S. S. R.	(Russian, Ukrainian, etc.)	Moscow
Vatican City State	Vaticanal (Vaticanic)	Vatican City
Venezuela	Venezuelan	Caracas
Viet-Nam	Vietnamese	Saïgon
Wales	Welsh (Welshman)	Cardiff
Yugoslavia	Yugoslavic (Yugoslav)	Belgrade

Diccionario
Inglés-Español

A

a un, una
abandon, to abandonar
able: to be ... poder
aboard a bordo de
about acerca de, cerca
   to be ... to estar a punto de
abroad en el extranjero
absorbed absorto
absurd absurdo
academic académico
accelerator acelerador
accommodation lugar (en un hotel)
accomplishment realización
according to según
accordingly según
account cuenta
   on your ... debido a Vd.
account for, to explicar
ache dolor
across a través de, en frente
act acto
act, to obrar
active activo
activity actividad
actor actor
actual real
actually en realidad
add, to añadir, sumar
addicted aficionado a
address dirección
admire, to admirar
admirer admirador
admit admitir
advance: in ... por adelantado
advantage ventaja
adventure aventura
advertise, to anunciar

advertisement anuncio
advise, to aconsejar
affair asunto, negocio
affect, to afectar
afford, to permitirse, poder
   permitirse
afraid asustado
Africa Africa
after después
afternoon tarde
age edad
agency agencia
ago hace
agree, to estar de acuerdo
agriculture agricultura
air aire
   ... mail correo aéreo
airport aeropuerto
alcoholic alcohólico
allowance excepción
almond almendra
almost casi
alone solo
along por, a lo largo de
aloud en voz alta
already ya
altar altar
alter, to cambiar
although aunque
altogether en conjunto
amazed maravillado
ambition ambición
ambitious ambicioso
American norteamericano
Americanized norteamericanizado
amount cantidad, suma
amuse, to divertir
an un, una
anesthesia anestesia

animal animal
anniversary aniversario
announce, to anunciar
another otro
antelope antílope
antenna antena
anxious deseoso, nervioso
anyhow de todos modos
anything cualquier cosa
... else cualquier otra cosa
anyway de toda manera
anywhere en cualquier parte
apartment departamento
appetite apetito
appetizer entremés
apple manzana
appointment cita
appreciate apreciar
approach perspectiva, enfoque
approach, to acercarse a
approve, to aprobar
approximate aproximado
apricot albaricoque
April abril
apt: to be ... soler ser
architect arquitecto
architecture arquitectura
area área, zona
Argentine argentino
arm brazo
armchair sillón
around alrededor, más o menos
arrange, to arreglar, disponer
arrive, to llegar
art arte
ask, to pedir, preguntar
aspirin aspirina
assembly line línea de montaje
assignment misión
assume, to suponer
attention atención
to pay ... atender
attic bohardilla
attract, to atraer
attraction atracción
attractive atractivo
audience público
August agosto
available disponible
avenue avenida
average medio, mediano

aviation aviación
avoid evitar

B

bachelor soltero
back (s.) espalda
... yard patio trasero
back (adj.) de atrás, atrasado
back (adv.) atrás, detrás
bacon tocino
bad malo
bag saco, talega
baggage equipaje
bake, to hornear
balcony balcón, galería de teatro
ball pelota; baile
... pen bolígrafo
ballet ballet
banana plátano
band orquesta de baile
... stand tarima de orquesta, podio
bank banco; orilla de un río
barber barbero
bare desnudo
barely apenas
bargain ganga
barge barcaza
baritone barítono
bark, to ladrar
barn granja, granero
baseball béisbol
basement sótano
basket cesto
basic fundamental
bath baño
bathroom cuarto de baño
battery batería
bay bahía
beach playa
bear, to dar a luz; soportar
to ... down apretar, pisar
beat, to vencer, batir
beautiful bello, hermoso
beautifully bellamente
beauty parlor salón de belleza
because porque, pues, a causa de
... of debido a
bed cama
bedroom dormitorio, recámara

beef carne de vaca
beer cerveza
before antes
begin, to empezar
bellhop botones
belong, to pertenecer
berth litera
besides además
bet, to apostar
between entre
beverage bebida
beyond más allá
Bible Biblia
bill billete; cuenta; factura
billboard tablero de anuncios
bird pájaro
birth nacimiento
bit un poco
bite mordisco, bocado, bocadillo
bite, to morder
black negro
blade hoja de cuchillo o de rasurar
blame, to echar la culpa
blanket manta, frazada
blinding cegador
block manzana, "cuadra"
blood sangre
blossom flor
blotter papel secante
blouse blusa
blue azul
boat barca
body cuerpo
Bohemian bohemio
boil, to hervir
bonnet gorro
book libro
bookkeeping teneduría de libros
bookshelf estante
bookstore librería
booth cabina
border, to ser limítrofe
bore, to aburrir
born: to be ... nacer
boss jefe
both ambos
bother molestia
bother, to molestar
bottle botella
bottom fondo
bound atado

it's ... to happen es inevitable
box caja
... office taquilla
boxing match pelea o match de
boxeo
boy muchacho
brass latón
brass (pop.) el alto mando (fam.)
brassiere sostén, brasier
bread pan
break pausa, interrupción
break, to cambiar (un billete)
breath-taking sobrecogedor
breeze brisa
brick ladrillo
bridal nupcial
bridge puente
brief breve; corto
briefcase portafolio
briefly en pocas palabras
bright brillante
brilliantly brillantemente
brim ala de sombrero
bring, to llevar, traer
to ... in introducir
broad ancho
broadcast, to transmitir por radio
broadcasting station estación
radiodifusora
broil, to asar
brook riachuelo
brother hermano
brother-in-law cuñado
brown marrón, café
browse, to curiosear
buffalo búfalo
buggy calesa
build construir
building edificio
bulletin board tablero de noticias
bullfighting corrida de toros
burn, to quemar, arder
bus autobús
business negocio
bust busto, pecho
bustle bullicio
but pero
butter mantequilla
button botón
buy, to comprar
by por, a

C

cab taxi
cabbage col
cabin cabaña; camarote
cactus cactus
cake bizcocho
call llamada
  a close ... riesgo grave
call, to llamar
camera máquina fotográfica
campus terrenos universitarios
can poder
candle vela
canyon cañón (geografía)
cap gorra
capital capital
capitol capitolio
captain capitán
car automóvil
carbon paper papel carbón
care cuidado
care, to preocuparse por
carefully cuidadosamente
cargo cargamento
carload carga de carro de ferrocarril
carnival carnaval
carriage carruaje
carry, to llevar, transportar
  to ... out ejecutar
case caso
cash dinero en efectivo
  ... terms al contado o en efectivo
castle castillo
cat gato
catch, to coger
  to ... cold atrapar un resfriado
  to ... one's breath recobrar el
  aliento
  to ... up with alcanzar
cavity caries; cavidad
celebrate, to festejar
celebration fiesta
celebrity celebridad;
  persona célebre
ceiling techo
cellar sótano, bodega
cement cemento
cemetery cementerio
center centro
century siglo
ceremony ceremonia

certainly ciertamente, sin duda
certificate certificado
certified check cheque certificado
chair silla
chamber cámara
chambermaid criada de hotel
champagne champaña
championship campeonato
chance suerte, oportunidad
change cambio, vuelto
change, to cambiar
characteristic característica
charge, to poner en la cuenta;
  cobrar
charm encanto
charming encantador
cheap barato
check cheque
check, to cotejar, comprobar
cheek mejilla
cheer up, to animar
cheese queso
chemical químico
cherry cereza
cherry tree cerezo
chicken pollo
child niño
chimney chimenea
chin barbilla
Chinatown Barrio Chino
chocolate chocolate
choose, to escoger
chop chuleta
Christmas Navidad
church iglesia
circle círculo
circular circular
circulation circulación
citizen ciudadano
class clase, categoría
classic clásico
clean limpio
clean, to limpiar
clear claro
clerk empleado
clever listo, hábil
climb up, to trepar; subir
clock reloj
close, to cerrar
close (to) cerca de
closet closet, armario

clothes ropa
clothing ropa, vestidos
cloudy nublado
club club
clue indicación, indicio
coach coche
coachhouse cochera
coast costa
coat abrigo
cocktail coctel
coffee café
coin moneda
coincidence coincidencia
cold frío, resfriado
collapse, to hundirse
collar cuello (de camisa)
collection colección
colonist colonizador
color color
comb peine
come, to venir
  to ... along acompañar
  to ... in entrar
  to ... off zafarse, soltarse
  to ... up subir
comfortable confortable, cómodo
commercial comercial
community comunidad
commute, to viajar al trabajo
compact compacto
companion compañero
company compañía, invitados
compare, to comparar
compete, to competir
complain, to quejarse
complaint queja
complete completo
complicated complicado
complication complicación
compliment cumplido, alabanza
comprise incluir
compromise transacción
concentrate, to concentrarse
concern preocupación, negocio
concourse sala central
condition condición
confess, to confesar
confidence confianza
confiscate, to confiscar
confuse, to confundir
congress congreso

connect, to conectar
connection conexión, relación
consider, to considerar
conspicuous conspicuo, notorio
constitution constitución
contemporary contemporáneo
content oneself, to contentarse
continually continuamente
continue, to continuar
contradict, to contradecir
contrast contraste
convenient cómodo
convention congreso, convención
convince, to convencer
cook, to cocinar
cook cocinero
cookies galletas
cop (fam.) policía
copilot copiloto
copper cobre
copy copia, duplicado, ejemplar
copy, to copiar
corn maíz
corner esquina, rincón
cornerstone piedra angular
correct correcto
correct, to corregir
correspond, to corresponder
corridor pasillo
cost precio, coste
cost, to costar
costume disfraz, traje de teatro
cotton algodón
count, to contar
  to ... on, to contar con
counter mostrador
country país
countryside campo, campiña
couple pareja
cousin primo, prima
cover, to cubrir
coverage reportaje
cowboy vaquero
crane grúa, grulla
cream crema
Creole criollo
crew racing regatas de remo
crib camita de niño
crisp vivo, agudo
crop cosecha
crowd muchedumbre

crowded atestado
crown corona
cruise, to pasearse en auto, cruzar
cultural cultural
cup taza
cupboard armario
cupola cúpula
curb banqueta, acera
curious curioso
current actual
curtain cortina, telón
customs aduana
...declaration declaración aduanal
...duty tarifa aduanal
cut, to cortar

D

daily diario, a diario
dainty delicado
dairy lechería
dam presa
dance baile
dance, to bailar
dancer bailarina
dare, to atreverse
dark oscuro
darling querido, -a
date fecha; cita; dátil
daughter hija
day día
daylight luz del día
daytime de día
deafening ensordecedor
December diciembre
decently decentemente
decide, to decidir
decision decisión
deck cubierta
declaration declaración
declare, to declarar
decoration decoración
deep profundo
deer venado
definition definición
degree grado
delegate delegado
delicate delicado
delighted encantado
delightful delicioso, deleitable

delightfully deliciosamente
deliver, to entregar
delivery entrega
dentist dentista
deny, to negar
depend, to depender
depict, to pintar; representar; describir
deposit, to depositar
derive, to derivar
describe, to describir
desert (s.) desierto
deserted (adj.) desierto
design diseño, planos; dibujo
dessert postres
destination meta
destined destinado
detail detalle
detain, to detener
detective detective
determined decidido
detour rodeo, desvío
detract, to detraer, afear
developed desarrollado
development desarrollo
diameter diámetro
diaper pañal
dictaphone dictáfono
dictate, to dictar
difference diferencia
different diferente
difficult difícil
difficulty dificultad
diffuse, to difundir
dignity dignidad
dime moneda de 10 centavos
dimension dimensión
dimly vagamente
dinner cena
...jacket smoking
diplomat (s.) diplomático
diplomatic (adj.) diplomático
direction dirección
directions señas; instrucciones
directory guía
disadvantage desventaja
disagree, to estar en desacuerdo
disappoint, to decepcionar
discharge, to despedir
discount descuento
discourage, to desanimar

discouraging desalentador
discussion debate
dishwasher máquina lavaplatos
district distrito
dizzy mareado
do, to hacer
dock, to llegar a muelle
doctor médico
document documento
dog perro
dome cúpula
door puerta
doorbell campanilla, timbre
doorman portero
doorway portal
don't no *(en formas imperativas)*
double, to doblar
down abajo
downtown centro de la ciudad
drapes cortinajes
draw, to tirar de; dibujar
dream, to soñar
dress, to vestir, vestirse
dressing aliño
dressing-room tocador
drill, to fresar
drink, to beber
drive paseo en auto
drive, to conducir, manejar
driver chofer
drop, to dejar caer
drug medicina, droga
drugstore farmacia
drum tambor
dull aburrido
duplicate duplicado
during durante
duty deber, tarifa

E

eager deseoso
ear oreja
eardrum tímpano
earrings aretes, pendientes
early temprano
earth tierra
east este
easy fácil
eat, to comer
economic económico

editor editor
editorial editorial, artículo de fondo
educational educativo
effect efecto
efficient eficiente
egg huevo
eight ocho
electric eléctrico
electricity electricidad
electronic electrónico
elevator elevador, ascensor
else además
elsewhere en otras partes
embarrass, to avergonzar
embarrassed confuso
embroider, to bordar
emerald esmeralda
emphasize, to subrayar
empty vacío
encompass, to abarcar
endless infinito
engaged comprometido, prometido
engine motor
engineer ingeniero
engineering ingeniería
English *(adj.)* inglés
Englishman *(s.)* inglés
enjoy, to gozar de, divertirse con
enjoyable agradable
enormous enorme
enough bastante
enraged rabioso, furioso
enrich, to enriquecer
entertainment diversión
enthusiasm entusiasmo
enthusiastic entusiasta
entrance entrada
envelope sobre
envious envidioso
episode episodio
equal, to igualar
equipment equipo
eraser borrador
errand encargo
escape, to escapar
estate finca, estancia
estimate, to estimar, calcular
etching grabado
ether éter
even aun
... though aun cuando

evening tarde
  ... dress traje o vestido de noche
ever siempre
every cada, todo
everything todo
examination examen
examine, to examinar
example ejemplo
  for ... por ejemplo
excellent excelente
exciting estimulante, interesante
excursion excursión
excuse excusa
excuse, to excusar
exercise ejercicio
exhibition exposición
exhibits objetos exhibidos
expect, to esperar, prever
expectation esperanza
expense gasto
expensive caro
explore, to explorar
export, to exportar
exposed expuesto
express, to expresar
express expreso
extend, to extenderse
extensive extenso
exterior exterior
extract, to extraer
eye ojo
eyesight vista

F

fabulous fabuloso
façade fachada
face cara
fact hecho
  as a matter of ... en realidad
factory fábrica
fail, to fracasar, dejar de
faint débil
fair justo
fall otoño
fall, to caer
familiar familiar, conocido,
  familiarizado
family familia
famous famoso
fan ventilador; aficionado

fancy complicado, adornado
far lejos, lejano
  as ... as hasta, en cuanto
  so ... hasta aquí
fare precio del billete
farm granja
farmer agricultor
farming agricultura
farther más lejos
fascinating fascinador
fashion moda
fast aprisa
fate destino
father padre
fault falla, culpa
favor favor
  in ... of en favor de
fear temor, miedo
feast festín
feature rasgo
February febrero
feel, to sentir
feeling sentimiento
felt fieltro
fence valla
ferry barca de pasaje
fertile fértil; fecundo
few pocos
fiancée prometida
field campo
fifteen quince
fifth quinto
fig higo
fight lucha, pelea
figure out, to imaginar, calcular
fill, to llenar
filling empaste
film película
film, to filmar
finally finalmente
find, to encontrar
  ... out, to averiguar
fine fino, bien
finger dedo
finish, to terminar
fire fuego
fire, to disparar
fireplace chimenea
first primero
  ... class primera clase
fish pez, pescado

fishing pesca
  ... **rod** caña de pescar
fit, to caer, ajustar
  to ... **into** caber
fitting adecuado
five cinco
flag bandera
flashlight lámpara de pila
flashy vistoso, llamativo, chillón
flatterer adulador
flattery adulación
flight vuelo
float, to flotar
floor piso
  ... **show** revista de cabaret
flower flor
fluctuate, to fluctuar
fluently corrientemente, con soltura
fluffy esponjado
fly, to volar; flamear
fog niebla
foggy brumoso
follow, to seguir
food comida, alimento
fool tonto
fool, to engañar
foot (*pl.* feet) pie
football fútbol americano
forbidden prohibido
foreigner extranjero
forest bosque
forget, to olvidar
forgetful olvidadizo
forgive, to perdonar
fork tenedor
form impreso, "esqueleto"
formal formal, de etiqueta
  ... **wear** ropa de etiqueta
fortunately afortunadamente
fortune suerte
foundation cimientos
fountain fuente
  ... **pen** pluma fuente
four cuatro
frame marco
frankfurters salchichas, embutidos
  de Francfort
free libre
freighter barco carguero
French (*adj.*) francés
Frenchman (*s.*) francés

frequently frecuentemente
fresh fresco
freshly recientemente
Friday viernes
fried frito
friend amigo
friendliness amistad, amabilidad
friendly amistoso
from de, desde
frontier frontera
fruit fruta
full lleno, completo
fun diversión
functional funcional
fund fondos
funnel chimenea de barco
funny gracioso
furnished amueblado
furniture muebles
further más allá

G

gaiety alegría
gain ganancia
gallery galería
gamble, to jugar (por dinero)
game juego
garage garaje
garden jardín
gas gas, gasolina
gasoline gasolina
gate portal
gather in, to recoger
generally generalmente
generous generoso
gentleman caballero
geographic geográfico
German (*s., adj.*) alemán
get, to obtener
  to ... **along** arreglárselas
  to ... **around** salir, viajar
  to ... **lost** perderse
  to ... **married** casarse
  to ... **off** bajar, apearse
  to ... **out** marcharse
  to ... **up** levantarse
gift regalo
gigantic gigantesco
girdle corsé
girl muchacha

give, to dar
  to ... away, regalar
  to ... a shave rasurar
glad contento
gladly con gusto
glance mirada
glare resplandor
glass vaso, copa; vidrio
gleam brillo
glimpse vistazo
gloves guantes
go, to ir
  to ... around propagarse
  to ... for a walk dar un paseo
  to ... on continuar
  to ... out salir
  to ... up subir
God Dios
gold oro
golden dorado
golf golf
  ... course campo de golf
good bueno
good-by adiós
goods mercancías
gorge barranco
gourmet catador
government gobierno
governor gobernador
gown vestido
grade clase (escuela primaria)
graduate school escuela para
  estudiantes graduados
grandiose grandioso
grandfather abuelo
grandparents abuelos
grape uva
grapefruit toronja
gray gris
graze pastar
great grande
  a ... deal mucho
Greek griego
green verde
grotesque grotesco
grounds terreno
grow, to crecer; cultivar
grower agricultor
guarantee, to garantizar
guard, to proteger
guardianship protección

guess, to adivinar
guest huésped, convidado
guide guía
gums encías

H

hair cabello
haircut corte de cabello
half mitad
hall zaguán
ham jamón
hamburger albondigón
hammer martillo
hand mano
handkerchief pañuelo
handmade hecho a mano
handy útil, práctico
happen, to suceder
happenings sucesos
hardly apenas
hard-working que trabaja
  intensamente
harness race carrera de trotones
harvest cosecha
hat sombrero
hatbox sombrerera
hate, to odiar
haunch anca, nalga
head cabeza
head into, to dirigirse hacia
headlights faros
headquarters oficina principal
headwaiter capitán de meseros
health salud
hear, to oir
heart corazón
hearty cordial, copioso
heating calefacción
heavily fuertemente
heavy pesado
hectic atropellado
heel tacón
height altura
helpful de ayuda
hemisphere hemisferio
her ella, su (de ella)
herd rebaño
here aquí
hero héroe
heroic heroico

hers suyo (de ella)
hide cuero, piel
hide, to esconder, esconderse
high alto
... spot *(fam.)* punto de interés
highbrow *(fam.)* intelectual
hill colina
him le, a él
hip cadera
hire, to dar trabajo, emplear
his su (de él)   •
historian historiador
history historia
hold, to llevar, retener, mantener,
   contener
holiday vacaciones
home casa, hogar
   at ... en casa
homesick que se añora
honeymoon luna de miel
hood capota de auto
hope esperanza
hope, to esperar, confiar
hopeful confiado, esperanzado
horizontal horizontal
horse caballo
   ... race carrera de caballos
horseback: on ... a caballo
hospitable hospitalario
host el que invita
hot caliente
   ... dogs salchichas
hotel hotel
house casa
house, to alojar
House of Representatives Cámara
   de Diputados
how cómo
   ... many cuántos
   ... much cuánto
huge vasto
humor humor, buen humor
hungry hambriento
hunting caza
hurry, to apresurarse
husk mazorca, elote
hydrant boca de riego

I

I yo

ice hielo
   ... cream helado
   ... skating patinaje sobre hielo
iced *(adj.)* helado
idea idea
ignition ignición
ill enfermo
illuminate, to iluminar
imagine, to imaginar
immediately inmediatamente
immigration inmigración,
   migración
impartiality imparcialidad
import, to importar
impose on, to abusar de
imposing imponente
impossible imposible
impress, to impresionar
impression impresión
impressive impresionante
improve, to mejorar
improvement mejora
in en, dentro de
   ... general en general
inauguration inauguración,
   toma de posesión
incidentally incidentalmente,
   de paso
include, to incluir
incredible increíble
indeed en verdad
independence independencia
Indian indio
indiscreet indiscreto
indispensable indispensable
indistinctly confusamente,
   indistintamente
industrial industrial
industry industria
influence influencia
information información
initial inicial
ink tinta
inn posada
inside *(s.)* interior
inside *(adv., prep.)* **dentro, adentro**
insist insistir
inspector inspector
instead en cambio
intend, to intentar
interest interés

interest, to interesar
interesting interesante
interrupt, to interrumpir
interruption interrupción
interview, to entrevistar
intimate íntimo
into en
intrigued curioso, interesado
introduce, to presentar
invigorating vigorizador
invite, to invitar
iron hierro
   to ... planchar
island isla
Italian (s., adj.) italiano
item punto
itinerary itinerario

J

jacket chaqueta
janitor portero, conserje
January enero
Japanese japonés
jazz jazz
jealous celoso
jewelry joyería
job empleo
jockey jockey
join, to juntarse con
joint conjunto
joke broma, chiste
joke, to bromear
judge juez
juice jugo
July julio
jump, to saltar
June junio
just sólo, acabar de

K

keep, to guardar
   to ... track seguir la pista,
   no perder de vista
kill, to matar
kind bueno, amable; clase
kitchen cocina
knife cuchillo
knock, to llamar a la puerta
knock-out K.O.

know, to saber, conocer

L

laboratory laboratorio
ladies' room tocador de señoras
lady señora
lake lago
lamb cordero
lamp lámpara
landing aterrizaje
landlady dueña
landlord dueño
landmark punto o edificio de
   referencia
lane sendero; pista
language idioma
large grande
last último
last, to durar
late tarde
later on más tarde
Latin American latinoamericano
laugh, to reír
laughter risa
laundry lavandería
lavish suntuoso
law ley, derecho
lawn césped
lawyer abogado
lay out, to trazar planos
lead, to conducir, ir a la cabeza
leaf hoja
learn, to aprender
lease contrato de alquiler
   to ... lease arrendar
least mínimo
   at ... por lo menos
leave, to dejar, marcharse
left izquierda
left p. p. de to leave: to be ... quedar
leg pierna
legislature legislatura
leisure tiempo libre, ocio
lemon limón
lend, to prestar
leper leproso
let, to dejar, alquilar
letter letra, carta
level nivel
liberty libertad

library biblioteca
license licencia
lie, to (*pret.* lay) echarse, yacer
lie, to (*pret.* lied) mentir
life vida
light luz; (*adj.*) claro
light, to iluminar
like, to gustar
like como
likely probable
limit límite
line línea; cola
linen hilo, lino
liner vapor
lion león
liquor licor
list, to incluir en lista
listen, to escuchar
lit iluminado
live, to vivir
living room sala de estar
load, to cargar
lobby zaguán
lobster langosta
local tren local, lento
location ubicación
logical lógico
long largo
  as ... as mientras
  ... distance call llamada
  interurbana, a larga distancia
look, to mirar
  to ... for buscar
  to have a ... dar una ojeada
  to ... forward to prever con gusto
loose suelto
lose, to perder
  to ... one's way perderse
love amor
love, to amar
lovely encantador
lover enamorado, aficionado
low bajo
luck suerte
lucky de suerte
luggage equipaje
lunch almuerzo
luxurious lujoso
luxury lujo

M

machine máquina
machinery maquinaria
mad loco
magazine revista
magician mago
magistrate magistrado
main principal
majority mayoría
make, to hacer
  to ... up compensar
make-up maquillaje
man hombre
manage, to arreglárselas;
  administrar
manager gerente
manicure manicura
mannequin maniquí
mansion palacete
manuscript manuscrito
many muchos
map mapa
mar, to deslustrar
marble mármol
March marzo
march, to desfilar
market mercado
marry, to casarse
massive macizo
master maestro
  ... of ceremonies maestro de
  ceremonias
match fósforo; partido
match, to hacer juego
material material; tela
matter asunto
mausoleum mausoleo
maximum máximo
May mayo
meadow pradera
meal comida
mean, to querer decir
meaning significado, sentido
means: by all ... por supuesto
meantime: in the mientras tanto,
  en el ínterim
meanwhile mientras tanto
measurement medida
meat carne
mechanic mecánico

mechanics mecánica
medium mediano
meet, to encontrarse con
melon melón
melt, to fundir, fundirse
memorable memorable
memorize, to aprender de memoria
memory memoria, recuerdo
mention, to mencionar
menu menú
merchandise mercancía
merely meramente
Mexican mexicano
middle medio, en mitad de
midnight medianoche
midsummer solsticio de verano
Midwest Centro Oeste
mile milla
mild suave
milk leche
millionaire millonario
mind mente
  in... en mente
mind, to objetar
mine mío
mineral mineral
mining minería
minister ministro; pastor protestante
minute minuto
misplace, to extraviar
Miss señorita
miss, to echar de menos
mission misión
mistake error
mistaken equivocado
Mister (Mr.) señor
misunderstand, to entender mal
model modelo
modern moderno
modernize, to modernizar, renovar
moment momento
Monday lunes
money dinero
  ...order giro postal
monument monumento
more más
  ...or less más o menos
Mormon mormón
morning mañana
moustache bigote

mother madre
motion picture theatre (sala de) cine
motor motor
motorcycle motocicleta
mountain montaña, monte
  ...top cima
movies cine, películas
much mucho
mud barro
muddy fangoso
mule mula
museum museo
mushroom hongo
music música
musical musical
  ...comedy revista musical
must deber
my mi
myself yo mismo, mí mismo

N

nail uña
napkin servilleta
narrow estrecho
national nacional
naturally naturalmente
nausea náusea
neat limpio
necessary necesario
neck cuello
necklace collar
necktie corbata
need, to necesitar
neglect, to descuidar
neighbor vecino
neon neón
nervous nervioso
neutral neutral
never nunca
new nuevo
New England Nueva Inglaterra
New Year Año Nuevo
New York Nueva York
news noticia, noticias
newspaper periódico
newspaperman periodista
next siguiente, próximo
  ...door muy cercano
nice bonito, agradable
nickel moneda de 5 centavos

niece sobrina
night noche
 ... letter carta o telegrama nocturno
 ... club cabaret
nine nueve
nineteen diecinueve
ninth noveno
no no
noblewoman dama noble
noise ruido
nonsense tontería
noon mediodía
North norte
northeastern del noreste
nose nariz
not no
noted famoso
nothing nada
notice, to observar
novel novela
November noviembre
novocaine novocaína
now ahora
 ... and then de vez en cuando
nowhere en ninguna parte
number número
nurse enfermera
nut nuez
nylon nylon

O

oak encina, roble
oasis oasis
observation observación
observation car coche trasero con mirador
observatory observatorio
obsession obsesión
obsolete anticuado
obviously evidentemente
occasion ocasión
occasionally a veces
occur, to ocurrir
ocean océano, mar
o'clock: it is 8 ... son las ocho
October octubre
odd extraño
of de
 ... course naturalmente

off fuera (dirección)
offer, to ofrecer
offhand espontáneamente
often a menudo, muchas veces, frecuentemente
oil aceite, petróleo
old viejo
old-fashioned anticuado, a la vieja usanza
on en, sobre
one uno
one-way sentido único
ooze, to derramarse; resumar
open abierto
open, to abrir
opera ópera
operate, to operar
operator operador, telefonista
opinion opinión
opposite en frente
orange naranja
orchestra orquesta
order orden
order, to encargar, pedir
ore mineral
original original
other otro
otherwise en otro caso
ounce onza
out fuera
outdated anticuado
out-of-towner forastero
outrace, to ganar a la carrera
outside fuera
outstanding notable
over sobre, encima de
overcoat abrigo
overweight con exceso de peso
own propio
own, to poseer
owner propietario
oyster ostra, ostión

P

pack, to hacer maletas
package paquete
padding almohadillado
pageantry desfiles, espectáculo
pain dolor
painless indoloro

painter pintor
painting cuadro, pintura
pair pareja
pajamas pijama
palace palacio
pamphlet folleto
Pan American Union Unión Panamericana
pantheon panteón
pantry despensa, alacena
paper papel
park parque, jardín
park, to estacionarse
particular especial
particularly en particular
partly en parte
party fiesta; interlocutor (al teléfono)
pass, to pasar
passport pasaporte
past pasado
patient paciente
patronage frecuentación
pattern patrón
pay, to pagar
pay station estación de pago
payment pago
peach durazno, melocotón
peak punto máximo, cima
pear pera
pearl perla
peanut cacahuete, maní
peas chícharos, guisantes
pebble guijarro
pen pluma
penalty castigo
pencil lápiz
pepper pimienta
percent por ciento
perfect perfecto
perfectly perfectamente
perform, to dar representaciones
performance representación
perfume perfume
perhaps quizá
permanent permanente
permit, to permitir
personal personal
personality personalidad
pew banco de iglesia
philharmonic filarmónico

piano piano
pick up, to recoger
picket fence valla de postes
picnic picnic, comida campestre
picture cuadro, ilustración; cine
... postcard tarjeta postal
picture, to imaginarse
picturesque pintoresco
piece pedazo
pier muelle
pilgrim peregrino
pill píldora
pillar columna
pillow almohadón
pine pino
pink rosado
pitcher jarro
pity lástima
place lugar
place, to llegar colocado
plain sencillo; llanura
plan proyecto
plan, to planear, proyectar
plane avión
plant, to plantar
plantation hacienda
platform plataforma, andén
play obra de teatro
play, to jugar, tocar un instrumento
playbill programa de teatro
player actor, jugador
playwright dramaturgo
pleasant agradable
please por favor
please, to agradar
pleasure placer
pleat plisado
plenty abundancia, en abundancia
... of mucho
plum ciruela
plumbing plomería e instalaciones
pocket bolsillo
pocketbook bolso
point, to indicar
policeman policía
political político
pool alberca, piscina
poor pobre
pork carne de cerdo
port puerto
porter mozo (de equipajes)

portico pórtico
positively sin duda
postage franqueo postal
postcard tarjeta postal
posted echado al correo; fijado
poster anuncio, cartel
post office oficina de correos
postpone, to posponer
pot olla
potato patata, papa
pour, to verter, servir, llenar
powerful poderoso
practice, to practicar
precisely precisamente
prefer, to preferir
prepare, to preparar
prescribe, to recetar
prescription receta
preserve, to conservar
president presidente
presidential presidencial
press, to planchar; hacer presión
pressure presión
pretty bonito, atractivo
previous anterior
price precio
princess princesa
principal principal
principle principio
privilege privilegio
prize premio
   ... fight pelea de boxeo
probably probablemente
product producto
profit provecho, beneficio
program programa
project proyecto
promise promesa
promise, to prometer
propagandist propagandista
properly adecuadamente
proportion proporción
proposed propuesto
prospecting exploración minera
prospector explorador de minas
prosperous próspero
protection protección
public público
   ... opinion opinión pública
pull, to tirar
   to ... in detener un vehículo

to ... up detener un vehículo
pulse pulso
pump bomba
punctuate, to puntuar
punish, to castigar
pure puro
put, to poner, colocar
   to ... off aplazar
puzzled asombrado

Q

quaint curioso
quality cualidad, calidad
quarter moneda de 25 centavos
quarters vivienda
quick rápido
quiet tranquilo
quite muy, completamente

R

race carrera
   ... track hipódromo
raft balsa
radiate, to irradiar
rage rabia; entusiasmo
railroad ferrocarril
   ... car vagón de ferrocarril
railway ferrocarril
rain lluvia
raincoat impermeable
raise, to elevar
raisin pasa
ranch rancho
range pastizal
rare raro, poco cocido
rate tarifa
rather más bien
razor máquina de rasurar
reach, to alcanzar, ponerse en contacto
read, to leer
reader lector
real verdadero
realize, to comprender, darse cuenta
really verdaderamente
rear parte trasera
reasonable razonable
reception recepción
recharge, to volver a cargar

recognize, to reconocer
recommendation recomendación
recopy, to volver a copiar
recover, to restablecerse, recuperar
red rojo
redwood cedro rojo
refill, to volver a preparar un medicamento
refinement refinamiento
refinish, to acabar
reflect, to reflejar
refrigerator refrigerador
region región
register, to inscribirse en el registro
registration registro de automóvil
regulation reglamento
rejoin, to reunirse con
relatively relativamente
relax, to descansar
reliable de confianza
relieved aliviado, tranquilizado
remarkable notable
remember, to recordar
remind, to recordar
Renaissance Renacimiento
rent alquiler, renta
rental alquiler
repair, to reparar
repeat, to repetir
replace, to reemplazar
replacement substitución
reputation reputación
reservation reservación
reserve, to reservar
resident residente
residential residencial
resist, to resistir
respect respecto
  in this . . . en lo tocante a
rest descanso; el resto, los demás
restrain, to contener
restriction restricción
result resultado
retail al menudeo, al por menor
requirement requisito
rhythm ritmo
ribbon cinta, listón
rid, to librar
  to get . . . of desembarazarse de
ride, to montar
ridiculous ridículo

right derecha, derecho
ring anillo
ring, to tocar, repicar (campanas)
  to give a . . . telefonear
rink pista de patinaje
rise, to elevarse, levantarse
rivalry rivalidad
river río
Riverside Drive Paseo de la Ribera
  (avenida en Nueva York)
roast, to asar
robot robot
rock roca
rolling ondulante
rolls panecillos
romantic romántico
roof techo
rough áspero, difícil
round redondo
  . . . trip ida y vuelta, viaje redondo
route ruta
row hilera
rubbers chanclos
rugged fuerte, áspero
ruin ruina
ruler regla; gobernante
rum ron
run, to correr; representarse
  to . . . into encontrarse con
running water agua corriente
runway pista de aterrizaje
rush, to apresurarse
Russian ruso

S

safety seguridad
  . . . pin aguja imperdible
salad ensalada
sale venta, realización
salt sal
sample, to probar, catar
sarcastic sarcástico
sardine sardina
satin satén
satisfactory satisfactorio
satisfy, to satisfacer
Saturday sábado
sauce salsa
save, to ahorrar
saxophone saxófono

say, to decir
scarcely apenas
scarf bufanda
scattered esparcido
scene escena
scenery paisaje
scenic pintoresco
sceptic escéptico
schedule horario; itinerario
score cuenta (en el juego); [partitura musical
sea mar
sea coast costa marina
seasickness mareo
season estación
seasoning sazón
seat asiento
seated: to be . . . tomar asiento
second segundo
Secretariat secretariado
secretary secretaria
section sección, sector
see, to ver
seldom pocas veces
selection selección
sell, to vender
semicircle semicírculo
Senate Senado
send, to enviar
sense sentido
sensible sensato
September septiembre
sequoia secuoya
serial number número de serie
serious serio
servant sirvienta
service servicio
session sesión
set, to poner (la mesa), arreglar
setting marco
set-up situación
settler colonizador
several varios
sewing machine máquina de coser
shade matiz
shake, to sacudir
share, to compartir
sharpen, to agudizar
shave, to rasurar, afeitar
shaving kit equipo de rasurar
sheet sábana
shelf estante

sherry jerez
shine, to brillar, dar brillo
ship barco
shipping comercio marítimo
shipment envío, cargamento, par-
tida
shoe zapato
shoemaker zapatero
shop tienda
shore orilla
short corto
shorthand taquigrafía
shoulder hombro
shouting gritería
show, to mostrar
to . . . around guiar
shower regadera, ducha
showplace salón de exhibiciones
shrimp camarón
shy tímido
side lado
. . . entrance entrada lateral
. . . trip excursión
sidewalk banqueta, acera
sight vista; escena
sightseeing paseo turístico
sign letrero
sign, to firmar
signal señal
signature firma
significant significativo
silent silencioso
silhouette silueta
silk seda
silver plata
similarity semejanza
simple sencillo
simplicity sencillez
since pues, desde entonces
sing, to cantar
singer cantante
single único, soltero
sister hermana
sit, to sentarse
to . . . down sentarse
situation situación
six seis
sixth sexto
size tamaño
skating rink pista de patinaje
skeptical escéptico

skill habilidad
skirt falda
sky cielo
skyline horizonte
skyscraper rascacielos
slave esclavo
sleep, to dormir
slender delgado, frágil
slight ligero
slip fondo, combinación, hoja de
  papel
slippers zapatillas
slope ladera
slot rendija, ranura
slow lento
slowly lentamente
slum tugurio, barrio pobre
small pequeño
smoke humo
smoke, to fumar
smokehouse cuarto para ahumar
smuggling contrabando
snapshot foto, instantánea
snow nieve
snow, to nevar
snug abrigado, estrecho
so así
soap jabón
society sociedad
socks calcetines
sofa sofá
soldier soldado
sole único
some algunos, algo de
somehow en una forma u otra
something algo
somewhere en alguna parte
son hijo
song canción
sorry: to be ... lamentar
soup sopa
South sur
southern del sur, meridional
space espacio
spacious espacioso
Spaniard (s.) español
Spanish (adj.) español
spare de recambio
spare, to ahorrar, reservar
spark plug bujía
speak, to hablar

special especial
specialize, to especializarse
specific específico
specifically específicamente
spectacular espectacular
speed velocidad
speedometer marcador de velocidad
spelling deletreo, ortografía
spend, to gastar
spice especia
spiritual espiritual
spite: in ... of a pesar de
splendid espléndido
spoil, to mimar, estropearse
spontaneous espontáneo
spoon cuchara
spoonful cucharada
sport deporte
spot punto; mancha; paraje
sprawling extendido, extenso
spread out, to extenderse
spring primavera; muelle (de reloj)
square cuadrado, plaza
stage teatro, tablado
stairs escalera
stamp sello
stand, to estar de pie
standard standard, normal
star estrella
start, to empezar
starvation hambre
state estado
State Department Departamento de
  Negocios Exteriores
stately airoso, grandioso
station estación
stationery papel y sobres, artículos
  de escritorio
statistics estadísticas
statue estatua
stay, to quedarse
steak bisté
steel acero
steep empinado
steeple campanario
step paso
stick palo
stick, to pegar con cola
stiff rígido
still todavía, tranquilo, inmóvil
stocking media

stone piedra
stop parada
stop, to detenerse, parar
   to ... off hacer parada en
stoop, to inclinarse
storm tormenta
story cuento; piso
straight directo, directamente
strange extraño
stranger forastero
strategic estratégico
street calle
street car tranvía
stretch, to extenderse
strike, to golpear
striking vistoso, sorprendente
stroll, to dar un paseo
strong fuerte
structure estructura, construcción
stuck (*p.p. de* to stick, pegar)
   clavado, paralizado
student estudiante
study gabinete; estudio
study, to estudiar
stuffed relleno
stumble upon, to tropezarse con
style estilo
stylish a la moda
subject tema
suburb suburbio
subway metropolitano
successful venturoso, con éxito
such tal
sugar azúcar
suggest, to sugerir
suggestion sugestión
suit traje
suite suite
summer verano
sun sol
Sunday domingo
sunlight luz del sol
sunshine luz del sol
superhighway supercarretera
suppose, to suponer
Supreme Court Corte Suprema
surprise sorpresa
surprise, to sorprender
surround, to circundar, rodear
surrounded rodeado
surroundings alrededores

suspect, to sospechar
suspension bridge puente de suspen-
   sión
suspicion sospecha
swear, to jurar
sweater suéter
switch, to cambiar
symbol símbolo
symmetry simetría
synopsis sinopsis, resumen
system sistema

T

table mesa
tablecloth mantel
tailor sastre
tailored cortado (por sastre)
take, to tomar
   to ... a walk dar un paseo
   to ... down escribir, notar
   to ... in incluir, ver
   to ... place ocurrir, suceder
take-off despegue
talk, to hablar
tall alto
tank depósito
tanker barco petrolero
tax impuesto
taxation impuestos
taxi taxi
tea té
tease, to bromear, tomar el pelo
telegram telegrama
telephone teléfono
telescope telescopio
television set aparato de televisión
tell, to decir
teller pagador, cajero
temperature temperatura
tempo ritmo
temple templo
temporary temporal, interino
tempt, to tentar
temptation tentación
ten diez
tenant inquilino
tendency tendencia
tension tensión
terminal terminal (estación)
terms condiciones

text texto
thank, to dar las gracias
thank you gracias
Thanksgiving Day Día de Gracias
that que, aquel
theater teatro
their su
them ellos, a ellos
then entonces, luego
theory teoría
there allí
they ellos
thing cosa
think, to pensar
third tercero
thirteen trece
thirty treinta
thou tú
thousand mil
three tres
three-fourths tres cuartos
throat garganta
throw, to tirar, arrojar
thumb pulgar
thunder trueno
Thursday jueves
ticket boleto, billete
    ... window ventanilla, boletería
tidal basin remanso
time tiempo, hora
    from ... to ... de vez en cuando
    in ... a tiempo, a su tiempo
tip propina; punta, extremidad,
    extremo
tired cansado
to a
today hoy
toe dedo del pie
toilet retrete
toll peaje
tomato tomate, jitomate
tomb tumba
tomorrow mañana
too también, demasiado
too much demasiado
tongue lengua
tooth (pl. teeth) diente
tooth paste pasta dentífrica
top cima, punto alto
toss, to arrojar, mezclar
tough correoso; tenaz

tour viaje
tour, to recorrer
toward hacia
tower torre
town ciudad
toy juguete
track pista, rieles
    to keep ... of seguir la pista de
tractor tractor
tradition tradición
traffic tráfico, tránsito
    ... jam confusión de tráfico
transportation transporte
travel, to viajar
    ... agency agencia de viajes
treat regalo, acontecimiento
    agradable
tree árbol
tremendous tremendo
tremendously tremendamente
trip viaje
trophy trofeo
trouble disturbio, molestia, preocu-
    pación
trouble, to preocupar, molestar
trousers pantalones
trout trucha
truck camión
true verdadero
trunk baúl
truth verdad
try, to tratar, intentar
Tuesday martes
tug remolcador
tunnel, túnel
turkey pavo, guajolote
turn turno
turnstile molinete
type, to escribir a máquina
typewriter máquina de escribir
typical típico

U

umbrella paraguas
uncle tío
under bajo, debajo
underestimate, to menospreciar
underground bajo suelo, bajo tierra
understand, to comprender
undertake, to emprender

undertaking empresa
underwear ropa interior, ropa
 íntima
unexpectedly inesperadamente
unheard-of inaudito
uniform uniforme
uninterrupted ininterrumpido
unknown desconocido
unload, to descargar
unlock, to abrir
unsanitary insalubre
unspoilt puro, primitivo
until hasta
unusual raro
up arriba
 to be ... estar despierto
up-to-date al corriente, moderno
upkeep mantenimiento, cuidado
upstairs el primer piso
uptown parte norte de Nueva York
uranium uranio
useful útil
useless inútil
usual corriente
usually de costumbre

V

vacancy cuarto por alquilar
vacation vacación
vaccination vacuna, vacunación
vacuum cleaner aspiradora
vague vago, impreciso
valley valle
value valor
varied variado, vario
various vario, variado
vase jarrón
vast vasto
vastly mucho, muy
veal ternera
vegetable legumbre
very muy
veto, to vetar
vibrate, to vibrar
vice vicio
vicinity vecindad
view vista
village pueblo, aldea
violet violeta
visibility visibilidad

visit visita
visit, to visitar
visitor visitante
vista panorama
voice voz

W

waist cintura
wait, to esperar
waiter mesero, camarero
waiting room sala de espera
waitress camarera, mesera
walk, to andar, caminar
wall pared, muro
wallpaper papel de pared
waltz vals
wander, to vagar
want, to querer
war guerra
warm caliente
warn, to avisar, advertir
wash, to lavar
washbasin jofaina, lavabo
washing machine máquina lavadora
waste, to desperdiciar
water agua
 ... color acuarela
waterfront muelles
watermelon sandía
wave, to agitar; hacer señas
way camino, ruta
 by the ... a propósito
 by ... of pasando por
weak débil
wealth riqueza
wear, to llevar (ropa)
weary cansado
weather tiempo
Wednesday miércoles
week semana
welcome bienvenido
welcome, to dar la bienvenida
well bien; pozo
well-done bien hecho; bien cocido
well-kept bien cuidado
West oeste
western occidental, del oeste
westward hacia el oeste
what qué
wheat trigo

wheel rueda
where donde
whether si
which el cual, la cual, los cuales
whichever sea cual sea
while mientras; rato
whirlwind torbellino
whisper, to cuchichear
white blanco
White House Casa Blanca
who quien
whole entero
wholesale al por mayor, mayoreo
whom quien, a quien, de quien, etc.
why ¿por qué?; vaya
wide ancho
wife esposa
win, to ganar, vencer
wind viento
window ventana
wine vino
  . . . list carta de vinos
winning ganancia
winter invierno
wipe out, to (*fam.*) arruinar
wire, to telegrafiar
wise sabio
with con
withdraw, to retirar
within dentro de
woman (*pl.* **women**) mujer
wonder maravilla
wonderful maravilloso
wood madera; bosque

wooden de madera
woods bosque
wool lana
woolen de lana
word palabra
work trabajo
work, to trabajar
working order buen estado
workmanship artesanía, acabado
world mundo
worry, to inquietar(se)
worth valor
  to be . . . valer
  to be . . . while valer la pena
wreck desastre, confusión
write, to escribir
writer escritor

Y

year año
yellow amarillo
yes sí
yesterday ayer
yet todavía
you usted, tú, ustedes, vosotros
young joven
your su, tu, vuestro
yourself usted mismo, tú mismo

Z

zero cero
zoo jardín zoológico

Diccionario
Español-Inglés

A

a to
   ... bordo de aboard
   ... pesar de in spite of
   ... propósito by the way
   ... tiempo in time
   ... veces occasionally, at times
abajo down
abandonar to abandon
abarcar to encompass
abierto open
abogado lawyer
abrigado snug
abrigo overcoat
abril April
abrir to unlock, to open
absorto absorbed
absurdo absurd
abuelo grandfather
abuelos grandparents
abundancia abundance
aburrido bored
aburrir to bore
acabar to end; to refinish
   ... de to have just
académico academic
aceite oil
acelerador accelerator
acera sidewalk, curb
acerca de about
acero steel
acompañar to accompany
aconsejar to advise
actividad activity
activo active
acto act
actor actor, player
actual current
acuarela water color

adecuadamente properly
adelantado: por ... in advance
además besides, else
adiós good-by
admirar to admire
admirador admirer
admitir to admit
adornado fancy
aduana customs
adulación flattery
adulador flatterer
aeropuerto airport
afectar to affect
aficionado fan
   ... a addicted to
afortunadamente fortunately
Africa Africa
agencia agency
   ... de viajes travel agency
agosto August
agradable nice, pleasant, enjoyable
agradar to please
agricultor farmer
agricultura agriculture, farming
agua water
   ... corriente running water
aguja imperdible safety pin
ahora now
ahorrar to save
aire air
al contado cash terms
ala de sombrero brim
albañilería masonry
albaricoque apricot
alberca pool
alcanzar to catch up, to reach
alcohólico alcoholic
alegría gaiety
alemán German

alfiler pin
algo something
algodón cotton
algunos some
alimento food
aliño dressing
aliviado relieved
almohadillado padding
almohadón pillow
almuerzo lunch
alquilar to rent
alquiler rental
alrededor around
alto tall, high
altura height
amarillo yellow
ambos both
amigo friend
amistad friendship, friendliness
amistoso friendly
amor love
amueblado furnished
anca haunch
ancho wide
andar to walk
anestesia anesthesia
ángulo corner
anillo ring
animal animal
animar to cheer up
aniversario anniversary
anormalmente abnormally
antena antenna
anterior previous
antes before
anticuado obsolete, old-fashioned
anunciar to announce, to advertise
anuncio advertisement
añadir to add
año year
Año Nuevo New Year
aparato de televisión television set
apearse to get off
apenas hardly
apetito appetite
aplazar to put off
apostar to bet
aprender to learn
aprenderse de memoria to memorize
apresurarse to rush
apretar to press

aproximado approximate
aquél that one
aquel that
árbol tree
arder to burn
argentino Argentine
armario closet, cupboard
arquitecto architect
arreglar to arrange
arreglárselas to manage
arriba up
arrojar to throw
arruinar to wipe out
arte art
artesanía workmanship
asar to broil, to roast
ascensor elevator
así so
asiento seat
   tomar ... to take a seat
asombrado puzzled
áspero rough, rugged
aspirina aspirin
asunto affair, matter
asustado afraid
atención attention
atender to pay attention
aterrizar to land
atestado crowded
atracción attraction
atractivo attractive
atrapar un resfriado to catch a cold
atropellado hectic
aun even
   ... cuando even though
autobús bus
automóvil car
avenida avenue
aventura adventure
avergonzar to embarrass
averiguar to find out
avión plane
avisar to warn
ayer yesterday
azul blue

B

bailar to dance
bailarina dancer
baile dance

bajo low, under
  ... tierra underground
balcón balcony
ballet ballet
balsa raft
banco bank
  ... de iglesia pew
bandera flag
banqueta sidewalk
baño bath
barata sale
barato cheap
barcaza barge
barco boat, ship
  ... carguero freighter
  ... petrolero tanker
barítono baritone
barranco gorge
Barrio Chino Chinatown
barrio pobre slum
barro mud
bastante enough
batería battery
batir to beat
baúl trunk
bebida beverage
béisbol baseball
bellamente beautifully
bello beautiful
Biblia bible
biblioteca library
bien well, fine
  ... cocido well-done
  ... cuidado well-kept
bienvenido welcome
billete bill, ticket
blanco white
blusa blouse
boca mouth
  ... de riego hydrant
bocado bite
bodega cellar; grocery store
bohemio bohemian
boleto ticket
bolsillo pocket
bolso purse
bomba pump
bonito pretty
bosque wood(s), forest
botella bottle
botón button

brazo arm
brillante brilliant
brillar to shine
brillo gleam
brisa breeze
bromear to tease, to joke
broma joke
brumoso foggy
buen estado working order
bueno good, kind
búfalo buffalo
bufanda scarf
bujía spark plug
bullicio bustle
busto bust

C

caballero gentleman
caballo horse
  a ... on horseback
cabaña cabin
cabaret night club
cabello hair
caber to fit
cabeza head
cabina booth
cactus cactus
cada each, every
cadera hip
caer to fall
  ... bien to fit (clothes)
café(s.) coffee; café
café (adj.) brown
caja box
cajero teller
calcetín sock
calcular to figure out
calefacción heating
calesa buggy
caliente hot
calidad quality
calle street
cama bed
cámara chamber
camarón shrimp
cambiar to alter, change, switch, exchange
  ... un billete to change a bill
cambio change, exchange
caminar to walk

camino road, way
camión truck
camita de niño crib
campanario steeple
campanilla bell, doorbell
campeonato championship
campo field, countryside
 ... de golf golf course
cansado tired
cantar to sing
caña de pescar fishing rod
cañón canyon
capital capital
capitán captain
 ... de meseros headwaiter
capitolio capitol
capota de auto hood
cápsula capsule
cara face
carga (*carro de ferrocarril*) carload
cargamento shipment, cargo
cargar to load
caries cavity
carnaval carnival
carrera race
 ... de caballos horse race
carruaje carriage
carta letter
 ... de vinos wine list
 ... nocturna (*telegrama*) night letter
cartel poster
cartero postman
casa house
Casa Blanca White House
casarse to get married
casi almost
castigar to punish
castigo punishment
castillo castle
catador gourmet
catar to sample
categoría class
caza hunting
cedro rojo redwood
cegador blinding
celoso jealous
cemento cement
cena dinner, supper
centro center
Centro Oeste Midwest

cerca near
 ... de close to
cerdo pork
ceremonia ceremony
cereza cherry
cerezo cherry tree
cerrar to close
certificado registered, certificate
cerveza beer
césped lawn
cesto basket
cielo sky, heaven
ciertamente certainly
cimientos foundation
cima top
cine cinema, movies
cinta ribbon
cintura waist
circulación circulation
circular circular
círculo circle
ciruela plum
cita appointment
ciudad city, town
ciudadano citizen
claro clear
clase class, grade, kind
clásico classic
club club
cochera coach house
cocina kitchen
cocinar to cook
cocinero cook
coctel cocktail
coger to catch
coincidencia coincidence
col cabbage
colección collection
colina hill
colonizador settler
color color
columna pillar, column
collar necklace
combinación slip
comer to eat
comercial commercial
comercio marítimo shipping, sea trade
comida food, meal
 ... campestre picnic
cómo how

como as, like
cómodo comfortable, convenient
compañía company
compañero companion
comparar to compare
compartir to share
competente competent
competir to compete
completamente completely
completo full, complete
complicado complicated
complicación complication
comprar to buy
comprender to understand
comprobar to check
comunidad community
concentrarse en to concentrate
condición condition
condiciones terms
conducir to drive, to lead
conectar to connect
conexión connection
confianza confidence
confiscar to confiscate
confortable comfortable
confundir to confuse
confusión de tráfico traffic jam
confuso embarrassed
congreso congress, convention
conjunto joint
conocer to know
conocido known
conservar to preserve
conspicuo conspicuous
constitución constitution
construir to build
contar to count
   ... con to count on
contener to restrain
contento glad
continuamente continually
contrabando smuggling
contradecir to contradict
contraste contrast
contrato de alquiler lease
convencer to convince
convención convention
copa glass
copia copy
copiar to copy
copiloto copilot

copioso hearty
corbata tie
cordero lamb
corona crown
correcto correct
corregir to correct
correo mail
correr to run
corresponder to correspond
corrida de toros bullfight
corrientemente fluently
corsé corset
cortado (*por sastre*) tailored
corte de cabello haircut
cortinajes curtains
corto short
cosa thing
cosecha harvest, crop
costa coast
   ... marina sea coast
costar to cost
coste cost
cotejar to check
crema cream
criada servant
   ... de hotel chambermaid
cuadra block
cuadrado square
cuadro painting
cuál which
cualidad quality
cualquier cosa anything
cuando when
cuanto how much
cuantos how many
cuarto room
   ... de baño bathroom
   ... por alquilar vacancy
cuatro four
cubrir to cover
cuchara spoon
cucharada spoonful
cuchichear to whisper
cuchillo knife
cuello neck, collar
cuento tale, story
cuerpo body
cuidado care
cuidadosamente carefully
culpa guilt, fault
cultural cultural

cumplido compliment
cuñado brother in law
cúpula dome, cupola
curiosear to browse
curioso curious

CH

champaña champagne
chanclos rubbers
chaqueta jacquet
cheque check
... certificado certified check
... de viajero traveler's check
chimenea chimney, fireplace
... de barco funnel
chocolate chocolate
chofer driver, chauffeur
chuleta chop

D

dama lady
... noble noblewoman
dar to give
... las gracias to thank
... un paseo to take a walk, to go
for a walk, to stroll
darse cuenta to realize
de of
... confianza trustworthy, reliable
... costumbre usually
... lana woolen
... recambio spare
... vez en cuando from time to
time, now and then
debate debate
deber duty
debido a usted on your account
débil weak
decentemente decently
decepcionar to disappoint
decidido determined
decidir to decide
decir to tell, to say
decisión decision
declaración declaration
... aduanal customs declaration
declarar to declare
decoración decoration
dedo finger

definición definition
dejar to let
... caer to drop
delgado thin
delicado dainty
deliciosamente delightfully
demasiado too much, too
dentífrico toothpaste
dentista dentist
dentro de within
departamento apartment
depender de to depend on
deporte sport
depositar to deposit
depósito deposit; tank
derecho right, straight
derivar to derive
desacuerdo (estar en) to disagree
desalentador discouraging
desanimar to discourage
desarrollo development
desastre disaster, wreck
descargar to unload
desconocido unknown
describir to describe
descuento discount
descuidar to neglect
desde from, since
desembarazarse to get rid of
deseoso desirous, eager
desfilar to march
desfile parade
desierto desert
deslustrar to mar
desnudo naked, bare
despedir to fire, to discharge
despegue take-off
despensa pantry
después after, afterwards
destinado destined, headed for
destino destination
desventaja disadvantage
desvío detour
detalle detail
detective detective
detenerse to stop
detraer to detract
día day
Día de Gracias Thanksgiving Day
diámetro diameter
diario daily

diciembre December
dictáfono dictaphone
dictar to dictate
diente tooth (*pl.* teeth)
diez ten
diez y nueve nineteen
diferencia difference
diferente different
difícil difficult
dificultad difficulty
difundir to diffuse
dignidad dignity
dimensión dimension
dinero money
  ... en efectivo cash
Dios God
diplomático (*adj.*) diplomatic
directamente straight
directo straight
dirigirse a to address, to head into
diseño design
disfraz costume
disparar to shoot
disponer to arrange
disponible available
diversión entertainment
divertir to amuse
divertirse to have a good time
doblar to double
documento document
dolor pain, ache
domingo Sunday
donde where
dorado golden
dormir to sleep
dormitorio bedroom
dramaturgo playwright
ducha shower
duplicado copy, duplicate
durante during
durar to last
durazno peach
duro hard
  a duras penas barely

E

echar to throw
  ... al correo to mail, to post
  ... de menos to miss
  ... la culpa to blame

económico economic
edad age
edificio building
editor editor, publisher
editorial editorial
educativo educational
efecto effect
eficiente efficient
ejemplar copy
ejemplo example
  por ... for example
ejercicio exercise
electricidad electricity
eléctrico electric
electrónico electronic
elevar to raise
ellas they
ellos they
empaste filling
empezar to begin
empleado clerk
emplear to use, to hire
empleo job
empresa undertaking
emprender to undertake
en in, into
  ... alguna parte somewhere
  ... cambio instead
  ... conjunto on the whole
  ... frente opposite
  ... ninguna parte nowhere
  ... otro caso otherwise
  ... punto exactly
  ... verdad indeed
enamorado lover
encantado delighted
encantador charming, lovely
encanto charm
encargar to order
encontrar to find
encontrarse con to meet, to run into
encías gums
encima de above
encina oak
enero January
enfermo sick
engañar to fool, to deceive
enorme enormous
enriquecer to enrich
ensalada salad
ensordecedor deafening

entero whole
entonces then
entrada entrance
entrar to come in
entre between
entrega delivery
entremés appetizer
entretener to detain
entrevistar to interview
entusiasmo rage
entusiasta enthusiast, fan
enviar to send
envidioso envious
episodio episode
equipaje baggage, luggage
equipo equipment
error mistake
escapar to escape
escéptico skeptical
esclavo slave
escoger to choose
esconder to hide
escribir to write
escritor writer
escuchar to listen
esmeralda emerald
espacio space
espacioso spacious
espalda back
español Spanish
esparcido scattered
especia spice
especial special
especializarse to specialize
específicamente specifically
específico specific
espectacular spectacular
esperanza hope
esperanzado hopeful
esperar to wait, to hope
espiritual spiritual
espléndido splendid
esponjado fluffy
espontáneo spontaneous
esposa wife
esquina corner
estación station
   ... de pago pay station
   ... radiodifusora broadcasting
   station
estacionarse to park

estado state
estante shelf, bookshelf
estar to be
   ... a punto de to be about to
   ... de acuerdo to be in agreement,
   to agree
   ... de pie to stand
   ... paralizado to be stuck
estatua statue
este (s.) east
este (adj.) this
estilo style
estimulante stimulating, exciting
estratégico strategic
estrecho narrow
estrella star
estropearse to spoil
estructura structure
estudiante student
estudiar to study
éter ether
etiqueta: de ... formal
   ropa de ... formal wear
evidentemente obviously
examen examination
examinar to examine, to inspect
excelente excellent
excepción allowance
exceso de peso overweight
excursión excursion, trip
excusa excuse
excusar to excuse
explicar to account for
explorar to explore
exportar to export
exposición exhibition
expresar to express
expreso express
expuesto exposed
extenderse to stretch
extendido sprawling
extenso sprawling, widespread
extraer to extract
extranjero foreigner
extraño odd, strange
extraviar to misplace

F

fábrica factory
fácil easy

falda skirt
familia family
familiarizado familiar
famoso noted, famous
farmacia drugstore
faros headlights
fascinador fascinating
favor favor
   en . . . de in favor of
   por . . . please
febrero February
ferrocarril railroad, railway
festejar to celebrate
festín feast
fieltro felt
fiesta celebration, party
filarmónico philharmonic
finalmente finally
fino fine
firma signature
firmar to sign
flor flower
flotar to float
fluctuar to fluctuate
fondo fund, slip
forastero out-of-towner, stranger
fósforo match
foto snapshot, photograph
fracasar to fail
francés French (*adj.*), Frenchman (*s.*)
franqueo postal postage
frecuentemente frequently, often
fresar to drill
fresco fresh
frío cold
frito fried
frontera frontier, border
fruta fruit
fuego fire
fuente fountain
fuera out, outside, off
fuerte strong
fuertemente strongly, heavily
fundamental basic
fundir to melt
fundirse to melt
furioso enraged
fútbol americano football

G

gabinete study
galería gallery
galletas cookies
ganancia gain, winning
ganar to win
   . . . a las carreras to win at the
   races, to outrace
ganarse la vida to earn a living
ganga bargain
garaje garage
garantizar to guarantee
garganta throat
gas gas
gasolina gas, gasoline
gastar to spend
gato cat
generalmente generally
generoso generous
geográfico geographic
gerente manager
gigantesco gigantic
giro postal money order
Gobernador Governor
gobierno government
golpear to strike
gorra cap
gorro bonnet
gozar de to enjoy
gracias thank you
grabado etching
grado degree
gracioso funny
grande large
grandioso grandiose, stately
granero barn
granja farm
griego Greek
gripe grippe
gris gray
griterío shouting
grotesco grotesque
grúa crane
grulla crane
guantes gloves
guardar to keep
guerra war
guía guide, directory
guisantes peas
guijarro pebble
gustar to like

H

hábil clever
habilidad skill
hablar to talk, to speak
hace ago
hacer to make, to do
... juego to match
... maletas to pack
... presión to press
... señas to wave
hacia toward
hacienda estate
hada fairy
hambre hunger, starvation
hambriento hungry
hasta as far as, until
... aquí so far
hecho fact; done, made
... a mano made by hand
helado frozen, ice cream
hemisferio hemisphere
hermana sister
hermano brother
hervir to boil
hielo ice
hierro iron
higo fig
hija daughter
hijo son
hilera row
hilo thread, linen
hipódromo race track
historia history
hogar home
hoja leaf, sheet
... de cuchillo blade
hombre man
hombro shoulder
hongo mushroom
hora hour, time
horario schedule
horizontal horizontal
horizonte horizon, skyline
hornear to bake
hospitalario hospitable
hotel hotel
hoy today
huésped guest
huevo egg
humor humor
hundirse to collapse

I

idea idea
idioma language
iglesia church
igualar to equal
iluminado lit
iluminar to light
imaginar to imagine, to figure out
imaginarse to imagine, to picture
imparcialidad impartiality, fairness
impermeable raincoat
imponente imposing
importar to import
imposible impossible
impresión impression
impresionante impressive
impresionar to impress
impreso form
impuesto tax
impuestos taxation
inaudito unheard of
inauguración inauguration
incidentalmente by the way
inclinarse to stoop
incluir to include
... en lista to take in
increíble incredible
independencia independence
indicar to point, to indicate
indio Indian
indiscreto indiscreet
indispensable indispensable
indistintamente indistinctly
indoloro painless
industria industry
industrial industrial
inesperadamente unexpectedly
inevitable bound (to happen)
infinito endless, infinite
influencia influence
información information
ingeniería engineering
inglés English (adj.), Englishman (s.)
inicial beginning, initial
ininterrumpido uninterrupted
inmediatamente immediately, right now
inmigración immigration
inquilino tenant
insalubre unhealthy
inscribirse to register

insistir to insist
inspección inspection, examination
inspector inspector
interés interest
interesante interesting
interior interior, inside
interlocutor party
interrupción interruption, break
interurbano interurban
   llamada interurbana long-distance
   call
íntimo intimate
introducir to bring in
inútil useless
invernadero greenhouse
invierno winter
isla island
italiano Italian

J

jabón soap
jamón ham
jardín garden
jarro vase, jar
jarrón vase
jazz jazz
jerez sherry
jockey jockey
joven young (*adj.*); young man,
   young person (*s.*)
joya jewel, gem
joyería jewelry store
jueves Thursday
juez judge
jugador player
jugar to play, to gamble
juguete toy
jugo juice
julio July
junio June
juntarse con to join
jurar to swear
justo just

L

ladera slope
lado side
ladrar to bark
ladrillo brick

lago lake
lamentar to be sorry
lámpara lamp
   ... de pila flashlight
langosta lobster
lápiz pencil
largo long
lástima pity
latinoamericano Latin American
lavabo washbasin
lavar to wash
leche milk
lechería dairy
lector reader
leer to read
legumbre vegetable
lejos far
lejano far, distant
lengua tongue
lentamente slowly
lento slow
león lion
leproso leper
letra letter
letrero sign
levantarse to rise, to get up
libertad freedom, liberty
librería bookstore
libro book
licencia license
licor liquor
ligero slight
límite boundary, limit
limítrofe: ser ... to border
limón lemon
limpiar to clean
limpio clean, neat
línea line
listo clever
listón ribbon
local local
loco crazy, mad
lógico logical
lucha fight
luego then
lugar place, accommodation (*en
   hotel*)
lujo luxury
luna moon
   ... de miel honeymoon
lunes Monday

luz light
  . . . **del sol** sunshine

LL

llamada call
llamar to call
  . . . **a la puerta** to knock
llanura plain
llegar to arrive
  . . . **colocado** to place
llenar to fill
lleno full
llevar to bring, to carry
  . . . **ropa** to wear
lluvia rain

M

macizo massive
madre mother
maestro de ceremonias master of
  ceremonies
magistrado magistrate
mago magician
maíz corn
malo bad
manicura manicure
maniquí mannequin
mano hand
manta blanket
mantel tablecloth
mantenimiento upkeep
mantequilla butter
manzana apple, block
manuscrito manuscript
mañana morning, tomorrow
mapa map
maquillaje make-up
máquina machine
  . . . **de coser** sewing machine
  . . . **de escribir** typewriter
  . . . **de rasurar** razor
  . . . **lavadora** washing machine
  . . . **lavaplatos** dishwashing
  machine
maquinaria machinery
maravilla wonder
maravillado amazed
maravilloso wonderful

marcador de velocidad speedometer
marco frame, setting
marcharse to leave, to get out
mareado dizzy, seasick
mármol marble
marrón brown
martes Tuesday
martillo hammer
marzo March
más more
  . . . **allá** beyond, further
  . . . **bien** rather
  . . . **o menos** around, more or less
matar to kill
matiz hue, shade
máximo maximum
mayo May
mayoreo wholesale
mayoría majority
mazorca husk
mecánica mechanics
mecánico mechanic, mechanical
medicina medicine, drug
media stocking
mediano medium
medianoche midnight
médico doctor
medida measure
mediodía noon
mejilla cheek
mejora improvement
mejorar to improve
mencionar to mention
menospreciar to detract from, to
  despise
mente mind
mentir to lie
menú menu
menudeo retail
meramente merely
mercado market
mercancías goods
mesa table
mesera waitress
mesero waiter
meta destination
metropolitano subway
mexicano Mexican
mezclar to mix, to toss
mi my
mí me

miedo fear
mientras during, while
 ... que as long as
miércoles Wednesday
mil thousand
milla mile
mimar to spoil
mineral ore
minería mining
ministro minister
minuto ... minute
mío mine
mirada glance
mirar to look
misión mission, assignment
mismo same
mitad half
moda fashion, style
modelo model
modernizar to remodel
moderno modern
molestar to bother
molestia bother, trouble
molinete turnstile
momento moment
moneda coin
montaña mountain
monumento monument
morder to bite
mostrar to show
mostrador counter
motocicleta motorcycle
motor engine
muchacha girl
muchacho boy
muchedumbre crowd
mucho much
muchos many
muebles furniture
muelle dock
 llegar a ... to dock
muelles waterfront
mujer woman
mula mule
mundo world
museo museum
musical musical
músico musician
muy very

N

nacer to be born
nacional national
nada nothing
naranja orange
nariz nose
naturalmente naturally, of course
náusea nausea
Navidad Christmas
necesitar to need
negar to deny
negligir to neglect
negocio business
negro black
neón neon
nervioso nervous
neutral neutral
niebla fog
nieve snow
niña little girl, child
niño little boy, child
nivel level
no no, don't, not
noche night
noreste Northeast
normal standard
norte North
norteamericanizado Americanized
norteamericano American
notable remarkable, outstanding
noticias news
notorio conspicuous
novela novel
noveno ninth
noviembre November
novocaína novocaine
nublado cloudy
Nueva Inglaterra New England
Nueva York New York
nueve nine
nuevo new
nuez nut
número number
 ... de serie serial number
nunca never
nupcial bridal
nylon nylon

O

oasis oasis

objetar to mind
objeto object
observación observation, remark
observar to notice
observatorio observatory
obsesión obsession
obra de teatro play
obrar to act
obtener to get
ocasión occasion
occidental Western
océano ocean, sea
octubre October
ocurrir to happen
ocho eight
odiar to hate
oeste West
oficina de correos post office
ofrecer to offer
oír to hear
ojeada look, glance
ojo eye
olvidadizo forgetful
olvidar to forget
olla pot
ondulante rolling
onza ounce
ópera Opera
operador operator
operar to operate
opinión opinion
   ... pública public opinion
oportunidad chance
orden order
oreja ear
original original
orilla de un río bank
oro gold
orquesta orchestra
   ... de baile band
ortografía spelling
oscuro dark
ostra oyster
otoño autumn, fall
otro another

P

paciente patient
padre father
pagar to pay

pago payment
país country
paisaje landscape
pájaro bird
palabra word
palacete mansion
palacio palace
palo stick
pan bread
panorama panorama, vista
pañal diaper
pañuelo handkerchief
papa potato
papel paper
   ... carbón carbon paper
   ... de pared wallpaper
   ... y sobres stationery
paquete package
parada stop
paraguas umbrella
parar to stop
pared wall
pareja couple
parte trasera rear
partido game, match
partitura score
pasa raisin
pasado past
pasaporte passport
pasar to pass
pasearse en auto to cruise
paseo turístico sightseeing
pasillo corridor
paso step
pastar to graze
pastel pie, cake
pastizal pasture, range
patinaje sobre hielo ice skating
patrón pattern
pausa break
pavo turkey
peaje toll
pedazo piece, fragment
pedir to ask for
pegar con cola to stick
pelea prizefight, boxing match
película film
pelota ball
pensar to think
peor worse
   el ... the worst

pequeño small
pera pear
perder to lose
perderse to get lost
perdonar to forgive
peregrino pilgrim
perfectamente perfectly
perfecto perfect
perfume perfume
periódico newspaper
periodista newspaperman
perla pearl
permanente permanent
permitir to allow
permitirse to afford
pero but
perro dog
personal personal
personalidad personality
pertenecer to belong
pesado heavy
pesca fishing
pescado fish
peso weight
petróleo oil
pez fish
piano piano
piedra stone
 ... angular cornerstone
piel skin, fur
pierna leg
pijama pajamas
pimienta pepper
pino pine tree
pintor painter
pintoresco picturesque
piso story
pista track
 ... de aterrizaje runway
 ... de patinaje skating rink
placer pleasure
planchar to iron
plantar to plant
plata silver
plataforma platform
plátano banana
playa beach
plaza square
plisado pleated
plomería plumbing
pluma pen

 ... fuente fountain **pen**
pobre poor
poco little
 ... cocido rare
 un ... a bit
pocos few
poder to be able
poderoso powerful
podio bandstand
policía cop (fam.), policeman
político political
pollo chicken
poner to put
 ... en la cuenta to charge
 ... la mesa to set the table
ponerse en contacto to reach
por through, by, for
 ... ciento percent
 ... favor please
 ... lo menos at least
 ... qué why
porque because
portafolio briefcase
portal gate, doorway
portero janitor
pórtico portico
poseer to own, to póssess
postres dessert
pozo well
practicar to practice
pradera meadow
precio price
precisamente precisely
preferir to prefer
preocupar to trouble
preocuparse por to care
preparar to prepare
presentar to present
presidente president
presión pressure
prestar to lend
prever to expect
previsiones odds
primavera spring
prima cousin
primer piso upstairs, **second floor**
primera clase first class
primero first
primo cousin
princesa princess
principal principal, **main**

principio beginning
privilegio privilege
probable likely, probable
probablemente probably
probar to test, to sample
producto product
profundo deep
programa program
    ... de teatro playbill
prohibido forbidden
promesa promise
prometer to promise
prometido engaged
propagandista propagandist
propagarse to go around
propietario owner
propina tip
propio own
propuesto proposed
próspero prosperous
protección protection
proteger to guard
provecho profit, advantage
próximo next
proyectar to plan
proyecto plan
público audience
pueblo village
puente bridge
    ... de suspensión suspension
    bridge
puerta door
puerto port
pulgar thumb
pulso pulse
punto item
    ... de interés point of interest;
    high spot
puntuar to punctuate
puro pure, unspoilt

Q

que that
qué what
quedarse to stay
queja complaint
quejarse to complain
quemar to burn
querer to want
    ... decir to mean

querido, -a darling
quien who, whom
químico chemical
quince fifteen
quinto fifth
quizá perhaps

R

rabia rage
rápidamente quickly
raro unusual, rare
rascacielos skyscraper
rasgo feature
rasurar to shave, to give a shave
    equipo de ... shaving kit
razonable reasonable
real actual
realidad reality
    en ... actually, as a matter of fact
realización accomplishment, sale
rebaño herd
recámara bedroom
recepción reception
receta prescription
recetar to prescribe
recientemente recently
recobrar el aliento to catch one's
    breath
recoger to pick up
recomendación recommendation
reconocer to recognize
recordar to remember, to remind
redondo round
reemplazar to replace
refacciones spare parts
refinamiento refinement
reflejar to reflect
refrigerador refrigerator
regalo gift
regalar to give away
regata de remos crew racing
región region
registro de automóvil automobile
    registration
reglamento regulations, rules
reír to laugh
relación connection
reloj watch, clock
remanso tidal basin
remolcador tug

Renacimiento Renaissance
rendija slot
renta rent
reparar to repair, to fix
repetir to repeat
reportaje coverage
representación performance
reputación reputation
requisito requirement
reservación reservation
reservar to preserve, to spare
resfriado cold
residencial residential
residente resident
resistir to resist
resplandor glare
restablecerse to recover
restricción restriction
resultado result
retener to hold
retirar to withdraw
retrete toilet
revisor porter, conductor
revista review, magazine
... de cabaret floor show
... musical musical comedy
ridículo ridiculous
riesgo grave close call
rígido stiff
río river
risa laughter
ritmo tempo, rhythm
rivalidad rivalry
robot robot
roca rock
rodeado surrounded
rojo red
romántico romantic
ron rum
ropa clothes, clothing
... interior (íntima) underwear
rosa rose
rosado pink
rueda wheel
ruido noise
ruina ruin
ruso Russian
ruta way

S

sábado Saturday

sábana sheet
saber to know
sabio wise
sacudir to shake
sal salt
sala room
... de espera waiting room
... de estar living room
salir to go out
salón de belleza beauty parlor
salsa sauce
saltar to jump
salud health
sandía watermelon
sangre blood
sarcástico sarcastic
sardina sardine
satén satin
satisfacer to satisfy
satisfactorio satisfactory
saxófono saxophone
sazón seasoning
se oneself
sección section
secuoya sequoia
seda silk
seguir to follow
... la pista to keep track of
según according to, accordingly
seguridad safety
seis six
selección selection
sello stamp
semana week
semejanza similarity
semicírculo semicircle
sencillez simplicity
sencillo plain, simple
sendero lane
sentido meaning, sense
... único one-way
sentir to feel
sensato sensible
sensible sensitive
sentarse to sit down
señal signal
señor Mister, gentleman
señora Mrs., Madam
señoras ladies
señorita Miss, young lady
septiembre September

serio serious
servicio service
servilleta napkin
sexto sixth
si if, whether
sí yes
siempre always
siete seven
siglo century
significativo significant
silencioso silent, quiet
silenciosamente quietly
silueta silhouette
silla chair
sillón armchair
símbolo symbol
simetría symmetry
sin without
  ... duda certainly
sinopsis synopsis
sirvienta maid, servant
sistema system
situación situation
smoking dinner jacket
sobre on, over, envelope
sobrecogedor breathtaking
sobrina niece
sobrino nephew
sociedad society
sofá sofa, divan, couch
sol sun
solo alone
sólo only
soltero bachelor
sombrerera hatbox
sombrero hat
soñar to dream
sopa soup
soportal arcade
soportar to bear
sorprender to surprise
sorpresa surprise
sospecha suspicion
sospechar to suspect
sótano cellar, basement
su his, her, their, your
subir to go up, to come up
subrayar to underline, to emphasize
substitución replacement
suburbio suburb
suceder to happen, to take place

sucesos happenings
suele ser it is apt to be
suelto loose
suerte chance, fortune, luck
  de ... lucky
suéter sweater
suite suite
suntuoso lavish
supercarretera superhighway
suponer to assume
sur South

T

tablado stage
tablero board
  ... de anuncios billboard
  ... de noticias bulletin board
tacón heel
tal such
tamaño size
también also, too
tambor drum
taquigrafía shorthand
taquilla box office
tardar to delay
tarde late
tarifa rate
  ... aduanal customs duty
tarjeta post card
tarta pie
taxi taxi
té tea
teatro theater, stage
técnico technical, technician
techo ceiling, roof
tela material
telefonear to phone, to ring
telefonista operator
teléfono telephone
telegrafiar to wire
telegrama wire, telegram
telón curtain
tema subject
temer to fear
temperatura temperature
templo temple
temprano early
tenedor fork
teneduría de libros bookkeeping
tentación temptation

tentar to tempt
teoría theory
tercero third
terminal terminal (station)
terminar to end, to finish
terreno grounds
terrenos universitarios campus
texto text
tiempo weather, time
... libre leisure
tierra earth
tímido shy
tímpano eardrum
tinta ink
tía aunt
tío uncle
típico typical
tirar to throw
... de to draw (a carriage)
tocador de señoras ladies' room
tocante a in this respect
tocar un instrumento to play an
instrument
tocino bacon
todavía still, yet
todo all
de todos modos anyhow
tomar to take
... el pelo to tease
tomate tomato
tontería nonsense
tonto fool
torbellino whirlwind
tormenta storm
toronja grapefruit
torre tower
trabajar to work
tractor tractor
traer to bring
tráfico traffic
traje suit
... de noche evening gown
tranquilamente quietly
tranquilo quiet, still
transacción compromise
transmitir por radio to broadcast
transportar to carry
transporte transportation
tratar to try
través de: a ... across
trazar planos to lay out plans

trece thirteen
treinta thirty
tremendamente tremendously
tres three
... cuartos three fourths
trigo wheat
trofeo trophy
tropezarse con to stumble on
trucha trout
trueno thunder
tú you (thou)
tu your (thy)
tumba tomb
turno turn

U

ubicación location
último last
único single, sole
uniforme uniform
uno one
uña nail
uranio uranium
usted you
... mismo yourself
útil useful
uva grape

V

vacaciones vacation
vacío empty
vacuna vaccination
vagamente vaguely
vago vague
valer to be worth
... la pena to be worth while
valor value
vals waltz
valla de postes picket fence
valle valley
vamos a let's ...
vapor steamship, liner
vaquero cowboy
variado varied
varios various
vaso glass
vasto vast, huge
¡vaya! why!
vecino neighbor

vecindad neighborhood
vela candle
velocidad speed
venado deer
vencer to beat, to win
vender to sell
venir to come
ventaja advantage, lead
ventana window
ventanilla ticket window
venturoso successful
ver to see, to take in
verano summer
verdad truth
verdaderamente truly, really
verdadero real, true
verter to pour
vestido dress, gown
vestir to dress
vetar to veto
viajar to travel
  . . . al trabajo to commute
viaje tour, trip
  . . . redondo round trip
vibrar to vibrate
vicio vice
vida life (*pl.* lives)
vidrio glass
viejo old
viento wind

viernes Friday
vigorizador invigorating
vino wine
violeta violet
visitante visitor
visitar to visit
vista eyesight, view
vistoso flashy
vivir to live
volar to fly
volver to return, to come back
  . . . a cargar to recharge
  . . . a copiar to recopy
  . . . a preparar (un medicamento)
  to refill
voz voice
  en . . . alta aloud
vuelto change

Y

ya already
yo I

Z

zaguán hall, lobby
zapatero shoemaker
zapatillas slippers
zapato shoe

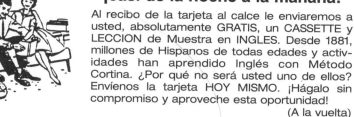

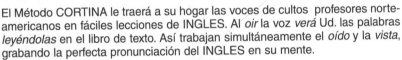